广州市青年马克思主义理论人才培养研究重点基地（广州医科大学马克思主义学院）资助

五四时期马克思主义话语建构研究

——基于早期共产主义知识分子对西方社会批判的视角

谭一笑　李伯聪　著

九 州 出 版 社
JIUZHOUPRESS

图书在版编目（CIP）数据

五四时期马克思主义话语建构研究：基于早期共产
主义知识分子对西方社会批判的视角 / 谭一笑, 李伯聪
著. —— 北京：九州出版社, 2025.1. —— ISBN 978-7
-5225-3633-0

Ⅰ. D61

中国国家版本馆CIP数据核字第2025L3B379号

五四时期马克思主义话语建构研究：基于早期共产主义知识分子对西
方社会批判的视角

作　　者	谭一笑　李伯聪　著	
责任编辑	陈丹青	
出版发行	九州出版社	
地　　址	北京市西城区阜外大街甲35号（100037）	
发行电话	（010）68992190/3/5/6	
网　　址	www.jiuzhoupress.com	
印　　刷	廊坊市海涛印刷有限公司	
开　　本	710毫米×1000毫米　　　16开	
印　　张	16.25	
字　　数	240千字	
版　　次	2025年4月第1版	
印　　次	2025年4月第1次印刷	
书　　号	ISBN 978-7-5225-3633-0	
定　　价	85.00元	

前　言

　　中华民族伟大复兴，既包括硬实力的崛起，也包含政治话语、制度话语、政党话语在内的软实力的全面振兴。习近平总书记指出："实现我们的发展目标，不仅要在物质上强大起来，而且要在精神上强大起来。"[①]

　　政治话语体系在一定时期内是稳定的，但是会随着社会政治经济环境和思想文化环境的变化而发生或大或小的变化，"任何人对社会世界的全部理解都要受到谈话、报纸、小说、电视剧等形式的话语的影响。"[②]中国最终要实现的政治状态既不是传统的，也不是西方的；支撑这种政治状态的政治学话语体系既不是传统的，也不是西方的，是继承创新中国传统政治学话语体系优秀成分且体现中国特色的现代政治学话语体系。

　　五四时期包含两条主线：一条是批判主线，即批判资本主义、反对帝国主义；一条是启蒙与建构主线，启蒙国民、建构马克思主义话语。先进知识分子通过构建话语主体，创新话语内容，进行话语传播，实践话语路径，从而完成了政治话语权的构建过程。在建构马克思主义话语进程中，早期共产主义知识分子的思路是：启蒙工农大众，组织政党号召大众联合推动国民革命，建立国民政府推动民族独立和国家解放，建立社会主义制度并获得个人解放，完成"否定—替代—建构"的任务。

　　马克思主义话语包括文本形态与理论形态，话语内容主要有三类：马克思列宁主义，共产国际文件，党史党建。在建设中国特色社会主义的进程中，

[①]《习近平谈治国理政》第一卷，北京：外文出版社，2014年版，第46页。

[②]［英］乔纳森·波特、玛格丽特·韦斯雷尔：《话语和社会心理学》，肖文明、吴新利，等译，北京：中国人民大学出版社，2006年版，第170-185页。

其核心范畴、主旨命题与表达特征等被广泛接受，体现着主流的话语地位。五四时期是中国马克思主义话语形成的起始阶段。五四时期先进的知识分子建构政治话语权的一个逻辑起点是中国先进知识分子拥有政治主体身份，另一个逻辑关键点在于话语内容的价值正当性和科学性。一般来讲，知识分子话语权的生成是一个话语内容经由话语主体以恰当的话语阐释、有效的话语传播，对话语受众产生影响的过程。在这个过程中，以话语内容的科学性及其所具备的解释力和说服力为前提。这种解释力、说服力以价值正当性作为基础，价值正当性既表现为严谨的形式，更表现为符合历史发展规律、体现社会发展方向本质的价值取向。

一、关于选题

新文化运动是中国近代以来启蒙运动的一个高潮。"新文化运动则是中国知识分子抛弃儒家意识形态寻找新意识形态之运动；而五四以后的历史主线是两种新意识形态相互竞争、称霸并重新整合社会之过程。"[①]五四后期，马克思主义的广泛传播也影响了启蒙运动，启蒙性质发生变化，近代启蒙思想向着宣传马克思主义的方向切换。新文化运动高度张扬民主科学的精神，与封建传统决裂的新姿态及民主思想传播的新方式都通过各种新的表达方式普及到社会，大大启蒙了民众的民主精神、科学意识，推动了他们的思想解放，刺激着各种新思想新观念新话语的生长，使人们冲破迷雾，分清马克思主义与非马克思主义思想的本质区别。正是通过十月革命和五四运动的教育，使一批进步的知识分子走上信仰马克思主义的道路，从而把初期的启蒙话语从个人权利的彰显、个性的解放上升到顾及人民整体利益、国家民族解放。从这个意义上说，马克思主义对人们思想观念的真正启蒙，表现为中国人民对科学理论、道路与真理的历史抉择。这是一种更高层次、更深意义上的启蒙。

19世纪末20世纪初的资本主义社会文化危机毕露，西方思想家掀起了一股质疑和批判现代文明的思潮；同时，巴黎和会上的失败使中国人经历了一场

---

① 金观涛、刘青峰：《开放中的变迁：再论中国社会超稳定结构》，北京：法律出版社，2011年版，第9页。

亲西方的幻灭，毁灭了知识分子对西方文明的好感。马克思主义的传播使新文化运动的倡导者思想发生了新的飞跃，逐渐由激进的民主派转变为中国最早的共产主义者。正是在质疑反思西方文明的过程中，早期共产主义知识分子逐步开启中国马克思主义话语的建构。本书致力于揭示早期共产主义知识分子对西方社会的批判反思及马克思主义启蒙话语、革命话语、制度话语的建构并实现马克思主义中国化。

随着改革的深化与全球化的到来，在新的时代条件下应该怎样认识西方？对于当代西方及西方思潮应抱什么态度？当今中国正处于快速的社会转型中，社会经济实力在全球的影响越来越大，西方社会的话语并不适合中国实际。对于当代各种社会思潮应采取何种方法进行批判与对话才能打破西方社会垄断的学术话语，加强中国的理论自觉具有重大而深远的现实意义。

二、基本概念

本书借助档案资料和历史文献，揭示五四时期共产主义知识分子的批判反思及如何实现马克思主义启蒙话语、革命话语、制度话语的建构。本书涉及的基本概念主要有：

1.五四时期

五四研究作为学界热门话题，多年来热度不减，研究成果丰富、研究视角多样。"五四时期"时间概念的界定一直是学术界争论的焦点。学界对此的界定各有不同，有的学者指从1915年到1923年的那段时期（即开始于《新青年》创刊之时，止于科学与玄学论争结束之际），有的学者则把这个时期延续到1925年五卅运动。有的学者则把这一时期限定在知识界领导人于1917年云集北京大学和《新青年》杂志到1921年中国共产党的诞生。总之，"五四时期"的时间范围处于新文化运动兴起至五四运动发生后几年的这段时间。著名史学家周策纵在《五四运动史》中从广义角度对"五四时期"进行了界定，即"1917年年初到1921年年底的5年之间"[①]，但同时也指出："我们也不

[①]［美］周策纵:《五四运动史》，陈永明、张静，等译，世界图书出版公司，2016年版，第6页。

应把'五四'时代严格地限定在这几年之内"。①

本书所探讨的"五四时期"主要包括1915年到1927年这段时间。因为涉及的人物较多，每个人物的思想又是不断变化的，更为了能够较为全面地概述早期共产主义知识分子对西方社会的批判与马克思主义话语建构的关系。另外，本书所涉及的"五四时期"可以分为两个阶段，以五四运动为分界将整个五四时期划分为"前五四时期"（1915—1919）和"后五四时期"（1919—1927）。前五四时期更突出的是强调民主与科学的新文化运动，注重思想启蒙及马克思主义传播；后五四时期则从思想运动转向社会运动、政治运动，优秀知识分子开始尝试政治、社会革命的可能性，注重以马克思主义为指导并探索中国的出路。

2.早期共产主义知识分子

五四前后中国知识分子的构成就对西方资本主义认识而言，可分为自由主义知识分子、保守主义知识分子和批判资本主义政治、追求社会主义政治模式的五四先进知识分子，即早期共产主义知识分子。早期共产主义知识分子，又称"早期马克思主义者"、具有"初步共产主义思想的知识分子"。

关于早期共产主义知识分子的标准，学术界的看法并不完全一致。关志钢认为，具有"初步共产主义思想的知识分子"的衡量标准有三个：第一，是否拥护和赞成俄国十月革命，是具有初步共产主义思想的知识分子应具备的最基本的标准；第二，对社会主义有了初步的认识和朦胧的向往；第三，具有彻底的反帝反封建精神。②

张静如教授在《论五四时期具有初步共产主义思想的知识分子》一文中认为"初步共产主义思想的知识分子"的标准③有四个方面：第一，对马克思

---

① ［美］周策纵：《五四运动史》，陈永明、张静，等译，世界图书出版公司，2016年版，第6页。

② 关志钢：《试论具有初步共产主义思想的知识分子和早期马克思主义者的衡量标准》，《江汉论坛》，1986年第7期，第61页。

③ 张静如：《论五四时期具有初步共产主义思想的知识分子》，《北京师范大学学报》（社科版），1978年第8期，第2-5页。

主义最基本的原理有大致了解，弄懂了社会发展的原因。在这个基础上确认共产主义社会是人类最美好的社会，相信只有社会主义和共产主义才可以救中国。第二，对俄国十月革命的态度。这是衡量一个人是否接受马克思主义的标准之一。真正信仰马克思主义，就必须赞成布尔什维主义，拥护十月革命，把十月革命当作中国革命的榜样。第三，赞成暴力夺取政权。这是马克思主义关于无产阶级革命学说的重要内容。民主主义者接受了马克思主义，必然赞成暴力革命。第四，主张无产阶级专政学说，这是马克思主义的精髓。"只有承认阶级斗争、同时也承认无产阶级专政的人，才是马克思主义者。"[①]对此，早期共产主义知识分子的态度十分鲜明。他们宣称："我们是共产主义者，主张推翻有产阶级的国家之后，要建设无产阶级的国家，否则，革命就不能完成，共产主义就不能实现"，"资本家必然要重行发威"。

韩凌轩在《关于五四时期具有初步共产主义思想的知识分子的几个问题》一文中认为早期共产主义知识分子的标准有三条：第一条是向往和赞成十月革命，第二条是认识到人民群众的伟大力量，第三条是认识到马克思主义是为大多数人谋幸福的正义。[②]

本书采用张静如教授的界定，理由在于：第一，大多数具有初步共产主义思想的知识分子对马克思主义的基本原理有大致了解，大体上从1920年下半年开始。第二，早期共产主义知识分子清楚地看到了十月革命与世界革命的紧密联系，并看到了十月革命的深远影响及其新道路。他们认识到十月革命与资产阶级革命是性质根本不同的革命。第三，除李大钊之外，他们接受无产阶级暴力革命和无产阶级专政的思想虽然较晚，但最终在革命的政权及途径上划清了与其他社会主义流派的界限。

3.马克思主义话语

话语体系是作为解释现实，赋予社会实践价值和方向的术语群落。作为

---

① 《列宁全集》第31卷，北京：人民出版社，1985年版，第32页。

② 韩凌轩：《关于五四时期具有初步共产主义思想的知识分子的几个问题》，《近代史研究》，1983年第2期，第124-129页。

一种学术性的话语，马克思主义话语体系的任务首先从揭露资本主义社会开始。资本主义话语体系是由资本所规定的，资产阶级获得绝对话语权，无产阶级被规定的一种话语体系。马克思、恩格斯要构建无产阶级话语体系，就必须形成自己的话语体系术语，在概念上高度把握共产主义的规定性原则。

本书所指称的"马克思主义话语"指源于马克思经典作家基本理论、思想和思维方式的知识体系，但不含当代知识领域中"西方马克思主义"或"新马克思主义"等学说。五四时期的马克思主义话语已经不同于马克思、恩格斯所生活的工业全球化时代的话语。本书重点探讨马克思主义启蒙话语、革命话语及制度话语的建构。

4.革命话语

话语理论是 20 世纪最有影响力的人文社会科学理论之一。话语，原指人与人之间进行沟通的语言工具，后来引申为某一主体通过特定的语言、方式来表达其意图的主张。在中国历史上，"革命"是社会公平、公正和合理状态的一种标尺，它通过自己独特的方式进行调整，缓解人类的生存危机，使社会回归到相对公平公正的状态。"革命"不只是改朝换代而且是改天换地，意味着对人类既定命运的改变，意味着对于"命"的重新认识和建构。"革命"不仅显示了人类语言和思维史上一次跳跃和变革，而且隐藏着多种文化和文明碰撞、融合的意蕴。

"革命"在马克思主义产生之后经历了一次重大改变。马克思的革命观最具创见及远见的贡献是，深入现实的政治制度和社会关系具体地将社会问题转换成政治问题，将贫苦大众最基本的生存需要解释为一场自由的革命，为革命者提供理论，为革命提供合法性与合理性。本书考查的"革命话语"是根据《现代汉语词典》的解释，"革命"是指"被压迫阶级用暴力夺取政权，摧毁旧的腐朽的社会制度，建立新的进步的社会制度。革命破坏旧的生产关系，建立新的生产关系，解放生产力，推动社会的发展。"[①] 在这里，革命特指

---

① 中国社会科学院语言研究所词典编辑室编:《现代汉语词典》第7版，北京:商务印书馆，2016年版，第439页。

通过暴动推翻旧政权、建立新政权的方式实现政权的彻底变革。

三、学术梳理

马克思主义话语建构问题是近年来学术界关注的重要问题之一，已经有不少高水平成果面世，现将其主要研究成果及其有关理论观点概括如下。

关于马克思主义话语权建构的相关研究。王海军的《博弈与重构：学术争辩与马克思主义话语权建构（1919—1949）》探讨了马克思主义话语权建构的逻辑缘起、学术争辩中马克思主义话语权的建构、马克思主义话语权建构的多维路向。

邢科的《〈无产阶级世界史〉在中国的译介及其影响——兼论马克思主义话语体系的构建》指出，日本共产党领导人上田茂树的《无产阶级世界史》是马克思主义世界史萌发时期的一部重要著作，20世纪20年代后期被译介到中国，成为民国时期译本数量和发行次数最多、译介时间跨度最长、社会影响广泛的汉译世界通史。20世纪20—30年代，中国共产党建立了一套马克思主义话语体系。《无产阶级世界史》的成功译介表明，马克思主义话语体系建设包括思想、表达、传播、组织领导四个方面的内容。总结相关经验，可以为今天构建马克思主义话语体系提供借鉴。韩升、李越的《论21世纪马克思主义话语体系的文明逻辑》探讨了21世纪马克思主义话语体系的内涵与价值、文明样态、文明构建，21世纪马克思主义话语体系既有对19、20世纪马克思主义话语体系的有机传承与重大创新，更有对改革开放40多年来，尤其是党的十八大以来中国特色社会主义的伟大实践的高度概括和充分展示。

关于五四时期马克思主义话语建构的相关研究。王海龙的《五四运动与马克思主义话语体系的中国出场》指出了马克思主义话语体系的出场语境、出场路径及出场形态，五四时期马克思主义话语体系的出场语境是植根于帝国主义时代中华民族艰难探索在五四运动中，通过马克思主义者与无政府主义者之间的论战，无产阶级专政这一命题在理论上被证明，为马克思主义话语体系在中国的出场指引了明确的方向，出场形态分为"文本形态"与"理论形态"。陈杰的《五四时期先进知识分子话语表达的三重逻辑——基于中国马克思主义早期传播的话语考察》指出，五四时期先进知识分子话语表达具有三重逻辑：反思与批判话语表达的精神觉悟逻辑，是对自鸦片战争至五四以前学习西方资本主义道路的自省，是对以孔子为代表的旧思想旧文化旧礼教的抨击。启蒙与救亡话语表达的五四运动逻辑，是以西方资产阶级民主与科学精神催动了新思想新文化新话语的生长，五四运动为先进知识分子确立了"重新估定一切价值"的救亡新时代。改造与革命话语表达的马克思主义逻辑，是五四运动后马克思主义成为创造另一种新生活、另一种新社会的主流话语，坚定走俄国人的路的先进知识分子实现了马克思主义与中国革命实际、劳动群众相结合，成为马克思主义早期传播的一个优点和特点。五四时期先进知识分子的反思与批判、启蒙与救亡、改造与革命的话语表达，是"社会—政治—思想"的语境映射，更是"觉悟—探索—实践"的逻辑建构，但它绝不是一个割裂的、矛盾的个体，而是一个循环递进的系统性整体。裴植的《早期社会主义译著及其马克思主义话语的差异化呈现——以岛田三郎原著三个中译本为中心的考察》以岛田三郎原著的三个中译本为对象，在对各自的突出特点以及文本转换得失进行概要分析的基础上，着重围绕它们对马克思主义话语的三方面的差异化加以探讨。

关于五四时期马克思主义启蒙话语的相关研究。王勤瑶的《从五四启蒙到马克思主义启蒙——析中国共产党早期的启蒙转向与意义》指出，《新青年》同人的分化打破了"不议政治"的困局，在近代中国诸多社会思潮相互博弈与西方马克思主义介入过程中，五四启蒙实现了从文化立人到革命救国的内涵转变，促使马克思主义传入中国，开创了以工农群众为主体的爱国救亡运动与思想启蒙相结合的马克思主义启蒙新篇章。葛展源的《五四新文化运动时期马克思主义启蒙转向理路研究》梳理了建党先驱们在五四新文化运动时期选择马克思主义信仰的时间线与关键节点，分析了新文化阵营对于实现中国启蒙导向的路径分野，最终在帝国主义的压迫与十月革命的感召下转变为马克思主义者，进而成立中国共产党推动全民族进行马克思主义启蒙的历史必然性。

关于五四时期马克思主义革命话语建构的相关研究。陈金龙的《五四纪念与中国共产党革命话语的建构》指出，借助五四纪念的表达与动员功能，中国共产党阐明了中国革命的发展阶段，诠释了中国革命的对象、力量和前景，说明了中国革命的精神支撑。五四运动是中国革命的样本，为中国革命话语建构提供了思想资源和实践基础。殷国明的《"五四"的前奏：关于"革命"话语的前世今生》探讨了在中国近现代社会变革中，"五四"新文化运动为"革命"在中国的历史复活、文化新生和社会转型，提供了新的契机和语境。曾荣、刘演杭的《五四后马克思主义革命话语构建的实践路径、理论逻辑与历史逻辑》探讨了马克思主义革命话语构建的实践路径、理论逻辑、历史逻辑。董德福在《"五四"认知模式中革命话语的初步确立——论瞿秋白"五四"观的政治情结》中指出，瞿秋白是用马克思主义观点系统评价五四运动的第一人，他将五四运动纳入世界革命视野中来考察，是"五四"激进革命话语形成和确立过程中的重要一环。20世纪20年代末、30年代初瞿秋白领导了一场文艺大众化运动旨在通过对"五四"文学革命的批判性审视，为新的文学革命鸣锣开道。

关于制度话语建构的相关研究。张盾的《马克思新社会制度构想的当代回响——当代左派话语的深层历史逻辑》认为，马克思预言未来代替资本主义的将是一个为使用价值而非交换价值而生产的全新社会。马克思的这个预言是当代社会主义理论与实践最重要的启示录。当代左派话语关于未来社会制度设计的讨论，始终围绕如何用基于使用价值的社会主义等值经济来取代基于交换价值的资本主义市场经济。当代社会主义运动和左派话语从马克思那里继承了对资本主义制度就其异化本质永不妥协的批判立场和社会主义作为一种全新制度安排的基本精神。周婧的《突破、超越、重塑：构建中国新型政党制度话语体系研究》探讨了中国新型政党制度话语体系的价值与意蕴、中国新型政党制度话语体系的挑战与机遇、中国新型政党制度话语体系的创新与构建。曹威伟的《结构、路径与优势：中国化马克思主义理论创新的话语考察》指出，马克思主义理论创新与马克思主义意识形态在"理想价值层""制度策略层"双重话语结构方面有一定相关性。其中，"理想价值层"能够合理包容未来的秩序，"制度策略层"则能够灵活应对现实世界、安排现有的秩序。中国化马克思主义理论话语通过重心转移、历时延伸、共时吸纳等机制，通过核心话语符号的义理再阐释和再编码，论证新理论、新思想、新政策的合法性，调适与弥补理想价值层与不断变化的制度策略层的结构差，成功推进理论创新与生命力焕新。在此过程中，中国化马克思主义理论创新话语在结构、场域、主体等方面展现出独特的优势。

一些研究中共党史的专家探讨早期共产主义知识分子对资本主义的认识，主要着重于西方民主政治方面。如郭丽君的《论陈独秀对社会民主主义的批判》、陈宇翔、薛光远的《李大钊对西方资产阶级民主的认识》及《毛泽东对西方资产阶级民主的认识与超越》等，分别研究了陈独秀、李大钊、毛泽东对西方民主政治的虚伪性、欺骗性及西方的"代议制"批判，这些都只侧重于西方政治制度的批判研究。

部分研究中国近代史的学者，更多专注于早期共产主义知识分子对西方文化态度的梳理及中西文化观的比较研究。如赵爱杰的《周恩来的西方文化观》、李大华的《李大钊东西文化观述评》、郑丽平的《陈独秀的东西文化观评析》；谭双泉的《李大钊与"五四"前后东西文化论战》及《五四时期的东西文化论战——为纪念五四运动80周年而作》等，但是对早期共产主义知识分子关于西方文化的批判与反思缺乏系统性、规律性的研究。

已有研究文化思想史的学者对早期共产主义知识分子的西方文化观进行了反思。如郑师渠的《欧战前后国人的现代性反省》《考察20世纪初年中国社会文化思潮变动的新视角》《从反省现代性到服膺马克思主义——李大钊、陈独秀思想新论》《论欧战后中国社会文化思潮的变动》分别探讨了20世纪初期共产主义知识分子在西方反省自身文化的背景下，或从虔诚地追随西方资本主义文明、批判资本主义到信仰马克思主义，或拒绝反思西方。罗志田的《西方的分裂：国际风云与五四前后中国思想的演变》探讨了中国人心目中的"西方"从一个美好的整体分裂为优劣兼具的复合体。这些研究对于我们厘清五四时期中国人从学习西方到批判西方的转变具有重要价值，但是他们重在历史背景及过程的纵向考察，较少横向研究五四时期中国知识界对西方社会的整体认识。

　　还有致力研究五四运动的学者从话语建构的视角解读五四运动及其意义。如吕勇的《从解构性的批判到建构性的批判——五四的精神革命及其当代启示》指出，从认识论出发五四具有双重的含义：一个是本真的五四；另一个则是我们观念中的五四。不能把五四作为一个既定的前提来接受，相反应在反思的基础上对五四予以建构。彭脩昊的《五四时期"中国特殊性"的建构及其特征——兼论马克思主义中国化命题提出的思想背景及其特征》阐述了五四新文化运动时期对"中国特殊性"的论述为马克思主义的崛起奠定了基础，构成了民族主义运动中提出马克思主义中国化命题的思想背景。这些探讨开阔了探讨五四运动及其意义的视野，但他们的研究只限于五四运动的解读，对五四时期的话语如何开启了马克思主义中国化的进程尚未深入研究。

　　从已有的研究来看，虽然有学者对马克思主义话语建构及五四时期马克思主义话语建构的相关问题进行过探讨，也有学者研究过五四时期中国知识分子对西方政治、文化的反思，但都尚未将早期共产主义知识分子对西方社会的批判与马克思主义的话语建构作为专门的问题来考察。把马克思主义话语建构置于五四时期这一特定时空场域来研究，这个时期是中国马克思主义话语形成的起始阶段。本书拟基于早期共产主义知识分子对西方社会批判的视角探讨五四时期马克思主义话语的建构问题。从历史源头对马克思主义话语建构进行研究，可拓展现有同一论题研究的视域，丰富现有同一论题研究成果的内容。

目　录

第一章 早期共产主义知识分子批判西方社会建构马克思主义话语发生的历史语境

话语是通过使用语言形成的，语言是话语的载体。话语在社会环境中形成，同时话语反过来作用于环境。"话语"不仅是一种交流的工具，而且是一种现实的社会实践，且具有鲜明的主体意识和价值立场。

一、中国话语体系和西方话语体系

中国和西方既是一个地域概念，也是一个政治概念，又是一个文明概念。中国是一个具有 5000 多年悠久历史且延续至今的文明国家。西方不仅仅是地理范围上的，还有政治、经济和文化层面的概念。鸦片战争以后，中国被迫卷入了世界现代化的历史进程中。为了探索救国真理，无数仁人志士开始不断向西方学习。一个国家的话语体系不单单是几个抽象的概念词语，而是一个完整的系统，是由"核心观念、主导思想、知识框架、文化符号、话语生产机制、话语传播机制、话语支撑机制所组成的一个整体。"①"话语体系"是一个综合性概念，包括话语内涵和表达形式两方面，话语内涵是指思想文化、价值观念、意识形态等，表达形式有词汇、结构、语境等。

（一）中国传统话语体系的特征

中国传统文化是中华民族在特定的自然、社会和历史环境作用的历史征程中形成的文化成果。中国传统话语体系是传统文化的重要组成部分，中国

---

① 张维为、吴新文：《中国话语：建构与结构》，上海：上海人民出版社，2021 年版，第 4 页。

是世界上最早建立起自己话语体系的国度，这一话语体系先后经历了诸子话语体系、儒学及其经学话语体系，具有自身独特的话语体系特征。

1.民族性

习近平总书记指出："每一种文明都扎根于自己的生存土壤，凝聚着一个国家、一个民族的非凡智慧和精神追求，都有自己存在的价值。"[1] 中国传统文化产生于中国古代社会植根于古老的农耕文明，是以宗法血缘关系为机制、以伦理道德为基础的庞大而复杂的文化体系，具有独特的民族性，对中华民族的历史文化、思维习惯、价值追求产生深远影响。中华民族在五千年的文明传承中形成世界上独一无二的话语体系，在世界语言版图中属于汉藏语系，在世界文字版图中属于象形文字。每个国家的话语体系都呈现出与其他国家不同的民族性格，中国传统话语体系的民族性主要表现在立足于中国的现实土壤和文化基因，传承民族智慧、民族气魄的中国属性。在我国，无论是儒家及其经学话语体系、诸子话语体系、道家话语体系及禅宗话语体系，都来源于我们中华民族伟大的生活实践。

2.系统性

中国传统话语体系具有强大的系统性。其系统性表现在两方面：一是中国传统话语的内容恒定，中国传统话语体系表达的内容深刻、稳定、规范、理性，立场、观点鲜明。中国传统文化对待自然、社会和人生问题的基本观点分别是追求"天人合一""道法自然""和而不同""内圣外王"。中国传统文化对于自然、社会和人生问题的看法与人类生存世界休戚相关，具有强大的生命力和包容性，既有自身自尊、自爱、自强的精神又有宽厚博爱世界情怀的文化性格。中国传统哲学中的宇宙观、天下观、社会观、道德观共同构成了中华优秀传统文化的核心价值观。中国传统话语体系具有强大稳定的系统性承载着丰富的思想内涵并产生巨大的实践力量。二是指中国传统话语体系的逻辑完整，中华民族是世界上古老民族中唯一没有中断文明的民族，话语体系上下五千年自成系统而从未破碎。

---

[1]《习近平谈治国理政》第三卷，北京：外文出版社，2020年版，第468页。

3.先进性

中国传统文化及其话语体系具有无限的魅力。明清之际中国社会无论在国家规模、历史文化、社会治理还是在文明水平上均远胜于欧洲社会，中国传统的优秀文化在世界文化发展中的卓越璀璨曾赢得西方思想界的广泛赞誉。德国思想界吸收中国文化的精华，从莱布尼茨到黑格尔的哲学思想都深受中国哲学影响。赫尔德曾明确指出："中国的哲学，首先是中国的政治道德学在欧洲备受欢迎。德国的莱布尼茨、比尔芬格、沃尔夫都对它表示了关注。"[1]在欧洲黑暗的中世纪时代，中国传统文化更是一枝独秀，以自身的力量创造出人类文明的新高峰。法国的狄德罗、霍尔巴赫非常欣赏中国文化，著名的启蒙思想家、文学家、哲学家伏尔泰称赞"……要知道世界上发生之事，就必须首先注视东方，东方是一切学术的摇篮，西方的一切都是由此而来的"。[2]

4.开放性

开放性是指话语体系随着人类社会的不断发展而吸收新的话语，需要随着时间的推移而变化调整。这种吸收既有对自身实践生成中话语的吸收，淘汰失去现实解释力的话语更新替换新话语，亦有对外交流的优秀话语的吸收。中国传统话语的开放性表现在三方面：一是中国传统话语空间处于流动、开放状态，有无限阐释和领悟的可能性，生出了无限的"有"，话语模糊深远。二是传统话语各体系之间遵循"和而不同"的和合哲学观，体系之间可以相互融通。三是传统话语体系对整个世界开放，既善于吸收外来优秀文化的养分，又向其他民族输出优秀文化。

（二）中国传统话语体系和西方话语体系的差异与对立

中国和西方都有各自的话语体系。在各自发展的历史长河中形成了政治、经济、社会和文化生活中的悠久传统，并形成了具有各自特点的话语体系。

---

[1] ［德］夏瑞春编：《德国思想家论中国》，陈爱政，等译，南京：江苏人民出版社，1989 版，第 97 页。

[2] ［德］利奇温：《十八世纪中国与欧洲文化的接触》，朱杰勤，译，北京：商务印书馆，1962 年版，第 81 页。

1.中国传统话语体系和西方话语体系的差异

思维方式是沟通文化与语言的桥梁。话语体系的背后是西方文化思维与语言表达。中国传统话语与西方的传统话语是完全异质的，西方文化与中国传统文化的思维方式和发展路径截然不同。就思维方式而言，中国传统文化把人与自然、个体与社会看作有机整体，强调"天人合一"，即注重人与自然以及人与人自身的和谐与统一。而西方文化明确区分主体与客体、人与自然、精神与物质，强调"天人相分"，认为人与自然互有区别甚至对立，人的力量通过征服和改造自然呈现。中国传统思维不重视语言的逻辑分析而用形象的语言表达大量抽象意义的解读。西方的思维侧重于事物的要素、结构，注重实证分析和逻辑论证，信息表达清晰明了、透彻直接。中国传统文化的求同思维形成群体意识及统一的价值取向、人格标准和行为模式。西方的求异思维形成勇于探索、敢于挑战甚至否定权威及思维方式的多元化。就发展路径而言，中国传统文化主张向内发展实现主客体统一，而西方文化主张向外发展最终驾驭自然。中国传统文化从广泛存在的联系中来体悟中国传统文化，话语空间深幽广大充满无限生机活力。西方文化准确界定表述对象的外延内涵，为西方世界创造了昌明的近代科学。

思维以一定的方式表现在某种语言形式中。思维方式的差异是造成语言差异的一个重要原因。因而中国和西方话语体系在话语的定位、语境、沟通、核心价值、知识元素等方面存在明显差异。

中国和西方话语定位不同。中国话语传统在整体中对话语进行定位，"是把话语与说话者的心态、道德，话语与行为，话语与事实，话语与道理联系在一起，强调'言为心声''语为人镜'，讲话要言之有物，言之成理，要'合乎理'而'顺乎道'"，[①]强调言行一致、表里如一，对话语的使用比较有节制。西方话语具有工具性或实用性，认为话语只是人们用以交流沟通、说服他人、获取认同并谋取利益的手段或工具。西方话语传统认为话语是中立的，话语

---

① 张维为、吴新文：《中国话语：建构与结构》，上海：上海人民出版社，2021年版，第7—9页。

与道德、行为并没有必然联系，话语使用者有较大的自由空间。

西方话语表达与中国传统话语的语境表达不同。在西方语境中，"话语"和"语言"都是现代西方哲学社会科学的重要范畴，二者并没有严格区分，基本上属于同一概念。西方国家认为语言是清晰的、逻辑的、确定的。西方的语言更偏向于在语言中加入好坏优劣的价值评判，不给倾听对象体会感悟的空间。而中国话语语境强调意境、言外之意，透过表象分析事物，表达含蓄迂回、避免过于直接等等。

中国和西方话语沟通伦理及核心价值不同。在沟通伦理方面，中国话语表现出融通交汇的沟通智慧，更多从整体利益和求同存异角度看待交流和融合，主张换位思考，达成共识。而西方话语更多从自我出发，排他独断，话语狭隘不容辩驳。中国话语体系的历史文化语境建立在多种文化因素交流融合的基础上，核心观念是反映国民对现世美好生活追求的社会主义核心价值观，如富强、文明、和谐、平等，公正等。西方话语体系植根于基督教，核心观念是自由、民主、人权等西方的所谓"普世价值"。

中国和西方话语体系知识元素差异。语言分外在和内在两个层面，内在是智慧和真理，外在是语言，语言直接传达智慧和真理。西方话语认为语言是传达宇宙真理的最佳途径甚至可以达到准确无误的地步。西方话语注重从概念、原理出发建构理论和知识体系，通过学术、科学、知识的隐性手段包装输出，通过语言寻找意义，关注语言来解构意义。而中国传统话语注重从厚重的历史中挖掘和借鉴各种知识资源，追求超越语言而直接进入意义的内核，如"政治""伦理""知识""教育"是中国传统话语的重要内容，但它们很少有以专门概念出现，它们通常被融入具体事件的叙事中，尤其是关于"礼"的叙事中，在实际行动中体现。

2.五四时期中西方的话语对立

语言是有力量的。国际社会中，国与国之间话语权的竞争是包括经济、军事、政治、文化等诸多因素综合的竞争。话语体系对争夺国际话语权具有重要作用。话语体系的构成元素包括主体、内容、阐释和传播等，是一个国家话语权的展现载体。话语体系折射着一个国家的发展主张、发展战略、发展道路的理念和思维。

话语体系的建构是一个长期的过程。东西方两大世界分别产生了东方话语体系和西方话语体系。西方话语体系是西方思想理论、西方道路、发展模式、政治原则、制度规范、价值取向的总体反映和实践运动。为保证资本主义社会的长治久安，为西方社会提供合法性论证，经历了三百多年时间建构的西方话语体系极力对非西方国家输出，建立了世界范围内的话语霸权。

每一次社会重大的变革都从建立新的话语体系开始。20 世纪以来，以美国为首的西方话语体系占据着世界话语体系的主导地位，并对包括中国在内的国家进行话语冲击。中西之间的冲突和对立从未停止，西方意图把中国纳入资本主义世界体系对中国展开话语攻势，"西方话语对中国的围剿不仅包括官方话语，也包括学术话语、大众话语和国际话语。……立破并举，一方面建构中国话语，另一方面解构西方话语，其中解构西方话语也是当代中国话语体系的重要组成部分"，[①] 中国必须寻求有效应对。

基于经济基础与上层建筑的辩证关系考察，话语体系属于上层建筑，最终由经济基础决定。马克思主义强调话语的阶级性，重视话语作为意识形态工具与社会存在的关系，重视分析话语背后隐藏的利益诉求。马克思主义是改变世界不合理现状的实践指南，为中国应对、学习、超越西方指明了现实路径。近代以来，在西方世界面前中国文化面临着一方面是被融进资本主义精神而失去自我，另一方面是中国文化被大肆批判、全面否定的精神征服。借鉴西方话语，东西话语交互往来有助于我国传统话语体系的转化。中国话语体系一方面继承了中国传统话语体系的核心和表述，另一方面又吸纳了西方话语体系的一些概念、符号等，加深了近代中国话语嬗变的进程，完成了中国传统话语向现代的转变。

话语存在主观的意识形态色彩，有其存在发生的特定的客观历史情境。话语在相互冲突的言说中所含有的政治内涵会随着使用者持有的立场而改变。

① 张维为、吴新文:《中国话语:建构与结构》，上海:上海人民出版社，2021 年版，引言第 1–3 页。

五四运动杰出的历史意义在于"它带着为辛亥革命还不曾有的姿态，彻底地不妥协地反帝国主义和彻底地不妥协地反封建主义"，①话语包含的对立使人们看到了社会主义思想的先进性和非社会主义的空泛性。"五四新文化运动中有两组重要的对立：以社会进化论而来的传统与现代的对立，以西方文明而来的中国（东方）与西方的对立。前者是历史线性的对立，后者是文化地域的对立，在以这两大二元对抗为结构的文化规范中，就自然的涵盖了许许多多其他的二元对立：落后与进步，民主与专制，科学与迷信，白话与文言，青年与老年，男与女等等。"②而后期的新文化运动更使人们分清马克思主义与非马克思主义思想的本质区别，进而鼓舞一批仁人志士走上信仰马克思主义的道路，大声疾呼"用革命的手段建设劳动阶级（即生产阶级）的国家"③。十月革命和五四运动后，一批进步的知识分子认识到"必须依靠下层人民，必须走俄国人的道路"④。通过在理论、实践和未来社会的建构上，产生了资本主义道路与社会主义道路之间的二元对立。

马克思主义话语的二元对抗在中国共产党的指导思想及政策中也有显现。在党的一大文件中，革命军队必须与无产阶级一起推翻资本家阶级的政权，"承认无产阶级专政，直到阶级斗争结束……消灭资本家所有制，没收机器、土地、厂房和半成品等生产资料，归社会共有"。⑤中国共产党人继续马克思主义的阶级斗争观念继续运用二元对抗的思维模式分析社会各阶级状况并依此制定决策指导中国革命。毛泽东的《中国社会各阶级的分析》开篇明确指出："谁是我们的敌人？谁是我们的朋友？这个问题是革命的首要问题。"⑥清

---

① 《毛泽东选集》第 2 卷，北京：人民出版社，1991 年版，第 699 页。

② 文贵良：《话语与生存：解读战争年代文学（1937—1948）》，上海：上海书店出版社，2007 年版，第 80 页。

③ 任建树主编：《陈独秀著作选编》第 2 卷，上海：上海人民出版社，2009 年版，第 257 页。

④ 《吴玉章回忆录》，北京：中国青年出版社，1978 年版，第 112 页。

⑤ 《中国共产党宣传工作文献选编（1915—1937）》，北京：学习出版社，1996 年版，第 323 页。

⑥ 《毛泽东选集》第 1 卷，北京：人民出版社，1991 年版，第 3 页。

晰明确地运用二元对立的思维模式把中国社会各阶级分成敌人和朋友，"一切勾结帝国主义的军阀、官僚、买办阶级、大地主阶级以及附属于他们的一部分反动知识界，是我们的敌人。工业无产阶级是我们革命的领导力量。一切半无产阶级、小资产阶级，是我们最接近的朋友。那动摇不定的中产阶级，其右翼可能是我们的敌人，其左翼可能是我们的朋友"。①

二、国内语境

话语是理论思维的表征。任何一种话语的形成都受制于一定的历史条件即出场语境，受到经济政治和思维模式等多方面因素的影响。"语境之所以成为一个问题，是因为如果某段话语的含义取决于它所出现的语境，则确定某一事情是否属于某一特定的编码范畴的标准，会变得十分复杂。"②马克思主义话语体系是中国话语体系最为核心的组成部分，本质上是中国以马克思主义思想理论破解近代中国社会发展困局，代表最广泛的社会阶级利益的言语呈现。五四时期马克思主义话语体系植根于帝国主义入侵、中华民族艰难探索的具体历史语境，其出场语境已不同于马克思、恩格斯所生活的工业全球化时代而彰显出其时代特征。

（一）经济政治的发展

任何一种思想观念都来自产生它的土壤，即特定的政治经济等方面的客观现实。早期共产主义知识分子对资本主义的批判是当时国内政治经济现实在思想领域的集中体现。五四时期中国国内民族工商业得到了相当程度的发展，同时工人阶级也随之壮大起来，这为早期共产主义知识分子批判西方形成提供了必要的经济及阶级基础。

1840年鸦片战争之前，中国的工业经济的本质是农业经济。在这种经济体制下，家庭和村庄成为基本的经济单位，地主和商人占有大部分财富，手

①《毛泽东选集》第1卷，北京：人民出版社，1991年版，第9页。
②［英］乔纳森·波特、玛格丽特·韦斯雷尔：《话语和社会心理学》，肖文明、吴新利，等译，北京：中国人民大学出版社，2006年版，第36页。

工业作坊是唯一的工业。当时生产和交换并不普遍。上述因素阻碍了国内市场的扩大以及大规模工业的发展。中国资本主义的发展比较缓慢。19 世纪60、70 年代中国民族资本主义工业开始出现，主要来源是部分商人、地主和官僚，还有一些是由旧式手工工场主转化而来的。轻工业是中国民族资本经营的主要部分，资金较少、设备简陋，规模比较小。甲午战争之后，清政府放宽了对民间设厂的限制致使中国民族资本主义有了初步的发展。在资产阶级领导的爱国运动和全国各族人民反抗清政府的斗争中，特别是在辛亥革命后、新文化运动兴起和发展期间，民族资本发展较快。

　　西方列强打开了中国的大门后，自给自足的农业经济开始起变化。在19 世纪后半叶，列强利用武力或外交手段获取各种特权，在中国市场倾销他们的工业制品，促使中国的工业发展。第一次世界大战爆发，欧洲几个主要帝国主义国家都忙于生产军需品，使中国民族资本的发展获得了一个良好时机。根据北京市政府农商部的统计，历年向其注册的工业公司，在 1914 年 8月以前，共有 146 个，资本额为 4100 多万元；而自 1914 年 8 月至 1920 年，6 年多的时间，新注册的工业公司即达 272 个，资本额为 1 亿 1 千多万元[1]。1914—1920 年间，纺织厂、面粉厂和其他轻工业所生产的国货数量有了显著的增长。[2]

　　中国发展起来的一些民族工业，在地区的分布上极不均衡。这些工业多集中在沿海和通商口岸。根据 1919 年的官方数字，"注册工厂共 375 个，其中在江苏的就有 155 个，在河北的有 57 个，在浙江的有 42 个，在广东的有33 个，在山东的有 31 个，而在广大的内地和偏远地区，则很少或没有。即使是上述沿海省份，也只是集中在上海、天津等少数大城市。[3] 而在货币和信贷发展方面，中国一些资本集中和城市经济发展的倾向虽然已开始表现出来，"1912 年、1915 年、1919 年、1920 年和 1921 年的几年是现代中国货币和信

---

　　① 彭明：《五四运动史》，北京：人民出版社，1984 年版，第 80 页。

　　② ［美］周策纵：《五四运动史》，陈永明、张静，等译，世界图书出版公司，2016 年版，第 7 页。

　　③ 彭明：《五四运动史》，北京：人民出版社，1984 年版，第 85 页。

贷体系发展的里程碑"，但也是不平衡的。[1] 第一次世界大战结束后不久，上述中国经济加速发展的局势也中止了。中国民族工商业的发展受到阻碍，除了外来侵略，国内政局动荡和军阀混战也是很重要的影响因素。

20 世纪初的中国城乡发展极不均衡。中国大城市已呈现资本主义的特征，但在内地广大农村仍然保持着自给自足的经济状态。中国成为独立富强的民族国家是五四时期知识分子的共同愿望，社会主义和资本主义作为对立物，究竟哪条道路能达成国家富强、民族独立是他们考虑的重点。因此，中国民族资本主义的出现促使知识分子更加关注西方资本主义的发展，他们的天下责任意识与强烈的民族情感交织，在关注西方中始终带着审视的气息：既要向西方学习，又要维护自己的民族尊严。五四时期民族资本主义发展促使了工人阶级队伍的迅速壮大。中国城市扩展的速度惊人地发展，1919 年北京约有60 万人口，到 1923 年，增至 110 万，几乎是 1919 年的两倍。[2] 同时，新式的西方教育制度开始在中国大规模实施，一群有现代西方学识的知识分子出现。由于民族工业振兴而发展起来的新闻出版业为西方思想的输入提供了传播媒介，知识分子必然关注并反思西方文化。

政治发展是由传统到现代的制度变迁过程。在近代中国的政治舞台上，政治的转型经历了一个艰难而漫长的过程。

20 世纪中国政治转型始于清王朝的新政。1900 年"八国联军"入侵，严酷的现实迫使一直拒绝改革的清政府痛下决心实行新政。预备立宪的施行，表明传统政治开始迈出了政治转型的第一步。面对民众日趋激进的变革要求，清廷权威危机日益严重，最终被辛亥革命推翻。辛亥革命后成立的中华民国是对西方代议制的一次伟大尝试，此后虽然民国很快便成为了当权者利用的工具，但是它结束了封建君主专制，开创了中国民主政治建设的先河，成为中国政治民主化的新起点。然而，辛亥革命没有根除专制制度的土壤，民主

---

① ［美］周策纵：《五四运动现代中国的思想革命》，周子平，等译，南京：江苏人民出版社，1999 年版，第 8 页。

② ［美］周策纵：《五四运动史》，陈永明、张静，等译，世界图书出版公司，2016 年版，第 8 页。

的种子并未在中华大地落地生根。辛亥革命后的中国并没有真正走上民主化的轨道，民国诞生后在"共和"招牌下民主遇到的各种阻力，民主与专制反复交锋的尖锐性与复杂性成为民国政治一大凸显的特征。中国先进的知识分子继续走上了对中国政治民主化道路的艰难探索之路。

中国在 20 世纪初期才产生了真正意义上的政治发展。五四新文化运动前后是关键的历史时期，五四运动开启了中国政治革命的新纪元。在中国政治发展史上，五四运动之所以具有划时代的意义，不仅在于新的政治文化的引领，还在于开启了新的政治生活。在马克思主义传入中国之前，基尔特社会主义、无政府主义、科学社会主义等各种新思潮先后传入中国，经过了无数次的比较、鉴别、讨论，结果是社会主义政治文化符合了现代中国进步和民族复兴的需要，逐渐被觉悟的先进知识分子所接受。

五四运动作为一种政治实践，极大地振奋了民族精神，猛烈地撼动了帝国主义和中国顽固的统治集团，显示了以先进知识分子为领导的工商学农的爱国反帝同盟的巨大力量。正是这种大众的政治文化为中国共产党后来的广泛政治动员、建立统一战线打下了坚实的社会基础。20 世纪初的中国，探求符合时代趋势的国家模式成为当时的历史潮流。五四运动之后，人们意识到组织起来才有力量，各种民众组织政治共同体的数量较以前有所增加，这些组织成为代议民主制的基础，成为建立真正民主共和国的现实道路。

（二）现代知识分子群体的形成

何谓知识分子？并不是指一切有"知识"的人。余英时认为，知识分子"首先也必须是以某种知识技能为专业的人"①。朱志敏认为五四时期知识阶层是指具有五四时代特征的知识群体，活跃于这一时期的知识分子和受这一时期文化熏陶的知识青年成为之后较长历史时期内相对活跃的人物。②

近代以来，知识分子群体在社会舞台上起着非常重要的作用。19 世纪末

---

① 余英时：《士与中国文化》，上海：上海人民出版社，2003 年版，第 2 页。

② 朱志敏：《五四时期知识阶层的人数与分布》，《党史研究与教学》，2010 年第 3 期，第 4 页。

20 世纪初，中国开始形成知识分子群体，规模和力量日趋增大，有学者估计，"到清朝末年，我国已出现一个新的知识分子群体，人数已有 15 万乃至 20 万左右"①。中国知识分子群体包括：戊戌知识分子、辛亥知识分子及 19 世纪末 20 世纪初的现代知识分子群体。现代知识分子群体的产生和形成，主要通过新式学堂与出国留学接受现代观念、现代知识两个途径。一是大批年轻人出国留学。1905 年留日学生猛增到 8000 多人，1906 年又上升到 1 万多人，整个 20 世纪初年，留日学生有两万多人②。从 1919 年起的两年内，赴法勤工俭学生总数达到 1600 余人。③ 二是国内废科举兴办新式学堂。到 1898 年各地办的新式学堂至少有 100 所，到 1909 年国内各类学堂约有 5.7 万所，学生 160 万余人，其中中学以上程度者万余人；民国元年，学堂总数增加到 8.7 万多所，其中中学 823 所，高等学堂 122 所，学生总数近 300 万人。另有教会学堂学生约 14 万人④。

从群体结构考察，这一时期的先进知识分子已不再是重要的政治人物，而是一批教授、学者、记者、律师等各界专业人才，如陈独秀、胡适、李大钊、蔡元培、鲁迅、钱玄同、周作人等，其科学化与知识化程度较高。1915 年 9 月 15 日，陈独秀在上海创办《青年》杂志⑤（后改名《新青年》），在《敬告青年》的发刊词中，他率先向各种传统观念发出挑战，提出新青年的"自主而非奴隶的""进步而非保守的""进取而非退隐的""世界而非锁国的""实利而非虚文的""科学而非想象的"六项标准，提出坚持"科学与人权并重"的改革方向。在追求政治民主的同时，以近代科学文化教育青年，彻底改变传统国民性，建立新的中国。几年间，《新青年》迅速成为左右国人舆论的主阵地。1923 年胡适在致高一涵、陶孟和、张慰慈等朋友的信中就直言：

---

① 姜义华：《我国近代型知识分子群体简论》，《近代史研究》，1987 年第 1 期。
② 李喜所：《我国当代三次留学潮》，《天津日报》，2008 年 7 月 2 日。
③ 王奇生：《中国留学生的历史轨迹》，湖北教育出版社，1992 年版，第 82-83 页。
④ 吴廷嘉：《近代中国的知识分子》，北京：人民出版社，1987 年版，第 173 页。
⑤ 本书所说的《新青年》杂志是指从 1915 年 9 月创刊至 1922 年 7 月 1 日停刊的《新青年》月刊，共 9 卷 54 期。大体上可以分为早、中、晚三个时期，1—2 卷为早期在上海编辑；3—7 卷为中期主要在北大编辑；8—9 卷为晚期在上海，逐渐成为中共的机关刊物。

"二十五年来，只有三个杂志可代表三个时代，可以说是创造了三个时代：一是《时务报》，一是《新民丛报》，一是《新青年》"。①《新青年》对当时的进步青年影响很大。《新青年》创刊时，连赠送交换在内，每期只印二千份，但到1917年时，最高额已达一万六千份。②其创刊后陆续发表了胡适、鲁迅、李大钊、周作人等人的文章，受到广大读者的欢迎。因此，以《新青年》为中心逐渐聚集起一批具有新思想、新气象的知识精英，标志着现代知识分子群体的崛起。他们分别是教授、学者、记者、律师等各界专业人才，科学化与知识化程度较高，属专业型的近代知识分子。③他们摆脱了戊戌群体和辛亥群体的思辨方向和行为方式，把批判与变革重点由政治转向了文化。

现代知识分子群体通过不同方式与传统拉开思想和行为差距，不再局限于政治意识的层面，而是深入到价值观念与社会心理层面。他们主张从批判、改造国民性入手，加速中国文化从传统向近代的转型，以促成社会变革的完成。他们先后批判了维护封建专制的儒学体系和传统伦理道德及其价值观，以及批判民族心理、性格与行为层次，使中国的近代化的历程提升到新的层次。他们发动的新文化运动触发青年们的社会实践，走出旧式传统家庭、反抗包办婚姻、追求恋爱与婚姻自由的现象在知识青年中不断涌现。受到现代知识分子群体的影响，具有新型思维的中国国民不断生成。

（三）传统话语的解构

近代以前中国的传统话语经历漫长的演变。在鸦片战争以前，中国一直以来的小农经济模式致使人们与外界甚少接触，人们的思想观念主要是以儒家三纲五常为主的伦理价值观念。五四时期的西方话语体系与中国话语体系完全不同。现代政治的精神是统治要基于民意、人民有参政议政的权利。西方自古就有自由民主的政治传统，理性逻辑和自由观念深入人心。中国传统话语体系的精神与西方的政治理念大相径庭。当中国被迫卷入了世界发展的

---

① 欧阳哲生主编：《胡适书信集》（上），北京：北京大学出版社，1996年版，第322页。

② 张静庐辑注：《中国近代出版史料》二篇，上海：群联出版社，1954年版，第316页。

③ 陈蕴茜：《论五四知识分子群体的转型》，《江苏社会科学》，1996年第3期。

大洪流时，中国传统文化随着自然经济的解体和封建政体的日趋崩溃而逐渐失去优势地位，中国传统的思想观念和价值取向必然受到西方观念的冲击并随着帝制终结而正式瓦解。

1840年鸦片战争爆发后，中国被迫打开国门，中国传统话语开始与西方话语产生碰撞。五四运动是中国社会由传统走向现代的一个重要转折点，我国长久以来形成的传统话语体系进一步遭受到西方话语体系的挑战，新的话语体系开始孕育。五四时期西方文化的输入强烈地震颤着中国传统文化的根基，弥补了人们思想中传统观念动摇后留下的大片空间。当社会处于新旧交替的重大转型之际，中国先进的知识分子最先接触和迎接话语冲击，他们以空前开放的姿态引进西方文化，又以空前猛烈的火力批判中国传统文化，他们在了解和研究西方的同时，对传统文化由过去的盲从和推崇转向怀疑、批驳甚至否定。以陈独秀等人为代表的先进知识精英主张冲破中国封建文化的网罗，使中国文化传统脱胎换骨。初期新文化运动激烈地批判传统道德、封建礼教和儒家思想，目标主要集中在儒家思想中有关纲常礼教和封建制度方面。陈独秀指出，传统儒学是中国传统宗法社会的产物，而儒学提倡的三纲五常正是宗法制度下极端束缚人的个性精神的伦理核心。他在《一九一六年》中说道："儒者三纲之说，为一切道德政治之大原：君为臣纲，则民于君为附属品，而无独立自主之人格矣；父为子纲，则子于父为附属品，而无独立自主之人格矣；夫为妻纲，则妻于夫为附属品，而无独立自主之人格矣。率天下之男女，为臣，为子，为妻，而不见有一独立自主之人者，三纲之说为之也。"①以儒家为核心的话语体系使近代中国在面对挑战时不能有效解决中国所面临的全面危机而逐渐淡出中国思想舞台。

在新文化中批判传统伦理的目的在于弘扬个性。早期共产主义知识分子认为一个国家应像西方一样，一切伦理、道德、政治、法律以及社会、国家，都以拥护个人权利为目的，而宗法社会以家族为本位无个人之权利。陈独秀在《答傅桂馨（孔教）》中指出："宗法社会之奴隶道德，病在分别尊卑，课卑

---

① 任建树主编：《陈独秀著作选编》第1卷，上海：上海人民出版社，2009年版，第199页。

者以片面之义务，于是君虐臣，父虐子，姑虐媳，夫虐妻，主虐奴，长虐幼。社会上种种之不道德，种种罪恶，施之者以为当然之权利，受之者皆服从于奴隶道德下而莫之能违，弱者多衔怨以殁世，强者则激而倒行逆施矣。"[①]李大钊也尖锐地批判了孔教，以唯物论的观点指出古今的道德并不相同，伦理道德随人类社会的产生而产生，随人类社会的发展而发展。因此，对于一切不合时宜的旧道德，必须促使其迅速崩溃。从形式上看，早期共产主义知识分子认为传统文化应该抛弃，实质上是他们冲破中国原有的思维模式汲取了西方观念的有益养分。这不但推动了广大知识分子和国民对人权和民族独立意识的迅速觉醒，促进了人们对传统文化和文明的反思，加快了中国的现代化进程，更使中国传统的话语体系在与西方的话语对抗中得以解构和建构。

三、国际语境

话语的形成，需要社会与时代语境作为基础和支撑。与五四时期同期，西方文化的没落及俄国十月革命的爆发，有利于形成马克思主义话语的社会沟通场域。

（一）西方文化的衰落

从 17 世纪中叶开始，资产阶级逐渐在欧美各国确立了自己的统治地位。18 世纪中叶英国发生产业革命开始，大约一百年，欧美各国先后完成了产业革命。资本主义制度成了世界占主导地位的经济和政治制度，形成了资本主义的世界经济体系。在发展的过程中，资本主义固有的各种弊病也随时间的推移积累起来。

伴随着工业文明的发展，西方自然科学也随着资本主义的发展而不断增强。19 世纪末和 20 世纪初以量子力学和相对论为标志的物理学革命是后来的西方文化危机思潮的组成部分和催化剂。西方工业化发展模式虽然在现实层面满足了人们的需求，但由于在人类的精神层面无能为力而使人逐渐异化为

---

① 任建树主编：《陈独秀著作选编》第 1 卷，上海：上海人民出版社，2009 年版，第305 页。

物欲的奴隶。人们一方面在借助科学技术手段来提高、扩展自己的生存的能力，同时科学技术却成了对人异化的客观力量，这股力量挑战着人的生存价值和意义，人们的精神生活面临着巨大分裂，一方面力图追问世界意义和人类存在意义，另一方面又对此持怀疑的态度。

德国思想家斯宾格勒是"文明忧患论"的主要代表人物。他在《西方的没落》一书中尖锐地提出了文明和文化问题的重要性，指出了西方文化及文明的衰落问题。他从生物学及生命意义上去看待文化的发展及其规律，认为每种文化犹如有机体，都有童年期、壮年期和老年期以及衰亡期，每一种文化的发展兴衰不依赖于任何个人等外在因素的推助，是各自独立完成的生命运动过程。西方文明是文化发展的最后阶段，西方文化正慢慢走向死亡，造成这种状态主要缘于金钱主义。斯宾格勒把文化的发展看作一种生命形态，把西方的没落看作一种自然进程，这促使欧洲人对西方文化在世界历史中的地位进行重新定位并对西方社会的制度作出适当调整，具有积极的警示意义。

西方文化危机的根本原因在西方社会自身和经济、政治、社会矛盾的发展与激化。马克思恩格斯揭露了资本主义社会无法克服的基本矛盾，即社会化大生产和私人占有之间的矛盾，并指出了生产力的发展基础是"当文明一开始的时候，生产就开始建立在级别、等级和阶级的对抗上，最后建立在积累的劳动和直接的劳动的对抗上"[①]，"到目前为止，生产力就是由于这种阶级对抗的规律而发展起来的"。[②] 一些西方学者也看到了西方文化衰落的社会根源。著名社会学家丹尼尔·贝尔指出，到19世纪末，"资产阶级世界观——理性主义、讲究实际、注重实效——不仅开始控制了技术经济结构，也开始统治文化领域"。[③]20世纪后半叶的西方政治五种因素共同促进了文化危机的形成。一是人们"对经济增长和生活水平提高的习惯性期待"，[④] 而资本主义经

①《马克思恩格斯全集》第4卷，北京：人民出版社，1958年版，第104页。

②《马克思恩格斯全集》第4卷，北京：人民出版社，1958年版，第104页。

③［美］丹尼尔·贝尔：《资本主义文化矛盾》，严蓓雯，译，南京：江苏人民出版社，2007年版，第53页。

④［美］丹尼尔·贝尔：《资本主义文化矛盾》，严蓓雯，译，南京：江苏人民出版社，2007年版，第21页。

济过程不能满足这些要求；二是"不同需求之间不可调和"①；三是"经济增长带来了巨大的'溢出'后果"，②如汽车增多导致令人窒息的烟雾、化肥的使用污染水域、食物和污染的平衡等等；四是"全球性通货膨胀"③对人们信心的打击；五是"经济和社会的关键决策集中到政治战场上"，④国家对社会经济加以调节。西方学者对于人类生存危机的反思随着后工业时代的来临而进一步深化，这种对于自身文化缺陷的正视使他们开始有意识地将目光投向以伦理道德为主要特色的中国传统文化，以"价值理性"为特色的中国传统文化反思"工具理性"的西方文化。

1918 年斯宾格勒出版发行的《西方的没落》一书轰动了西方。五四前后留德中国学生将德国史学界最新学术动态及时向国内作了报道，西方在中国人心目中分裂。在中国，第一次世界大战前后中国人对"西方"的理解是有差异的。鸦片战争以后，中国逐步沦为半殖民地半封建社会并被迫卷入了世界现代化的历史进程中。为求得中华民族之生存和独立，早期共产主义知识分子开始学习西方的器物、制度、思想文化等，向西方寻求使中国变富变强的良方。此时的"西方"不仅仅是地理范围上的概念，还是政治、经济和文化层面的"西方"概念。这时的中国人更多把西方看作一个整体，那时所有西来的"主义"，基本上都被看作这个整体的一部分，而且都是这个特定的更新更美好的整体的一部分⑤。对多数中国人来说，"西方"基本是个整体受到中国人崇拜。直到第一次世界大战，西方国家之间发生战争，中国人才发现"西方"正在分裂。

---

① ［美］丹尼尔·贝尔：《资本主义文化矛盾》，严蓓雯，译，南京：江苏人民出版社，2007 年版，第 21 页。

② ［美］丹尼尔·贝尔：《资本主义文化矛盾》，严蓓雯，译，南京：江苏人民出版社，2007 年版，第 22 页。

③ ［美］丹尼尔·贝尔：《资本主义文化矛盾》，严蓓雯，译，南京：江苏人民出版社，2007 年版，第 22 页。

④ ［美］丹尼尔·贝尔：《资本主义文化矛盾》，严蓓雯，译，南京：江苏人民出版社，2007 年版，第 22 页。

⑤ 罗志田：《传教士与近代中西文化竞争》，《历史研究》，1996 年第 6 期，第 92 页。

（二）十月革命的冲击

马克思主义为中国多数知识分子知晓是在十月革命之后。俄国十月革命在人类发展史上标志着旧的资本主义世界的崩溃和新的社会主义世界的建立，它使世界分裂为两大对立的体系。十月革命的胜利震撼了全世界，也唤起了中国人民的觉醒。十月革命发生在中国学习西方、走资本主义道路的尝试遭到严重失败，中国先进分子陷于极度彷徨和苦闷之中的时候，为摸索中的知识分子带来了新的希望，思想的启蒙使他们意识到"走俄国人的路"将会为中国现状的改变和发展提供一种新的可能。

十月革命给中国知识分子带来了巨大的冲击。早期共产主义知识分子开始宣传和研究马克思列宁主义和苏维埃俄国，引领这个变革的先驱是李大钊和瞿秋白。1919年李大钊在《新纪元》中说："一九一七年俄国革命的血"，"洗出一个新纪元来"。[1]"我们在这黑暗的中国，死寂的北京也仿佛分得那曙光的一线，好比在沉沉深夜中得一个小小的明星，照见新人生的路"。[2] 十月革命胜利的消息极大地激发了瞿秋白探求真理的热情。他说：为了寻找革命的真理，"我总想为大家辟一条光明的路"[3]，"略尽一分引导中国社会新生路的责任"[4]。瞿秋白来到了被他称为"饿乡"的俄国，先后写成了《饿乡纪程》《赤都心史》两本通讯和许多专题报道，对苏俄社会主义建设的经验进行了研究和宣传。

十月革命对于中国人具有特殊的吸引力。其原因一方面是由于中俄两国有许多相同或近似的情况，十月革命给正在寻找新出路的中国人指明了前进的方向，"主张根本改革的俄国，最看重政治力量，……中国现在虽然不能希望根本改革，但是点点滴滴的改革也非靠政治的力量不可。……盖因有政权，改革社会才有力量。"[5] 另一方面是十月革命和社会主义体现了世界大同理想。

---

① 《李大钊全集》第2卷，北京：人民出版社，2006年版，第266页。
② 《李大钊全集》第2卷，北京：人民出版社，2006年版，第268页。
③ 《瞿秋白文集（文学篇）》第1卷，人民文学出版社，1985年版，第5页。
④ 《瞿秋白文集（文学篇）》第1卷，人民文学出版社，1985年版，第8页。
⑤ 《李大钊全集》第4卷，北京：人民出版社，2006年版，第112页。

大同理想是中国传统思想的精华，是近代中国仁人志士憧憬的目标。马克思主义关于共产主义社会根本解决一切社会问题的蓝图，与中国传统的大同理想有着文化上的契合。五四时期先进的知识分子在寻觅中国出路时，总是将大同理想作为评判各种社会主义思潮的标准。李大钊在接受马克思主义的时候，就曾将传统大同理想和共产主义学说联系起来，指出："现在世界进化的轨道，都是沿着一条线走，这条线就是达到世界大同的通衢，就是人类共同精神联贯的脉络。"[①]毛泽东曾指出："大同者，吾人之鹄也"，[②]表示欲"立德、立功、立言以尽力于斯世"，[③]终生以改造中国与世界为己任。而十月革命，不仅仅代表俄国精神，也是人类共同的精神。李大钊指出："此次俄国革命，足以表示全世界人类共同的精神"。[④]毛泽东说：世界主义"就是四海同胞主义，就是愿意自己好也愿意别人好的主义，也就是所谓社会主义。凡社会主义，都是国际的"。[⑤]1922年周恩来在《共产主义与中国》也指出："世界上只有一个共产主义能使这个责任无国界无种界地放在无产阶级的肩上，也只有他能使中国民族得列于人类中间彼此一视同仁"。[⑥]

在马克思主义理论丰富的内涵中，真正震撼五四时期知识分子并主导其思想和行动的主要是唯物史观、阶级斗争学说，以及社会主义、共产主义的未来理想社会，而这些与中国传统文化背景存在着极为紧密的关联，两者可以在更深一层的文化心理结构上接受和融合。因此，五四时期中国先进知识分子才可能在批判中国传统文化的时代潮流中迅速果断地接受马克思主义。

（三）马克思主义话语的出场

马克思主义是马克思主义话语体系构建的原始理论基础。马克思主义是

---

①《李大钊全集》第4卷，北京：人民出版社，2006年版，第122页。

②《毛泽东早期文稿》，长沙：湖南人民出版社，2008年版，第76页。

③《毛泽东早期文稿》，长沙：湖南人民出版社，2008年版，第76页。

④《李大钊全集》第3卷，北京：人民出版社，2006年版，第285页。

⑤《毛泽东书信选集》，北京：人民出版社，1983年版，第3页。

⑥《周恩来早期文集》（下），北京：中央文献出版社，天津：南开大学出版社，1998年版，第458页。

方法论，是开放的理论体系。恩格斯认为："马克思的整个世界观不是教义，而是方法。它提供的不是现成的教条，而是进一步研究的出发点和供这种研究使用的方法。"①马克思主义话语的原初"出场"源于马克思、恩格斯等经典作家对资本主义社会实践的解读与批判。

马克思主义产生于批判。马克思知识渊博，他广泛涉猎人类的优秀成果并深切关注人类的命运。马克思主义既奠基于19世纪欧洲社会政治和经济的发展，又批判地继承欧洲已有的思想成果。德国的古典哲学、英国的古典政治经济学与英法的空想社会主义，是马克思主义产生过程中扬弃性理论批判的对象。法国的圣西门、傅立叶和英国的欧文三大空想社会主义者的学说，反映了资本主义确立时期城乡广大无产者和广大劳动人民的政治愿望和经济要求，是现代无产阶级革命家反抗资本主义剥削和压迫的理论表现。他们在批判资本主义和展望未来理想社会方面有价值的思想，成为科学社会主义的理论来源。"马克思主义……它大多半只是'批判'和'革命'。但整个人类无论在物质上还是精神上，都是一种通过历史进行自我建设的过程和成果。'批判'和'革命'不过是这个建设过程中短暂时期的特定手段而已。所以回到经典的马克思主义，回到唯物史观，就是为了从这里开发出一种建设性的马克思主义。"②

马克思主义发展于批判。马克思主义能成为风靡全球的思想体系在于其理论的革命性和批判性。正如列宁指出：马克思理论的全部价值在于它是批判的和革命的，在于它把严格的和高度的科学性同革命性结合起来，因为它提出的任务就是揭露现代社会的一切对抗和剥削形式，因而对世界各国的社会主义者具有很大的吸引力。马克思主义优越于一切理论体系，马克思及其后继者对自身成果进行自我批判，不断丰富、完善的理论用以指导19世纪60、70年代全世界的工人运动。

马克思著作的主线是批判，他的许多重要著作的标题或副标题都定为"批判"。马克思不仅写了《黑格尔法哲学批判》《哥达纲领批判》、而且还把

---

① 《马克思恩格斯文集》第10卷，北京：人民出版社，2009年版，第691页。

② 李泽厚：《中国现代思想史论》，上海：三联书店，2008年版，第378页。

《神圣家族》一书的副标题定为《对批判的批判所做的批判》，把《资本论》的副标题定为《政治经济学批判》。出于对人类命运的关注，马克思明确把自己的使命归结为"对现存的一切进行无情的批判"，要"揭露旧世界，并为建立一个新世界而积极工作"。他的批判一方面指向哲学、政治经济学等意识形态，另一方面指向现实的社会制度，把"批判和实际斗争看作同一件事情。"[①] 虽然在不同时期马克思关于资本主义批判的对象和侧重点有所不同，但始终围绕人的解放与幸福的轴心不变。

马克思主义哲学发展史就是一部激烈的批判史。没有批判，就没有科学的进步。马克思主义哲学通过对以往旧哲学和空想社会主义的批判，通过揭露资本主义社会资本家剥削工人的罪恶，促使无产阶级勇敢地承担起资产阶级"掘墓人"的历史使命。马克思的政治批判不是用理想的社会模式同现实对立，不是教条地预见未来，而是"要对现存的一切进行无情的批判"，从而"在批判旧世界中发现新世界。"[②] 由此可见，马克思的批判不是要建立一种关于理想社会模式的社会理论，而是为了推动现实的人类解放进程的实践。马克思并没有建立传统分类意义上的独立的哲学、政治经济学和社会理论，而是超越这些立场，以人的现实劳动（实践活动）为总体，建立以"改变世界"为宗旨的全新的学说：以人的实践为现实基础深刻说明人类社会的进化，使人类获得解放的现实途径，这样的学说本质上是革命的和批判的。

马克思主义话语是当代中国话语的重要组成部分。马克思主义话语是被实践证明了的科学体系，它自创立以来深刻影响了中国社会的发展进程。五四时期西方文化蜂拥进入中国，早期共产主义知识分子吸纳适合于中国现实和现代化需要的西方文化，初步实现了中国文论从古典走向现代的重大转变，这场变革无论在理论知识的积累更新上还是在人类世界观和思维发展上都是巨大的历史进步。

---

①《马克思恩格斯全集》第 1 卷，北京：人民出版社，1956 年版，第 414、416-417 页。
②《马克思恩格斯全集》第 1 卷，北京：人民出版社，1956 年版，第 417、415-416 页。

第二章　早期共产主义知识分子
对西方社会的批判与启蒙话语建构

"文化的历史，就是启蒙的历史"。① 西方启蒙思想指导了 17、18 世纪的法国、英国、德国等西方国家开展反对封建专制统治和教会思想束缚的斗争，随之形成的启蒙话语为资本主义和社会主义的兴起、西方文明走向现代化奠定了思想基石。西方思想资源的引入、知识分子群体的形成及现代报刊业的发达等为五四时期的思想启蒙提供了客观条件。中国近代启蒙吸收了西方启蒙的自由、平等、博爱、人权以及社会的进步和发展等构成的启蒙价值谱系。五四时期中国的知识精英对西方的启蒙话语进行了重塑，创造了符合中国国情的五四"启蒙"话语体系。五四运动后，马克思主义的广泛传播影响了启蒙运动，近代启蒙思想向着马克思主义的方向、向着社会主义方向转换，发生了资产阶级启蒙向马克思主义启蒙的转变。

一、早期共产主义知识分子对西方道德危机的批判

在资本主义社会，机器和大工业的发展把整个社会纳入到资产阶级生产之内，工厂内部以及整个社会存在分工，分工进一步发展加剧了竞争，产生了垄断和生产的无政府状态以及工商业危机。西方道德危机源于资本主义商品经济的运行模式。在资本主义商品经济的发展的初期，资本家为追求利益最大化置伦理道德于不顾，渐渐造成了伦理与经济的分离。其主要表现在：物质主义、金钱至上、享乐主义盛行、理想信念的丧失、道德失范等等。

---

① 《李大钊全集》第 4 卷，北京：人民出版社，2006 年版，第 311 页。

（一）物质主义批判

物质主义是强调以拥有金钱和财物来追求快乐及彰显社会地位晋升的生活价值观。物质主义者迷恋于单纯的物质富裕与经济增长，他们在生活方式上追求对物质的占有与挥霍。

在资本主义发展的早期，消费主义、物质主义一度成为社会生活的主流。人们对物欲的满足、金钱的追求表现出极高的热情，病态的物质追求和消费主义文化的催化作用，使人们的生活失去了更广泛的意义。早期共产主义知识分子对西方的物质主义十分鄙视，把满足物欲看成是邪恶的。1916 年李大钊在《介绍哲人托尔斯泰》中说："物欲之满足，皆为罪恶"，人如果醒悟过来，应当"弃可卑之物欲"。[①]1918 年他又在《东西文明根本之异点》中批评"西洋文明又疲命于物质之下"。[②] 同年，在《质问〈东方杂志〉记者》一文中陈独秀引述德国人台里乌司氏对西方状况的描述："欧西之伦理，为全然物质主义。"[③]1927 年 12 月，陈独秀在《主义的流弊》一文中说道："代表物价的金钱虽然是货币商业时代不可少之物，然而却不应因此提倡什么拜金主义。"[④]陈独秀、李大钊极力痛斥西方的物质主义，在他们看来人生的最大幸福就是生活简朴、作风严正，"自来生活奢侈者寿命多促，其事至愚"。[⑤] 不但陈独秀和李大钊对西方的物质追逐甚为反感，对于赞赏西方文化的胡适也批评美国的唯利是图，他以一位学习化学的人为例表达其态度："卜君习化学，今为此间一工厂中司实验事。然其人思想颇隘。谈吐纯是一种实利主义。吾昔闻人言实利主义之弊将趋于见小利而忘远虑，安目前而忘未来，能保守而不

---

①《李大钊全集》第 1 卷，北京：人民出版社，2006 年版，第 174 页。

②《李大钊全集》第 2 卷，北京：人民出版社，2006 年版，第 214 页。

③ 任建树主编：《陈独秀著作选编》第 1 卷，上海：上海人民出版社，2009 年版，第 435 页。

④ 任建树主编：《陈独秀著作选编》第 4 卷，上海：上海人民出版社，2009 年版，第 345–346 页。

⑤ 任建树主编：《陈独秀著作选编》第 1 卷，上海：上海人民出版社，2009 年版，第 214 页。

利进取，初不信之，今闻卜君言其厂中主者某君之言曰：'更好的乃是好的之仇也'（The better is enemy of the good），乃不禁爽然自失。此真实利主义之极端矣。"①

财物的获取是物质主义者的首要目标。金钱可以满足人的衣、食、住、行等物质需求及部分精神层面的需求。他们用财物的数量评价财物和其获得高于其他事物和生活的活动，物质就是他们的价值。陈独秀在《今日之教育方针》一文中揭露："亚美利加者，兴产殖业，金钱万能主义之国也。"② 李大钊也认为金钱标准是资本主义社会产生危机的根本原因，"一切货物之价值，均用金钱，此即社会上发生弊病之渊源。"③ 这种"金钱至上"的观念导致西方社会出现表面热乎，实际冷漠的人际关系和孤独寂寞的人类心灵。在批判西方物质主义的问题上，胡适与早期共产主义知识分子的观点非常一致，他说："美国人因为崇拜大拉，所以已经到了真正'夜不闭户，路不拾遗'的理想境界了。"④ 胡适1910—1917年间在美国留学7年，凭着他对美国的了解和观察，对美国的评价更有说服力。新文化运动年轻的主将罗家伦，也批评西方社会受物质文明的主宰而引发了欧战："物质本来是供人生利用的，但是十九世纪的时候，（西方）物质的科学极端的发达，而政治社会的科学的发展反不及他；于是人生受物质文明的支配过了度，几乎变成机械一般。这次大战，也未始不是极端物质文明的结果。"⑤

物质文明与物质主义迥然不同。物质文明是人类改造客观世界的物质成果，体现为人类进行实践的物质能力之不断进步，其主要内容包括社会生产力状况、社会生产的总规模、社会物质财富的积累以及人的物质生活条件等

---

① 《胡适全集：日记（1915—1917）》第28卷，合肥：安徽教育出版社，2003年版，第4页。

② 任建树主编：《陈独秀著作选编》第1卷，上海：上海人民出版社，2009年版，第171页。

③ 《李大钊全集》第4卷，北京：人民出版社，2006年版，第227页。

④ 《胡适全集：时论（一）》第21卷，合肥：安徽教育出版社，2003年版，第652页。

⑤ 罗家伦：《近代西洋思想自由的进化》，《新潮》第2卷第2号，1919年12月，第238页。

方面。物质主义是指对金钱、物质财富占有的一种持久、稳定、一致的价值观念，主要包含对金钱的态度、对物质财富的评价与情感体验等。陈独秀批判物质主义，但不反对物质文明，他将"物质文明"与"物质主义"作出明确区分。印度诗人泰戈尔于 1924 年访问中国，他认为科学和物质不能给心灵增加愉快，反而促进人类互相残杀。受马克思主义影响的陈独秀对泰戈尔的观点持批判态度，指出他的想法是"误解科学及物质文明本身的价值"。① 章行严、泰戈尔、张君劢三人都提倡精神生活反对物质文明，陈独秀用三人的例子进行了反驳："第一个章先生竟发起招集十万元办周刊，并且投身交易所事业；第二个太先生在香港为他自己办的学校大募捐款；第三个君劢先生因为他的自治学院经费取销了大肆咆哮。难道所谓精神生活还得要依靠金钱养活着吗？"陈独秀极力批判西方的金钱主义，但认为物质文明本身没有罪恶，"魔鬼是驱使物质文明的帝国主义者"。②

马克思指出："资本主义生产就同某些精神生产部门如艺术和诗歌相敌对。"③以金钱势力为基础的资本主义社会与艺术家创作活动的这种特殊性是相抵触的。1923 年 9 月，李大钊在《社会主义与社会运动》一文中说："一般人之主张资本主义，不但在人类生活经济上受其苦窘，即学艺上亦大受其压迫矣"。④同年 11 月，李大钊在《社会主义释疑——在上海大学的演讲》一文中批判了艺术与金钱的关系，"在资本主义下，那种恶俗的气氛，商贾的倾向，亦何能容艺术的发展呢？又何能表现纯正的美呢？"⑤在资本主义社会里，艺术家成为受雇于出版商的雇佣劳动者。在这种情况下，艺术家的创作活动必然受到来自各方面的牵制和束缚而不能创造性地发挥，他们的艺术才能受到

---

① 任建树主编：《陈独秀著作选编》第 3 卷，上海：上海人民出版社，2009 年版，第 259 页。

② 任建树主编：《陈独秀著作选编》第 3 卷，上海：上海人民出版社，2009 年版，第 320 页。

③《马克思恩格斯全集》第 26 卷第 1 册，北京：人民出版社，1972 年版，第 296 页。

④《李大钊全集》第 4 卷，北京：人民出版社，2006 年版，第 200 页。

⑤《李大钊全集》第 4 卷，北京：人民出版社，2006 年版，第 355 页。

种种压抑和摧残。李大钊心目中理想的艺术家是"特殊的个性的艺术美"①，而不是美术作品"均可得到稍高之价值"。②真正的艺术生产创造审美价值而非生产商品价值，它是以人本身的发展、个性的充实和自我实现为目的，不同于一般的商品生产。审美价值是一种文化价值。文化价值和商品价值之间存在矛盾与对抗，艺术生产遵循美的规律，商品生产遵循商品经济规律。

（二）享乐主义批判

享乐主义是指为获得物质上和精神上的安乐和满足所持有的理论主张和思想观点及思想作风。享乐主义与享乐是不同的。享乐是以获得物质上或精神上的满足为快乐，它是一种即时性的可满足的生活主张。享乐主义强调"自我中心化"并以感观上的快乐作为人生的目的，它的最基本的信条就是："如果觉得好——就干！"（"If it feels good–do it"）③

在资本主义社会，享乐主义的盛行放纵了人们的私欲。近代西方人从中世纪的宗教禁欲主义的束缚下彻底解放出来，追求现世的自由享乐。资本主义文化中肉体的解放进入了一个强烈的本能享乐的时代，在这个时代里，一种自由、自然的情爱生活达到了高潮，刺激人们寻欢作乐。在《战争与人口》中，李大钊批判了法国社会男女通宵达旦、尽情享乐的生活方式，"富者男女竞于骄奢之虚荣，荡佚之淫乐。"④"士女沈湎于酒，淫风流行，俾昼作夜，往往更深漏尽，流连歌舞之场。"⑤同时李大钊也揭露了资本主义社会的大众娱乐性高消费，"盖自物质文明之发达，都市生活之繁华，上流门庭，楚楚士女，多溷迹于歌舞之会，交际之场，逐丽竞侈，不遗余力。平居所蓄之财，大抵挥霍于香车宝马、晏饮征逐之间。"⑥这与周恩来对奢侈消费的态度相同，周恩

①《李大钊全集》第4卷，北京：人民出版社，2006年版，第355页。

②《李大钊全集》第4卷，北京：人民出版社，2006年版，第202页。

③［美］柏忠言编著：《西方社会病》，北京：生活·读书·新知三联书店，1983年版，第584页。

④《李大钊全集》第2卷，北京：人民出版社，2006年版，第54页。

⑤《李大钊全集》第2卷，北京：人民出版社，2006年版，第53页。

⑥《李大钊全集》第2卷，北京：人民出版社，2006年版，第54页。

来认为："夫奢靡，习性之恶者"，[①]而且资本主义的挥霍已经不需要习得，"盖习久成性，奢靡本属习惯，及今则无所谓习矣，性焉而已。"[②]

在资本主义发展的不同阶段，消费在社会生产中的地位并不相同。在资本主义发展史上，扩大消费的好处就是生产者能更多地获利，是资本增值的手段，是资本主义的必然产物。西方无度的娱乐消费与早期共产主义知识分子追求简单生活，物质消耗及精神劳役适度的观念是背道而驰的。从历史角度看，享乐主义的本质是"剥削阶级的人生理论，反映了具有社会物质生活资料支配权的剥削阶级恣情纵欲，追求腐朽、糜烂的生活方式的必然状态。"[③]这是一种持久的无法根本满足欲望的生活理念。反对西方无度消费不仅仅局限于早期共产主义知识分子，就连胡适也对此作出批判，他在美国求学的时间较长，他列举了西方社会五大不道德之处中的第二个便是："风俗奢靡，服装华丽，放浪形骸，鲜艳肉感，不如中国之俭朴、守约，淡扫蛾眉，平胸板臂，端庄严肃。"[④]梁启超指出19世纪末无节制的消费成了社会病，"欧美人，也是因为社会剧变，理想和事实处处矛盾冲突，多数人都起一种苦闷懊丧的心理，因之现在快活主义，也成了近年的传染病，他们叫他做世纪末的黑暗"。[⑤]

马克思主义认为，社会生产包括物质资料生产和人类自身生产，人类自身生产必须与物质资料生产相适应。劳动人口的数量和质量必须与生产资料生产相适应，全体人口及其消费必须与生活资料相适应。但在西方富裕的生活中，追求物质享受成为社会和个人生活价值观的绝对标准。李大钊的《战争与人口》叹息："法兰西之妇女，至有恐以孕育衰其色，重其烦，不为交际场中所欢，不能自由游嬉者，而以无儿为幸"。[⑥]在李大钊看来，生育不仅仅

① 《周恩来早期文集》（上），北京：中央文献出版社，1998年版，第245页。

② 《周恩来早期文集》（上），北京：中央文献出版社，1998年版，第246页。

③ 罗国杰主编：《中国伦理学百科全书》（伦理学原理卷），吉林人民出版社，1993年版，第463页。

④ 《胡适全集》第3卷，合肥：安徽教育出版社，2003年版，第16页。

⑤ 《梁启超全集》第9集，北京：中国人民大学出版社，2018年版，第803页。

⑥ 《李大钊全集》第2卷，北京：人民出版社，2006年版，第54页。

是个人的喜好问题，还涉及人类的发展问题，"此不独国家盛衰之基，实人类存亡之征也"。①

西方的自杀现象的出现与享乐主义的生活方式有极大关系。自杀是一种特殊的社会现象，法国著名社会学家埃米尔·迪尔凯姆在他的《自杀论》序言中说道：在资本主义制度下，这种现象之所以增多，是由于资本主义经济的发展、科学技术的进步和社会分工的变细所造成的社会病态而引起的。陈独秀归纳了人类自杀的十六种原因，他认为总括起来有两大类原因：一是社会的压迫，二是思想的暗示，在这两类原因中陈独秀认为，"危险的人生观，厌世的自杀，乃是各种自杀底母亲"。② 李大钊提出："都市中自杀增多的原因，是在罪恶及荒淫的移植和都市生活较大的刺激与烦忧。"③ 接着他引用了莫西里氏的一组数据分析一千名自杀者的动机，"精神失常"是自杀的重要原因，在男性中因"恶习"而自杀的原因排第二位。④

早期共产主义知识分子把自杀现象与西方社会联系起来加以考察。李大钊指出："在多因恶习堕落而自杀的社会，须熟察那个社会风俗的缺陷"。⑤ 李大钊断言：西方的享乐主义生活"就其自身之重累而言，不无趋于自杀之倾向。"⑥ 李大钊用具体的事实证明了他的判断。1922年在《论自杀》一文中，李大钊对一周中自杀行为最多的日期作了研究，认为欧美国家发周薪的时间普遍在星期六，所以在星期六自杀的人是最少的，"星期一和星期二则自杀的数目较多，因为荒亡之乐已终，金钱之挥霍已尽，又感生活难的压迫了。"⑦ 李大钊认为西方人的自杀是西方国家漫无节制的消费，及时行乐的典型表现。亲历欧洲的梁启超对于西方的享乐主义持反对态度。1918年底至1920年初，梁

---

① 《李大钊全集》第2卷，北京：人民出版社，2006年版，第55页。

② 任建树主编：《陈独秀著作选编》第2卷，上海：上海人民出版社，2009年版，第153页。

③ 《李大钊全集》第4卷，北京：人民出版社，2006年版，第28页。

④ 《李大钊全集》第4卷，北京：人民出版社，2006年版，第30-31页。

⑤ 《李大钊全集》第4卷，北京：人民出版社，2006年版，第36页。

⑥ 《李大钊全集》第2卷，北京：人民出版社，2006年版，第216页。

⑦ 《李大钊全集》第4卷，北京：人民出版社，2006年版，第23页。

启超赴欧洲游历。当时一战刚刚结束，欧洲满目疮痍，国力衰微物资匮乏，这种社会状况使梁启超从全新的角度来理解西方。虽然游历时间不长，但亲身感受当时西方社会之流弊，思想自然十分深刻。他说："中国人之特性，在能抛弃个人享乐，而欧人则反之。夫以道德上而言，决不能谓个人享乐主义为高。"①

为什么西方人热衷于享乐主义的生活方式？陈独秀认为是西方人的精神贫乏所致。他在1919年2月《再质问〈东方记者〉》中谈及："西洋人于物质上虽获成功，得致富强之效，而其精神上之烦闷殊甚。"②李大钊指出西方人民"虽于物质上由国家所受之幸福甚大，而于精神上则有不堪其苦痛者。盖其官僚之傲慢，军人之暴横，在足使一般平民疾首痛心，四百万之社会党员，即其反动之结果也。"③胡适对此的看法也基本一致，1923年12月16日，《胡适日记》中记录了胡适和王国维的一次谈话。王国维认为"西洋人太提倡欲望，过了一定时期，必至破坏毁灭"。胡适却认为："西洋今日之大患不在欲望的发展，而在理智的进步不曾赶上物质文明的进步"。④在工业化社会中，获取最大利益已经成为人们生活的最高目标，仅仅物质财富的富裕已不足以使人得到满足。李大钊给西洋文明开了一剂良药，"西洋文明，宜斟酌抑止其物质的生活，以容纳东洋之精神的生活"。⑤陈独秀和李大钊都认为19世纪以后资本主义的享乐主义已深入整个西方世界的社会内部，成为社会的生存法则。这些生活观念促进了西方自私自利、精神空虚和道德失范的空前发展。

何谓道德失范？道德失范是指在社会生活中，作为生活规范的道德价值及其伦理原则体系缺失或缺少有效性，不能对社会生活和个人生活发挥正常的调节和引导作用，从而表现为社会生活和个人生活的失控、失序和混乱。

---

① 《饮冰室文萃：梁启超演讲集》，天津：天津古籍出版社，2005年版，第24页。

② 任建树主编：《陈独秀著作选编》第2卷，上海：上海人民出版社，2009年版，第44页。

③ 《李大钊全集》第2卷，北京：人民出版社，2006年版，第100页。

④ 《胡适全集：日记（1923—1927）》第30卷，合肥：安徽教育出版社，2003年版，第128页。

⑤ 《李大钊全集》第2卷，北京：人民出版社，2006年版，第214页。

在资本主义商品经济的发展进程中，尤其在早期，资本家坚持利益最大化不择手段地追逐利润，从而造成了伦理与经济的日渐分离。高度的物质文明和深刻的道德腐朽之间的矛盾在19世纪以后明显地发展起来。陈独秀在《关于社会主义的讨论》中说："资本主义虽然在欧洲、美洲、日本也能够发达教育及工业，同时却把欧、美、日本之社会弄成贪鄙、欺诈、刻薄、没有良心了。"①

道德失范包含着人们精神和行为失范两方面的内容。精神上是指内在道德心理的失落、混乱和道德观念的缺失、动摇，行为上是指行为的无度。性泛滥等社会现象一直被看作是西方社会精神颓废的表现，李大钊在《物质变动与道德变动》一文中描述了欧战后造成的社会道德堕落，"欧洲这回大战，男丁战死于战场的不知有几千百万，社会上骤呈女子过庶的结果，结婚难，离婚及私生子增多，卖淫及花柳病流行。"②"战后的法国社会道德日趋堕落，男子游惰而好小利，女子好奢侈而多卖淫。"③

早期共产主义知识分子对西方享乐主义的批判反映了20世纪初西方社会精神文明的混乱状态。西方文化危机动摇了我国知识分子对西方文明的信念。知识分子指出："中国新启蒙运动的发生，除了历史的相因外，至少可以说是有七种必要：一是民族自觉的必要，二是思想解放的必要，三是中西文化结合的必要，四是新知识新思想（新哲学新科学等）普及的必要，五是铲除残余的封建恶流的必要，六是推进民主政治的必要，七是救亡运动转向及扩大的必要"。④十月革命和五四运动之后，马克思主义从各种新思潮中脱颖而出渐成趋势。优秀的知识分子开始抛弃西方资产阶级的社会政治理论和对共和民主政治的追求，逐渐由激进的民主派转变为中国最早的马克思主义者，新

---

① 任建树主编：《陈独秀著作选编》第2卷，上海：上海人民出版社，2009年版，第303页。

②《李大钊全集》第3卷，北京：人民出版社，2006年版，第111页。

③《李大钊全集》第3卷，北京：人民出版社，2006年版，第111页。

④ 张申府：《什么是新启蒙运动》，北京：生活·读书·新知三联书店，2015年版，第13页。

文化运动也由旧民主主义开始转向新民主主义，启蒙开始具有社会主义性质，为无产阶级和劳动人民的觉醒而进行新的努力。早期共产主义分子对西方的物质主义及享乐主义的批判对五四时期人们求解放的渴望产生直接冲击，为五四时期解放话语、民主科学话语的建构提供空间。

二、五四时期解放话语建构

人类社会发展的过程，就是人不断追求自由、幸福和解放的过程。可以说，一部人类社会发展史，就是一部人类解放史。"词汇不是仅仅在表征事物，也是在创造它们的同时赋予它们以自己的特征。在这种情况下，语言就像一面镜子将现象与现实区分开，通过某物或某人可见的外观，将观察到的事物立即与它本身或它所表征的事物区分开，同时也能够使我们评价这一物体或人，就好像它们与现实毫无差异，就好像它们是真实的——尤其是一个人的自我，他再无其他方式与自我产生关联。因此，我们所发明和创造的用来赋予复合的物质或现象以抽象形态出现那些名词，变成了那种物质或者现象本身。世界上的每种不证自明的真理、每个分类系统、每种含义都表征了一组明确的意义和默认的名称。这种默认性也保证了它们主要的表征功能首先是假设，然后才是将概念转换成现实。"[1]马克思关于"解放"的看法从早期一直贯穿到晚期，就是资产阶级革命下要实现的政治解放与无产阶级革命下要实现的人的解放。马克思关于革命的核心就是人的解放，"西方之道德在个性解放之运动"。[2]人的解放就是对其所依赖的中介的不断扬弃的过程，也是对人与他人、人与自身、人与对象自由关系的具体的求解过程。

五四时期人们价值观的变迁呈现三个特征：一是早期共产主义知识分子对传统价值观及西方价值观的审视；二是人们思想获得解放；三是在对价值观的多元探讨中建构"科学""民主"和"社会主义"话语。在人类的解放史上，五四时期是一个非常突出的时期，当时最核心的主题是"人的解放"。早期共

---

①［法］塞尔日·莫斯科维奇：《社会表征》，管健、高文珺，译，北京：中国人民大学出版社，2011年版，第60-61页。

②《李大钊全集》第2卷，北京：人民出版社，2006年版，第213页。

产主义知识分子对于个体独立性的追求，是以"解放"为起点的脱离一切束缚、压迫的运动。

人的解放不是一蹴而就的线性过程。五四时期实现了从文化转向政治，从个人解放、经济解放、政治解放到阶级解放的转变。"词语的意义会随着时间的变迁而发生深刻变化，这种例子不胜枚举。我们对它们的理解，是经过了漫长的努力而达到的。"①"人的解放"有着极为丰富的内涵，既有哲学上的沉思、文学里的想象、历史中的传承，也有实践上的探索，是多领域的交响曲。

在五四时期，求解放的渴望和思索可以说到了最深层次、最艰难、最焦灼、最痛苦的时期。不仅女子寻求解放，男子也寻求解放，劳工、农夫、商人、学生等群体全都希冀通过解放走出受束缚的困境。"近年欧潮东渐，学说日新。全国学界人士，靡不振臂奋起，顺应潮流，从事改革。"②李大钊敏锐地捕捉到这种时代气息，"现代政治或社会里边所起的运动，都是解放的运动。人民对于国家要求解放，地方对于中央要求解放，殖民地对于本国要求解放，弱小民族对于强大民族要求解放，农夫对于地主要求解放，工人对于资本家要求解放，妇女对于男子要求解放，子弟对于亲长要求解放。这些解放的运动，都是平民主义化的运动"③。李大钊因而断言，"现在的时代是解放的时代，现代的文明是解放的文明"。④这种广泛性的解放运动与中国知识界对于西方道德危机与中国旧伦理的批判有着紧密的关系，如陈独秀在 1919 年 12 月认为，"我们希望道德革新，正是因为中国和西洋的旧道德观念都不彻底，不但不彻底，而且有助长人类本能上不道德的黑暗方面的部分，所以东西洋自古到今的历史，每页都写满了社会上、政治上悲惨不安的状态，我们不懂得旧道德的功效在那里"。⑤

---

① ［法］古斯塔夫·勒庞:《乌合之众:大众心理研究》，张波、杨忠谷，译，武汉:华中科技大学出版社，2015 年版，第 76 页。

②《毛泽东早期文稿》，长沙:湖南人民出版社，2008 年版，第 446 页。

③《李大钊全集》第 4 卷，北京:人民出版社，2006 年版，第 121 页。

④《李大钊全集》第 2 卷，北京:人民出版社，2006 年版，第 282 页。

⑤ 任建树主编:《陈独秀著作选编》第 2 卷，上海:上海人民出版社，2009 年版，第 135 页。

　　20世纪初，中国妇女处于极度悲惨的境地。她们在婚姻家庭中遭受歧视，在社会上法律、社交、教育、职业等无不受到压制。早期共产主义知识分子认为妇女在政治、经济、文化、教育等方面遭受剥削，私有制与家族制是妇女受压迫的根源。早期共产主义知识分子指出实现经济解放是女性解放的物质基础，社会制度的变革是实现女性解放的关键，进行政治革命是实现女性解放的重要方式，妇女自我觉醒是妇女解放的内在要求。五四运动使早期共产主义知识分子体悟到女性议题与社会改革之间的联系，他们开始在马克思主义理论指导下揭示和探讨劳动妇女在经济、政治、社会地位等相关问题，强调"女权运动，仍是带有阶级的性质"①。因此以唤醒女性为目标建构经济、政治、社会解放话语，体现了他们对时代脉动的敏锐感知与准确把握。

（一）经济解放话语建构

　　社会是由具体的人组成的。社会发展的活力取决于个性的活力，个性解放的本质在于确立人的自主性，调动人的积极性，发挥人的创造性。"人的解放"包括经济解放、政治解放、阶级解放等。在任何一个社会条件下，个性解放都不可能离开社会特有的经济基础、政治条件、思想状况而孤立进行。个性解放固然令人憧憬，但还未能解决阻碍实现个性解放的现实问题。经济解放是个性解放的基础。女性作为"民众"的重要组成部分，可视作一支可被联合的基础革命力量，其群体联合可共谋中华民族的自由解放。

　　当觉醒了的女性逃离家庭，满怀喜悦地去追求理想的生活时，一离开家庭就深切地感受到了现实世界的残酷、生活的无助及抗争的徒劳。先进的知识分子们认为，仅仅提倡个性解放是不够的。陈独秀指出，女子背离了家庭还是资本家的奴隶，"伊们既不能雇人，一定要受人雇，一定附于资本家，那么就会变成资本家的奴隶了。从前女子是家庭的奴隶；而离了家庭，便变成了资本家的奴隶。无论如何，都是奴隶，女子问题，仍然没有解决。"② 胡适在

---

　　①《李大钊全集》第2卷，北京：人民出版社，2006年版，第297页。

　　② 任建树主编：《陈独秀著作选编》第2卷，上海：上海人民出版社，2009年版，第361页。

《美国的妇人》中介绍欧美国家妇女就业自立的情况，呼吁中国妇女走向社会追求自立，"补救女子教育的失败，就是多给他一点教育。不解放的教育失败了，多给他一点解放的教育。解放的女子教育是：无论中学、大学，男女同校，使他们受同等的预备，使他们有共同的生活。"①他呼吁男女平等，但过于强调教育和思想文化的作用而忽略了经济的决定性地位。他提出的男女教育和继承权的平等都只着眼于女子个人的解放，虽然对旧家庭的改造具有一定积极作用，但没有从社会解放的角度来根本解决问题。

经济独立对于女性尤为重要。早期共产主义知识分子认为，女子在家庭中处于从属地位是因为女子缺乏经济独立的能力被迫依附男子生存，因此经济独立是妇女在家庭中获得平等地位的先决条件。陈独秀早在1916年就指出孔子所主张的道德是封建时代的道德，早已不适用于现代，"现代生活，以经济为之命脉，而个人独立主义，乃为经济学生产之大则，其影响遂及于伦理学"，②"西洋妇女独立自营之生活，自律师医生以至店员女工，无不有之"，③而中国妇女依附丈夫生存，没有独立自主的生活也没有独立的财产。陈望道说，"你看经济问题极重要——尤其能看出'女性受经济的压迫更多'。"④早期共产主义知识分子特别指出妇女受压迫是因为妇女没有财产，所以提倡妇女享有平等的财产权，"我们女性，现在受经济的压迫更多"。⑤李大钊则强调"妇女在社会上的地位，随着经济状况变动"⑥，解决妇女经济问题是解决政治、法律、宗教制度、女子解放、工人等一系列问题的前提。陈望道指出，"现在不论解决什么问题，都非先把'经济问题'解决不可"。⑦女性实现经济独立

① 《胡适全集：时论（一）》第21卷，合肥：安徽教育出版社，2003年版，第191页。

② 任建树主编：《陈独秀著作选编》第1卷，上海：上海人民出版社，2009年版，第266页。

③ 任建树主编：《陈独秀著作选编》第1卷，上海：上海人民出版社，2009年版，第267页。

④ 《陈望道文集》第1卷，上海：上海人民出版社，1979年版，第567页。

⑤ 《陈望道文集》第1卷，上海：上海人民出版社，1979年版，第566–567页。

⑥ 《李大钊全集》第3卷，北京：人民出版社，2006年版，第110页。

⑦ 《陈望道文集》第1卷，上海：上海人民出版社，1979年版，第566页。

不仅能够使妇女在家庭中获得平等的权利，而且为社会提供了充足劳动力并能促进社会经济发展。

（二）政治解放话语建构

五四时期启蒙主义思潮唤醒了中国女性的主体意识。但这种主体意识无法转变为改善妇女生存境遇的现实武器，妇女解放必须立足于解决严峻社会问题。所以，五四后期个性解放逐渐为政治解放"社会改造"所取代，妇女解放运动和社会解放实践完全融合。"妇女解放运动，也就是充实政治革命的内容之一种"。[①] 李大钊批判西方社会女性的权利仍得不到重视，"现代欧美的Democracy，仍然不是真正的Democracy。因为他们一切的运动、立法、言论、思想都还是以男子为本位，那一半妇女的利害关系，他们都漠不关心。"[②] 胡适批判中国女子没有参政权，"本周的上海的《星期评论》说：'现在还没有承认女子参政权的国家，较大的就剩法兰西、意大利、西班牙、葡萄牙、日本、中国了。'"[③]

社会变革需要一定的社会条件配合。单纯解放人们的思想，不仅无法解决问题，还可能造成新的问题，当人们的思想从旧有的思维模式中解放出来之后，如果没有新的秩序取代，很容易产生对社会具有破坏性的结果。五四后期，早期马克思主义者认识到要实现女性彻底的经济独立就要打破私有制实行公有制，在改造社会的过程中改造家庭，女子才能在经济上得到独立，在财权上、教育上、职业上得到真正平等，"我望我女同胞同心合意一齐起来废去这不平等的制度，和得到我们希望的选举权。我们若是一天不达到我们的目的，我们就一天不可以算是民国真国民了"。[④] 这为妇女解放指明了一条正确的道路。陈独秀以欧洲的解放思潮为比照，"世称近世欧洲历史为'解放

[①] 任建树主编：《陈独秀著作选编》第 2 卷，上海：上海人民出版社，2009 年版，第370 页。

[②]《李大钊全集》第 3 卷，北京：人民出版社，2006 年版，第 69 页。

[③]《胡适全集：时论（一）》第 21 卷，合肥：安徽教育出版社，2003 年版，第 208 页。

[④] 任建树主编：《陈独秀著作选编》第 2 卷，上海：上海人民出版社，2009 年版，第188 页。

历史'：破坏君权，求政治之解放也；否认教权，求宗教之解放也；均产说兴，求经济之解放也；女子参政运动，求男权之解放也。……解放云者，脱离夫奴隶之羁绊，以完其自主自由之人格之谓也。"① 当时社会上越来越多的女性受到经济独立思想的影响走出家庭参加工作，争取职业独立和经济独立并实现男女平等。

推翻旧制度建立新社会是妇女实现真正解放的前提。在李大钊看来，解放运动"旧组织遂不能不破坏，新组织遂不能不创造"。② 他进一步指出妇女问题彻底解决的方法，"一方面要合妇人全体的力量，去打破那男子专断的社会制度，一方面还要合世界无产阶级妇人的力量，去打破那有产阶级（包括男女）专断的社会制度。"③ 女子与男子只是性别不同，为何中国女性要生活在受压迫的痛苦中？毛泽东认为女子应该联合起来反抗残害妇女的不公正的社会勇敢追求自由，"学校家庭为牢狱。痛之不敢声。闭之不敢出。或问如何脱离这罪？我道，惟有女子革命军"。④ 五四时期的共产主义知识分子十分关注女性的政治权利平等，并把妇女问题和社会问题联系起来考察有其进步的一面。也要看到他们对当时女性的政治解放更多是谋求广大中国妇女在男女平等意义上的生存权解放，对妇女参政及其社会影响还欠缺深入考察。

（三）女性解放话语建构

五四时期是中国社会转型较为剧烈的时期。中国社会在各个方面都经历了重大的历史变革，尤其在女性解放方面。女性解放是衡量社会解放的重要尺度，与社会发展和人的全面发展息息相关。在西方社会民主思潮和中国民族危机的夹缝之中，中国女性解放成为当时社会改革的一种潮流，对中国近代化进程产生了极为重要的影响。

五四时期，中国的妇女解放运动得到前所未有的空前发展。妇女作为中

---

① 任建树主编：《陈独秀著作选编》第1卷，上海：上海人民出版社，2009年版，第159页。

②《李大钊全集》第4卷，北京：人民出版社，2006年版，第121页。

③《李大钊全集》第2卷，北京：人民出版社，2006年版，第299页。

④《毛泽东早期文稿》，长沙：湖南人民出版社，2008年版，第307页。

国传统形象的典型代表，在西方近代启蒙话语的影响下，追求人格独立、个性解放的背景下，女性人格所遭遇的最沉重压抑为反抗封建礼教秩序的新文化运动提供了最充分的合理性依据。早期共产主义知识分子对妇女问题高度关注。瞿秋白认为，"真正的社会运动的牺牲者本着他的精神去随时随地的牺牲，就能一方面自己解放，一方面自己改造"。① 近代中国女性问题不是单纯的性别问题，更是建构现代国家和民族启蒙话语体系的社会资源。

　　五四时期关于女性解放问题的探讨奇光异彩、多元交锋。知识界思想踊跃、充满生命力，从不同的角度理解妇女解放、探索妇女解放途径。首先，中国传统礼教对妇女的迫害成为早期共产主义知识分子最重要的批判对象。激进的知识分子从个性解放的角度公开探讨婚姻家庭问题，猛烈抨击封建婚姻、封建家庭的弊端。一个正常的社会应该遵循两性平等的原则，李大钊认为当时的社会是"半身不遂"②的社会。"女子们除了受政府、资本家压迫之外，更要受男子压迫"。③"中国妇女解放的要求，不但是精神上的，而且是身体上的"。④ 陈独秀指出中国女子所受的压迫，"中国的人生，都是一层一层压迫人家和被人家压迫的。男子所受的压迫是政府、资本家，女子所受的压迫有政府，有资本家，有男子，还有其他同类的妇女。故此我以为从前人生，完全是不正当啊。"⑤ 胡适认为婚姻是建立在爱情基础上的自由结合，他在倡导个性解放和思想自由的基础上抨击中国封建旧道德特别是封建婚姻观念。胡适十分重视女子教育，他主张男女平等和婚姻自主，主张妇女树立健全的人生观并养成自立、自主、自强的精神，而这种精神的养成惟有接受教育才能根本解决。"女子社交的解放，生计的解放，婚姻的解放，都是一样的。解放的唯

---

　　①《瞿秋白文集（政治理论篇）》第 1 卷，北京：人民出版社，1987 年版，第 54 页。

　　②《李大钊全集》第 2 卷，北京：人民出版社，2006 年版，第 299 页。

　　③　任建树主编：《陈独秀著作选编》第 2 卷，上海：上海人民出版社，2009 年版，第358 页。

　　④　任建树主编：《陈独秀著作选编》第 2 卷，上海：上海人民出版社，2009 年版，第370 页。

　　⑤　任建树主编：《陈独秀著作选编》第 2 卷，上海：上海人民出版社，2009 年版，第358 页。

一方法就是实行解放。"① 可见，陈独秀和胡适都希望通过思想改革、知识更新来实现女性的个人觉醒，从男女教育平等、男女社交公开等途径去实现男女平等，进而达到真正的妇女自我解放之目的。

其次，五四时期的女性期刊聚焦国内外妇女运动的现状。早期共产主义知识分子开始运用无产阶级世界观思考在中国如何开展妇女运动、实现妇女解放等一系列问题。《新青年》通过"随感录""读者论坛""通信"等形式多样的栏目开展妇女问题的讨论，在女性期刊上常以西方国家的女权运动为参照呼吁国内妇女解放，"今日文明之社会，男女交际，率以为常。论者犹以为女性温和，有以制男性粗暴，而为公私宴聚所必需。即素不相知之男女，一经主人介绍，接席并舞，不以为非。"②《妇女评论》《解放画报》等还专设"女子生活调查"等栏目反映劳动妇女的生存状态并深入探讨女性解放问题。

此外，早期共产主义知识分子还通过对西方道德危机批判来建构女性解放话语。李大钊指出在西方社会女性与男性的待遇并不平等，"妇人与工人之在欧美社会，其先亦皆为居特定阶级、具特种身份者。故其社会中之享有强大势力之人，往往对之不与以平等之待遇，束缚其自由，剥削其权利，锢蔽其智察，侮辱其人格，以其辛勤之汗血供少数强权者之牺牲，以其屈枉之苦痛资少数强权者之淫乐。于是工人问题、妇人问题，皆成为社会问题，而政治革命、社会革命之先声，遂皆发于工人之口。"③ 资本家"利用妇女和小孩子作工，因为妇孺的工银，比较成年的男子少"④ 榨取更多剩余价值。李大钊提倡妇女解放运动，"若想真正的'平民主义'在中国能够实现，必须先作妇女解放的运动，使妇女的平和、美、爱的精神，在一切生活里有可以感化男子专暴的机会，积久成习，必能变化于无形，必能变专制的社会为平民的社

---

① 《胡适全集：时论（一）》第 21 卷，合肥：安徽教育出版社，2003 年版，第 192 页。

② 任建树主编：《陈独秀著作选编》第 1 卷，上海：上海人民出版社，2009 年版，第267 页。

③ 《李大钊全集》第 2 卷，北京：人民出版社，2006 年版，第 85 页。

④ 《李大钊全集》第 2 卷，北京：人民出版社，2006 年版，第 297 页。

会。"①五四时期，一些有识之士就妇女问题提出了许多大胆且激烈的主张，如反对家庭牢笼、反对旧礼教及包办婚姻等，促使妇女勇敢走出家庭，抛弃三从四德的旧道德束缚，获得新知识和新思想。可见，早期共产主义知识分子对女性解放话语的构建已彰显着马克思主义的理论精髓。

妇女问题是社会问题中的重要一环。只要社会还存在阶级压迫，该问题就不可能得到彻底解决。只有将妇女解放与阶级解放联系起来，在推动社会制度根本性的革新中才能谋求妇女的真正解放。在马克思主义理论中，阶级之间的压制是其研究的出发点。马克思主义认为，妇女的解放与整个受压迫阶级的解放密不可分，只有在阶级压迫被消除和私有制被消灭之后性别平等才能实现。"解放就是压制底反面，也就是自由底别名。近代历史完全是解放底历史，人民对君主、贵族，奴隶对于主人，劳动者对于资本家，女子对于男子，新思想对于旧思想，新宗教对于旧宗教"。②

具有阶级意识的妇女观随着马克思主义的广泛传播而逐渐形成。阶级解放强调无产者、被压迫者作为群体从束缚中解脱出来，个人解放侧重个人主动从一切束缚中解脱出来。早期共产主义知识分子主张通过阶级斗争实现妇女的整体解放。李大钊认为妇女参政和劳工问题要根本解决必须打破阶级，两者"都是由于经济不平等而来，因此经济能力薄弱的人，受经济能力富强的人支配，所以欲根本解决，非打破这个阶级不可。"③李大钊分析了女权运动和阶级的关系，并且指出资产阶级妇女和劳动妇女的区别，"在现代资本主义下，劳动者纯属奴隶之地位，而在国家的资本主义下，劳动者物质生活略得解决，而于精神方面仍属奴隶地位，劳动者并未管理生产立于主人之地位，与现代资本主义所差者不过由个人名义换个国家名义而已。"④毛泽东指出，"由一人口说'不许'，推而至于千万人都说'不许'，由低声的'不许'，推

①《李大钊全集》第4卷，北京：人民出版社，2006年版，第129页。
② 任建树主编:《陈独秀著作选编》第2卷，上海：上海人民出版社，2009年版，第162页。
③《李大钊全集》第4卷，北京：人民出版社，2006年版，第112页。
④《李大钊全集》第4卷，北京：人民出版社，2006年版，第246页。

而至于高声的很高声的狂呼的'不许'，这才是人类真得解放的一日"。① 早期共产主义知识分子的共同思路是：只有通过阶级斗争实现了社会主义才能使所有的妇女问题得到根本解决，才能使全体妇女获得彻底的解放。他们把无产阶级妇女的解放与否作为妇女解放的最终标准，这是与此前妇女解放思想最大的不同。

建党初期，妇女解放问题依然持续受到关注。1921年8月，为了加强马克思主义理论的学习和宣传，毛泽东创建的自修大学其中有八名女生参与，同年10月，他组建的中共湖南党支部吸收四名女性党员。1922年6月，毛泽东主持了长沙地方团员大会，在团执行委员会下面特设妇女运动委员会。同年，毛泽东作为湖南劳动工人联合会的秘书，在其各级机构下设立女子部。中共二大颁布的《中国共产党全国代表大会关于妇女运动的决议》第一次明确在民族和阶级解放基础上进行劳动妇女的解放。随后中共党组织开始着手培养了一批早期的妇女工作干部，1923年中共三大通过的《妇女运动决议案》提出创建妇女工作机构。这些都表明了在建党初期中共对妇女问题的重视。

五四时期"劳动阶级妇女"的阶级解放观符合当时中国广大妇女的生存现状，突破了西方资产阶级妇女解放理论，并将妇女解放从政治、经济层面延伸到男女两性本质的不同及东西方妇女观的比较。相对于中国的传统妇女观而言，这些妇女解放观都具有划时代的意义。

三、五四时期民主与科学话语建构

科学与民主成为五四时期社会普遍关注的问题。五四之前，民主基本上是少数知识精英的思想专利，而五四时期民主思想成为时代的主流。"面对西方的挑战，中国处于被动、停滞和无力的境地。应对这个挑战的方法只能从西方本身去寻找。如何解释西方突然迸发的活力，它的精神和物质动力是什么？西方有而东方没有的究竟是什么？按陈独秀的看法，答案非常清楚——

---

① 《毛泽东早期文稿》，长沙：湖南人民出版社，2008年版，第295页。

民主与科学。"①

（一）民主话语建构

民主是集政治价值理念和社会管理机制于一体的系统。它是民主制度与民主文化的统一体，可从广义和狭义两个层面来理解民主。狭义的民主，是包括少数人的集权与专制而言的国家政治制度，民主由政体、具体制度及原则三部分组成，民主的理念和原则属于民主文化的核心内容，是民主的实质和精神所在。广义的民主是人类社会所有民主的全部，包括国家民主和社会民主，在人类社会不同历史时期有不同的内容和侧重点。

词语的含义会随着时代发生变化。"词语的含义只是暂时的，不是一成不变的，不同时代和不同民族所赋予它的含义是不同的……弄清楚它们在不同的时代和不同的族群中所具有的意义是首要的任务，这不是去了解它们在过去某一时刻具有的含义，更不是某个特殊的个人所给它下的定义。"② 在中国传统语境中，"民主"是君为民作主之意。近代意义的"民主"是鸦片战争后清末的思想家魏源、郑观应、梁启超等从西方引入并结合对中国传统"民主"的理解后逐渐形成的。近代西方的"民主"概念，不仅包含"人民的权力"和"多数人的统治"，还包括民主制度、民主权利、民主意识等多重意涵。西方的社会契约论、人民主权论、天赋人权论等民主思想理论，以及法国和英国的民主传统等都对中国近代民主的孕育产生重要影响。

甲午战争是中国近代社会及思想的转折点，也是民主观念演进的分水岭。纵观中国民主具体历史进程，自近代以来特别是洋务运动以后，印刷与通信技术及交通状况的不断改进，启蒙宣传通过近代报刊的传播，成为推进民主思想传播的有力工具。而《马关条约》的签订使中国群情汹涌，中国知识分子纷纷呼吁中国进行变革自强应对严峻的现实问题。梁启超成为开民智、兴

---

① ［美］本杰明·史华慈：《中国的共产主义与毛泽东的崛起》，陈玮，译，北京：中国人民大学出版社，2006年版，第3页。

② ［法］古斯塔夫·勒庞：《乌合之众：大众心理研究》，张波、杨忠谷，译，武汉：华中科技大学出版社，2015年版，第77页。

民权的第一人，梁启超认为："今之策中国者，必曰兴民权。兴民权，斯固然矣，然民权非可以旦夕而成也。权者，生于智者也，有一分之智，即有一分之权……是故权之与智相依者也。昔之欲拟民权，必以塞民智为第一义，今日欲伸民权，必以广民智为第一义。"[1] 胡适指出："二十五年来，只有三个杂志可代表三个时代，可以说是创造了三个新时代。一是《时务报》，一是《新民丛报》，一是《新青年》。"[2] 正是在《清议报》和《新民丛报》出版中，梁启超介绍了西方主要的人文社会科学代表人物和代表作的基本观点，主要涉及民主与自由主义、民主与民族国家、民主与权利义务、民主与宪政等方面，尤其推崇英国的民情政制。对此胡适曾评价道："那时代的中国知识界的理想的西洋文明，只是所谓维多利亚时代的西欧文明：精神是爱自由的个人主义，生产方式是私人资本主义，政治组织是英国遗风的代议政治"。[3] 李大钊认为"Democracy 就是现代惟一的权威，现代的时代就是 Democracy 的时代"。[4]

1.民主概念引入

世界上所有国家在不同的历史时期，民主都有其特定的内涵，在近代中国也不例外。现代民主源于西方社会，中国的民主启蒙来自对西方民主社会的认知，源于西方民主体制所带来的国家强盛与社会文明发展。"在相同的社会环境里，不同的社会成员对同一个词的理解有时候相差甚远，同一个词表达的意思有可能像孙悟空的筋斗，一去十万八千里。这也是要掌握语言这门艺术的难处之一。……促使词语的意义总是处在变化之中的首要因素是时间。如果再对种族因素加以考量，同一个词语在同一个时期，营养相同但种族不同的人对其意思的理解也会千差万别。若非见多识广，是很难理解这种情况的。……群众使用最多的那些词，往往在不同的民族中有着最不相同的

---

① 《梁启超全集》第 1 集，北京：中国人民大学出版社，2018 年版，第 433 页。

② 耿云志、欧阳哲生编：《胡适书信集》上，北京：北京大学出版社，1995 年版，第322 页。

③ 《胡适全集：时论（一）》第 21 卷，合肥：安徽教育出版社，2003 年版，第 650 页。

④ 《李大钊全集》第 2 卷，北京：人民出版社，2006 年版，第 291 页。

意义。"①

　　一般而言，广义的民主包含五个方面内容：第一，民主是一种国家制度。第二，民主是一种价值理念。第三，民主是一种运行机制。第四，民主是一种社会自治制度。第五，民主是一种精神状态、工作态度和工作作风。民主不仅包含了国家制度、体制等，还包括民主认识、民主理念、民主学说、民主思想、民主意识、民主观念等。1915 年 10 月陈独秀指出，"民主国家，真国家也，国民之公产也，以执政为主人，以人民为主人，以执政为公仆者也。"②"什么民主政治，什么代议政治，都是些资本家为自己阶级设立的，与劳动阶级无关。什么劳动者选议员到国会里去提出保护劳动底法案，这种话本是为资本家当走狗的议会派替资本家做说客来欺骗劳动者的。因为向老虎讨肉吃，向强盗商量发还赃物，这都是不可能的事。"③"民主主义是什么？乃是资本阶级在从前拿他来打倒封建制度底武器，在现在拿他来欺骗世人把持政权底诡计。……民主主义只能够代表资产阶级底意，一方面不能代表封建党底意，一方面更不能代表劳动阶级底意，他们往往拿全民意来反对社会主义，说社会主义是非民主的，所以不行，这都是欺骗世人把持政权的诡计。"④从以上可发现，陈独秀更多是从民主制度等层面理解"民主"。史华慈认为陈独秀的民主观念"本质上是曼彻斯特自由主义的概念。由于除去了传统加于个人的桎梏，给予了个人追求进步的利己主义的自由，并且以法律保障这个自由，民主解放了个人的活力。陈独秀充分意识到现代西方的许多成就存在于富有成效的经济活动领域，并且他相信除去了儒教的桎梏，解放了个人的活力，就能够在中国产生相似的结果。这里需要注意的是，他所信奉的那

---

　　① ［法］古斯塔夫·勒庞：《乌合之众：大众心理研究》，张波、杨忠谷，译，武汉：华中科技大学出版社，2015 年版，第 78 页。

　　② 任建树主编：《陈独秀著作选编》第 1 卷，上海：上海人民出版社，2009 年版，第 173 页。

　　③ 任建树主编：《陈独秀著作选编》第 2 卷，上海：上海人民出版社，2009 年版，第 298 页。

　　④ 任建树主编：《陈独秀著作选编》第 2 卷，上海：上海人民出版社，2009 年版，第 312–313 页。

种个人主义不是浪漫主义者无政府主义的个人主义，而是受经济驱动的曼彻斯特自由主义的个人主义。从某种意义上说，它是一种受社会驱动的个人主义，因为按照陈独秀的看法，个人的解放将使中国社会得到新生。"[①]"陈独秀向西方寻找的正是这种包罗万象的解决方法。尽管他在《实现民主的基础》一文中所概括的民主方案的实现需要长时期的平淡而单调的工作，他还是希望'民主与科学'具有西方技术的效用。它需要知识分子'到群众中去'，对群众进行政治教育，帮助他们按民主的路线组织起来。"[②]

新文化运动时期，早期共产主义知识分子的民主观念已不局限于政治领域。他们的民主观已扩展到社会，并具有了"自由平等"和"大众参与"意识。早期共产主义知识分子大多认为"民主"是由资产阶级建立的一整套政治经济秩序，"民主"等同于"资产阶级民主"，必然包括人民主权、个人平等等内容。正如史华慈关于陈独秀对民主的理解，"在'社会哲学与政治哲学'的演讲中，杜威教授概括了民主的概念，它在深度和广度上超过了陈独秀对这个词的任何理解。他立即意识到民主没有在中国扎根的原因可能是中国对整个民主概念的误解——误解也包括他本人。不久，在《实现民主的基础》（1919年11月）一文中他虔诚地接受了杜威教授更为宽泛的民主概念。"[③]早期共产主义知识分子认为在资产阶级建构的现实秩序中，多数平民的应有权利得不到落实，是"假民主"，他们否定资产阶级民主政治的实现方式而非"自由"价值。

2.西方民主价值理论阐发

20世纪初，民主革命思想在中国广泛传播。在这股民主革命思潮影响下，胡适接受了不少新的思想。1904—1910年是他一生中的重要阶段，他阅读了

---

①［美］本杰明·史华慈:《中国的共产主义与毛泽东的崛起》，陈玮，译，北京:中国人民大学出版社，2006年版，第3-4页。

②［美］本杰明·史华慈:《中国的共产主义与毛泽东的崛起》，陈玮，译，北京:中国人民大学出版社，2006年版，第16页。

③［美］本杰明·史华慈:《中国的共产主义与毛泽东的崛起》，陈玮，译，北京:中国人民大学出版社，2006年版，第14页。

邹容的《革命军》、严复的《天演论》、梁启超的《新民说》及涉猎了霍布士、笛卡尔、卢梭、康德、达尔文等西方著名思想家的学说，民主意识的种子已在他脑海播下。1910—1917 年的七年留学美国，胡适更系统地接受了西方资产阶级社会政治学说的民主、自由、平等思想。留学回国后，胡适积极参加新文化运动，与陈独秀、李大钊等早期共产主义知识分子一起深入考察近代中国历史和思想文化后高举起民主与科学大旗，发动了一场深入的思想启蒙运动。

在对民主思想的理解上，胡适深受他的老师杜威影响。胡适认为民主"是一种生活方式"，民主政治是"迄今所发现的最好的手段"，[1]充分表现出他对民主制度的向往和追求。胡适主张把促进国民觉醒和个性解放同争取国民的自由权利结合起来，"民主政治的好处在于不甚需要出类拔萃的人才；在于可以逐渐推广政权，有伸缩的余地；在于'集思广益'，使许多阿斗把他们的平凡常识凑起来也可以勉强对付；在于给多数平庸的人有个参加政治的机会，可以训练他们爱护自己的权利。总而言之，民主政治是常识的政治，而开明专制是特别英杰的政治。特别英杰不可必得，而常识比较容易训练。"[2]

民主总是与自由联系在一起。胡适认为自由与民主密不可分，他与陈独秀谈论"自由"时指出，"我也知道你们主张一阶级专制的人已不信仰自由这个字了。我也知道我今天向你讨论自由，也许为你所笑。但我要你知道，这一点在我要算一个根本的信仰。我们两个老朋友，政治主张上尽管不同，事业上尽管不同，所以仍不失其为老朋友者，正因为你我脑子背后多少总还同有一点容忍异己的态度。至少我可以说，我的根本信仰是承认别人有尝试的自由。如果连这一点最低限度的相同点都扫除了，我们不但不能做朋友，简直要做仇敌了。"[3]面对政府的不作为,1922 年 5 月胡适与李大钊、蔡元培、梁

---

① ［美］杜威：《新旧个人主义——杜威文选》，孙有中，译，上海：上海社会科学院出版社，1997 年版，第 3 页。

②《胡适全集：时论（一）》第 21 卷，合肥：安徽教育出版社，2003 年版，第 686 页。

③《胡适全集：书信（1907—1928）》第 23 卷，合肥：安徽教育出版社，2003 年版，第 476 页。

漱溟等人联合发表《我们的政治主张》，文章中指出当时中国社会的病根是自命清高、麻木不仁的"好人"太多。解决中国问题的方法就是要发掘"好人"中有奋斗精神的成员加入政治运动，并提出改革政治要遵循的基本原则和具体主张。在文中他们强调国家要有个"宪政的政府""有计划的政治"和"公开的政府"，这个政府要为"社会全体谋充分的福利"。

中央与地方的关系是影响一个国家全局的重大关系。民国成立后中央政府无法有效地控制地方，如何平衡二者关系成为政府需解决的重要问题。当时外国的联邦制理论已开始传入中国，在世界多国采用联邦制统一国家的情况下，联邦制思想在国内也有响应。胡适曾目睹在联邦制下美国的中央与各州彼此制衡国家稳步发展。而在军阀混战的中国，中央对地方几乎失去管控，因此胡适主张效仿联邦制来解决中央与地方的纷争，主张用联省自治的方式维护国家统一。1922年，胡适在文章中谈到统一时，认为国家统一的重要条件是必须承认"联邦制"，[1] 他认为当时应急的办法是"从速召集一个各省会议，聚各省的全权代表于一堂"[2] 讨论。1922年6月，有人认为联邦制名义上是分治的统一，实际上对国家造成分裂，胡适立即"起来痛驳他"[3]。1923年9月胡适以"使浙江真做到自治的省份"[4] 回答祝绍周等人的政治咨询。

在近代中国知识界政治思维的众说纷纭中，关于民主的阐发既有保守知识分子找寻出旧有传统的思想元素，也有激进的革命党人从中寻到顺应天时的有力逻辑，"民主"成为一个具有想象空间并被不断诠释的名词。

3.无产阶级民主话语建构

民主作为一种时代精神，成为了"五四"整个时代的价值取向。民主包含了制度和文化两个层面。在人类社会政治发展的历史长河中，民主制度的

---

① 《胡适全集：时论（一）》第21卷，合肥：安徽教育出版社，2003年版，第276页。

② 《胡适全集：时论（一）》第21卷，合肥：安徽教育出版社，2003年版，第298页。

③ 曹伯言整理：《胡适日记全编》（第3卷），合肥：安徽教育出版社，2001年版，第710页。

④ 曹伯言整理：《胡适日记全编》（第4卷），合肥：安徽教育出版社，2001年版，第52页。

生成发展和持久稳固都需要足够的思想基础，离不开民主文化的舆论启蒙和资源累积。

中国近代的民主思想建构既吸收西方民主思想，又对传统文化进行传承与创新。引进西方民主的概念首先必须经过民族本位文化的选择、批判和重构。五四时期中国知识分子认为，中国几千年的历史只有君权没有民权，只有帝王专制没有民主意识，中国是某家某姓的国，而不是天下百姓的国。如毛泽东所说，"中国名为共和，实则专制，愈弄愈〈糟〉，甲仆乙代，这是群众心里没有民主的影子，不晓得民主究竟是甚么的结果"。①《东方》记者认为"伊古以来之政治原理，本以民主主义为基础"。② 因此，陈独秀认为我们最应该补的课是提升民众的民主意识，"多数人民应该懂得民主政治究竟是什么"③"怎样建设民主政治"。④"以后的政治法律，不装在穿长衣的先生们的脑子里，而装在工人们农人们的脑子里"。⑤

五四时期的"民主"含义比较模糊，既有资产阶级的民主因素也有无产阶级民主之意。"当我们对某种特定的语言进行研究后，发现它们的变化脚步要明显慢于时代的变迁，然而它们所激发的物象，或人们对它们的意义的理解，却经常发生变化，未曾停滞过。"⑥中国知识精英借助西方民主观念要素来批判改造中国政治传统。为了宣扬民主的价值，1918年陈独秀在《新青年》上发表长文《驳康有为〈共和平议〉》，旗帜鲜明地批驳康有为的主张。陈独秀在文中高频使用"民主"一词，大多引自康有为的文章。陈独秀在"民主"

---

① 《毛泽东早期文稿》，长沙：湖南人民出版社，2008 年版，第 281 页。

② 任建树主编：《陈独秀著作选编》第 2 卷，上海：上海人民出版社，2009 年版，第 45 页。

③ 任建树主编：《陈独秀著作选编》第 2 卷，上海：上海人民出版社，2009 年版，第 166 页。

④ 任建树主编：《陈独秀著作选编》第 2 卷，上海：上海人民出版社，2009 年版，第 166 页。

⑤ 《毛泽东早期文稿》，长沙：湖南人民出版社，2008 年版，第 466 页。

⑥ ［法］古斯塔夫·勒庞：《乌合之众：大众心理研究》，张波、杨忠谷，译，武汉：华中科技大学出版社，2015 年版，第 75 页。

词语的使用上与之前大致相同，但在"民主"一词所包含和指涉的内容及意义上，却与之前大相径庭，这在《旧思想与国体问题》《复辟与尊孔》《驳康有为致总统总理书》中有所体现，陈独秀认为社会危机的根源在于当时推行的民主体制并非真正的民主制度。

第一，"民主"与儒家伦理针锋相对。本来民主制和君主制为对立面，而陈独秀抛开其争论抨击"孔教与帝制，有不可离散之因缘"，[①]"孔教与共和乃绝对两不兼容之物，存其一必废其一，此义愚屡言之。张、康亦知之，故其提倡孔教必掊共和，亦犹愚之信仰共和必排孔教。盖孔子之道治国家，非立君不足以言治。"[②]"所以我们要诚心巩固共和国体，非将这班反对共和的伦理文学等等旧思想，完全洗刷得干干净净不可。否则不但共和政治不能进行，就是这块共和招牌，也是挂不住的。"[③] 第二，"民主"与"共和"分离。在西方思想体系中，"民主"与"共和"具有不同的政治涵义且两者之间有冲突的部分，但在近代中国的思想界，二者并无多大差别甚至等同使用。新文化运动之前，"民主共和"作为一种与君主专制对立的西方政治理想，包含了人民选举国家元首、多数支配、代议制等含义。民初议会政治的失败引起人们对共和的原则的否定，新文化运动后，人们对议会政治和选举程序普遍质疑，而对个人权利、平等观念理解更加深入，"最后执行之效力，不在多数投票之取决，而在普遍意志之发生，非反于少数怀异之意见以为施，乃基于少数怀异者之 free consent 以为施。即基于普遍意志之一致以为施，必欲以力称之，是为普遍意志所具之势力，非多数意志所凝之强力。"[④] 这表明中国知识界开始重新审视民主的价值意蕴。

五四运动之后，西方开始被看作民主样本之一并被广泛认知。英美立宪

---

① 任建树主编:《陈独秀著作选编》第 1 卷，上海：上海人民出版社，2009 年版，第 239 页。

② 任建树主编:《陈独秀著作选编》第 1 卷，上海：上海人民出版社，2009 年版，第 372 页。

③ 任建树主编:《陈独秀著作选编》第 1 卷，上海：上海人民出版社，2009 年版，第 335 页。

④《李大钊全集》第 2 卷，北京：人民出版社，2006 年版，第 206 页。

与法俄革命两种民主的轮廓渐趋清晰，李大钊认为各国对民主的理解大致相同，但民主的实施需要根据各国的情况而调整，"民主主义的理想，不论在那一国，大致都很相同。把这个理想适用到实际的政治上去，那就因时、因所、因事的性质情形，有些不同。"① 中国在巴黎和会上得到的不公平待遇加深了五四时期共产主义知识分子对西方政治的质疑，源于西方并超越西方的马克思主义开始备受重视，陈独秀、李大钊等一批早期共产主义知识分子开始进入马克思主义的思想领域。

无产阶级民主是确保无产阶级广泛的、真实的、平等的获得政治权利的一种政治形态。无产阶级民主又称社会主义民主、人民民主，是无产阶级及广大劳动人民通过参与社会主义革命建立起来的。列宁在莫斯科第三国际大会上说过，"德谟克拉西有两种，一为中产阶级的德谟克拉西，一为无产阶级的德谟克拉西"。② "马克思主义的社会民主政体，是历史上第一个自觉地以无产阶级的物质利益为自己辩护的政党。这样，它就通过一条历史学——哲学方面的迂回路线，从伦理学角度和历史学—神话角度为它的'政党的实际存在'辩护：它不仅把自我拯救的职能赋予无产阶级，而且也把拯救世界的职能赋予了无产阶级，因为在'无产阶级专政'这样一个中间时期过去之后，阶级和国家就会被废除，因而对于所有的人来说，'向自由王国的跳跃'都会取得成功。"③ 马克思从历史唯物主义自由观的逻辑起点对民主的本质进行了阐释，他认为民主制既是一种理想，也是国家运行的原则。

马克思的民主模式既为中国学术界描绘了民主制度建设的美好蓝图，也为发展社会主义民主设定了一个价值目标和价值定向。在马克思主义的影响下，早期共产主义知识分子着重从社会政经秩序视角审视民主的实现。陈独秀认为，"民主的国家建设在人民权力之上，半封建半民主的国家建设在军阀

---

① 《李大钊全集》第 3 卷，北京：人民出版社，2006 年版，第 3 页。

② 《李大钊全集》第 4 卷，北京：人民出版社，2006 年版，第 4 页。

③ ［德］马克斯·舍勒：《知识社会学问题》，艾彦，译，北京：译林出版社，2012 年版，第 247 页。

和人民两种权力之上"。①"我们所以求普遍的是什么？是求实现真正的民主，民治，民本的国家或世界"。② 李大钊认为，社会主义与民主的目标一致，"德谟克拉西与社会主义，在精神上亦复相同。真正的德谟克拉西，其目的在废除统治与屈服的关系，在打破擅用他人一如器物的制度。而社会主义的目的，亦是这样。"③"德谟克拉西之组织，精神在于平等，无父系母系之分别，亦无男女性之界限，乃共力合作。"④ 李大钊认为理想中的现代民主主义就是 "令凡在一个共同组织中的人，无论他是什么种族、什么属性、什么阶级、什么地域，都能在政治上、社会上、经济上、教育上得一个均等的机会，去发展他们的个性，享有他们的权利。"⑤

在批判语境下，不同的学说和思想都被置于二元的维度进行考量。早期共产主义知识分子通过批判资产阶级民主来建构无产阶级民主。瞿秋白认为，"资产阶级是要法律上的平等，无产阶级是要事实上的平等——最彻底的民权主义，所以中国有无产阶级政党自有其独立的政治主张。"⑥ 陈独秀指出，"若是妄想民主政治才合乎民意，才真是平等自由，那便大错而特错。资本和劳动两阶级未消灭以前，他两阶级底感情利害全然不同，从那里去找全民意？……他们往往拿全民意来反对社会主义，说社会主义是非民主的，所以不行，这都是欺骗世人把持政权的诡计"。⑦ 金观涛指出，"1920 年后，开始出现对民主的负面评价，中共建党之后，《新青年》是中国共产党的机关刊物，此后，该刊使用'民主'多用于批判资产阶级民主和社会民主党。否定资产阶级假民主，就等同于肯定无产阶级专政，这正是民主意义在第三次高峰的

① 任建树主编：《陈独秀著作选编》第 2 卷，上海：上海人民出版社，2009 年版，第 469 页。

②《瞿秋白文集（政治理论篇）》第 1 卷，北京：人民出版社，1987 年版，第 25 页。

③《李大钊全集》第 4 卷，北京：人民出版社，2006 年版，第 6 页。

④《李大钊全集》第 4 卷，北京：人民出版社，2006 年版，第 8 页。

⑤《李大钊全集》第 2 卷，北京：人民出版社，2006 年版，第 294 页。

⑥《瞿秋白文集（政治理论篇）》第 2 卷，北京：人民出版社，1988 年版，第 220 页。

⑦ 任建树主编：《陈独秀著作选编》第 2 卷，上海：上海人民出版社，2009 年版，第 312–313 页。

内涵。"①

（二）科学话语建构

科学话语建构的一个重要功能就是以科学为武器来消除民众的愚昧思想、唤醒人民。五四时期，民主和科学同时被新文化运动的领袖推上历史舞台，然而科学却走在民主之前。五四时期的重要刊物《新青年》中"赛先生"出现的频率远高于"德先生"而成为新文化运动的实质引领者，对我国的学术研究产生了深远影响。

在五四思想启蒙运动中，西方的近代自然科学备受中国思想文化界推崇。胡适描述中国思想界的情况："这二十年来，有一个名词在国内几乎做到了无上尊严的地位，无论懂与不懂的人，无论守旧和维新的人，都不敢公然对他表示轻视或戏侮的态度。那个名词就是'科学'。"② 近代的中国随着清末废科举、兴学堂，提倡新式教育，造就了一大批思维活跃、有自主开放意识的新型知识者群体。严复把赫肯黎的《进化与伦理》、斯宾塞的《综合哲学》、孟德斯鸠的《论法的精神》、斯密的《国富论》、耶芳斯的《逻辑基础课程》等翻译成中文，从而奠定了五四时期崇尚科学与民主的基调。后经梁启超等人的推动与促进，初步建构起科学话语。

第一次世界大战的爆发使西方思想界和知识界对现代性产生了怀疑，对中国产生了深远影响。对中国产生影响力的著作，如斯宾格勒的《西方的没落》以及柏格森、倭铿的思想都是在反思西方的背景下产生的。柏格森是生命哲学的主要代表。生命哲学是在对西方近代科技文明的弊端作深刻反省的基础上产生的非理性主义哲学。陈独秀对柏格森是非常赞赏的，他在《敬告青年》中认为西方的科学、物质文明已发展到极致，柏格森、倭铿这两位大哲学家关注现实生活、追求人生意义。

欧人将西方近代文化归结为物质文明，这种批判代表了一种"机械的人

---

① 金观涛、刘青峰：《观念史研究：中国现代重要政治术语的形成》，北京：法律出版社，2009 年版，第 286 页。

② 胡适：《胡适文萃》，北京：作家出版社，1991 年版，第 704 页。

生观"。柏格森的"生命哲学""人生哲学",倭铿的"精神生活",其根本目的都在于反思机械的人生观。如瞿秋白认为,"世界的资产阶级,既以科学的发明,作为少数人享福之用,他眼看着用了这许多精力,杀人放火的机械制造得如此之精明,始终还是镇不住'乱',保不住自己的统治地位,所以他的结论是'科学无能'"。[1] 李大钊说:"资本主义在社会中有许多文化,如用机器生产,制造战品,似乎社会进步,然人类进步决不在此,宜在美的感受能力之增加"。[2] 陈独秀认识到科学不能单独为人类提供处理社会问题的方案,西方近代思潮既有其积极作用,"但是要晓得他的缺点,会造成青年对于世界人生发动无价值无兴趣的感想。这种感想自然会造成空虚、黑暗、怀疑、悲观、厌世,极危险的人生观。这种人生观也能够杀人呵!"[3]

1918 年底梁启超率团访问欧洲,希望能从西方文化中汲取营养。第一次世界大战宣布了西方文化的破产,西方世界更希望从中国的文化遗产中获得智慧来弥补西方文明中的缺失。1919 年,梁启超写了一系列文章向国内报道了这些观点。他指出,西方"宗教和旧哲学,既已被科学打得个旗靡辙乱"。[4] 因为科学的迅速发展,西方人的人生观念完全为机械的原则与物质的欲望所统治,"全社会人心,都陷入怀疑、沉闷、畏惧之中。好像失了罗针的海船遇着风、遇着雾,不知前途怎生是好"。[5] 道德的权威被推倒了,争斗与战争变得不可避免。整个欧洲因此陷入了绝望,是因为"'科学万能'"。[6]"科学万能之梦"被打碎。梁启超说"当时讴歌科学万能的人,满望着科学成功,黄金世界便指日出现。如今功总算成了。一百年物质的进步,比三千年所得还要加几倍,我们人类不惟没有得着幸福,倒反带来许多灾难,好像沙漠中失路的旅人,远远望见个大黑影,拼命往前赶,以为可以靠他向导,那知赶上几

① 《瞿秋白文集(政治理论篇)》第 2 卷,北京:人民出版社,1988 年版,第 24 页。

② 《李大钊全集》第 4 卷,北京:人民出版社,2006 年版,第 200 页。

③ 任建树主编:《陈独秀著作选编》第 2 卷,上海:上海人民出版社,2009 年版,第 155 页。

④ 《梁启超全集》第 10 集,北京:中国人民大学出版社,2018 年版,第 63 页。

⑤ 《梁启超全集》第 10 集,北京:中国人民大学出版社,2018 年版,第 63 页。

⑥ 《梁启超全集》第 10 集,北京:中国人民大学出版社,2018 年版,第 62 页。

程，影子却不见了，因而无限凄惶失望。影子是谁？就是这位'科学先生'。欧洲人做了一场科学万能的大梦，到如今却叫起科学破产来。这便是最近思潮变迁一个大关键了。"①

五四时期中国知识界对科学的期待落空。梁启超认为第一次世界大战是机械论战胜精神价值的结果，科学被指责为产生机械的世界观的原因。他指出，"托庇科学宇下建立一种纯物质的纯机械的人生观，把一切内部生活、外部生活，都归到物质运动的'必然法则'之下"。②张君劢先随梁启超游欧，后来分别向柏格森、倭铿求学。1921年底他在巴黎给中国留学生做了一场有关欧洲思想危机的演讲。回国后又在上海的中华教育改进社举行了题为《欧洲文化危机及中国新文化之趋向》的演讲，从"思想上之变动""社会组织之动摇""欧战之结果"三方面，详细而清晰地论述了欧洲现代思潮变动。当时各种刊物评介柏格森诸人学说的文章很多。1922年商务印书馆，出版张东荪翻译的柏格森著作《创化论》，是柏氏力作在中国最早问世的译本。同年，《民铎》杂志推出"柏格森号"，发表了蔡元培、梁漱溟、张东荪等人撰写的11篇文章。③这些都表明他们对科学的失望。

当欧洲思想界全面质疑科学文明时，中国的知识界却开始建构科学话语。1914年中国科学社的成立和《科学》月刊的创办是近代中国最重要的科学团体和科学活动，在中国《科学》月刊发刊词一开头就标明科学与道德的密切关系。西方思想家认为第一次世界大战是科学道德危机的结果，资本主义社会产生的科学技术高度发达的异化表现。《新青年》月刊自1915年9月创刊至1922年7月共九卷，几乎每一期都发表宣讲科学知识、传播科学理念的文章。从第一卷第一号的《现代文明史》开始，后来陆续发表《今日之教育方针》《近世思想中之科学精神》《女性与科学》《青年与性欲》《人口问题与医学》《当代二大科学家之思想》《人类文化之起源》《物质实在论》《体育之研究》《论迷信鬼神》《近代西洋教育》等。1921年中国共产党成立后，《新青年》

①《梁启超全集》第10集，北京：中国人民大学出版社，2018年版，第64页。

②《梁启超全集》第10集，北京：中国人民大学出版社，2018年版，第63页。

③ 郑师渠：《欧战前后国人的现代性反省》，《历史研究》，2008年第1期，第88页。

一度成为机关刊物，以科学的精神探讨中国社会革新出路的路径，此后科学精神依然是《新青年》的灵魂。《新青年》严谨科学办刊，分别从人文社会科学和自然科学的两大领域表达科学话语。

科学为中国带来了先进的器物，改变了知识分子的思维，对他们的人生观、世界观产生了重大的影响。在科学文化语境中，科学及其所形成的科学思潮的特征不仅表现为科学的知识和方法，还包括科学世界观、人生观及科学精神。

1.科学理论

任何知识话语活动在理论上都有无限生产意义的能力，但这种能力同时会受到特定时代、文化实践、社会关系乃至政治结构的制约。知识通过各种特定技术和应用策略在特殊的境遇、历史语境以及体制化秩序中加以运作。就科学及其精神而言，科学起初主要是指西方的自然科学及其研究方法，后来逐渐则转变为用辩证唯物主义和历史唯物主义观点观察社会问题。

科学为五四时期中国社会的变革与进步所需要。早期共产主义知识分子高举"科学"旗帜对人民进行科学教育和科学精神的启蒙。1915 年 9 月，陈独秀在上海创办《青年杂志》。在《敬告青年》的发刊词中，陈独秀指出："近代欧洲之所以优越他族者，科学之兴，其功不在人权说下，若舟车之有两轮焉。"[①]"世界文明发源地有二：一是科学研究室，一是监狱……从这两处发生的文明，才是真文明，才是有生命有价值的文明"。[②]1918 年陈独秀认为，"相信世间万事有神灵主宰，那西洋科学，便根本破坏，一无足取"。[③]17 世纪科技革命以后的哲学都是建立在自然科学的知识基础之上，因此陈独秀认为，"研究介绍新思潮的人，他若真是打破了中国人的文学脑筋，改造了一个

---

① 任建树主编：《陈独秀著作选编》第 1 卷，上海：上海人民出版社，2009 年版，第162 页。

② 任建树主编：《陈独秀著作选编》第 2 卷，上海：上海人民出版社，2009 年版，第112 页。

③ 任建树主编：《陈独秀著作选编》第 1 卷，上海：上海人民出版社，2009 年版，第419 页。

科学脑筋，就应该指出那种思潮是新的，是合乎科学的，是可以发生好的效果"。①"无产阶级的革命，无产阶级的社会改造，决非中国式浑朴可笑的头脑中之'穷人造反'，而是社会科学的'结论'"。②陈独秀在《新文化运动是什么？》中说，"我们的物质生活上需要科学，自不待言；就是精神生活离开科学也很危险。"③从以上可以看出，科学思维已成为早期共产主义知识分子思索的底层思维。

随着马克思主义的传播，科学成为中国革命的合理依据。而此时的"科学"指的不是社会进化论，而是马克思主义唯物史观。早期共产主义知识分子认为马克思主义就是中国人苦苦追求的集民主与科学于一体的完美化身。早期共产主义知识分子在《新青年》《广东群报》等发表了许多探讨唯物史观的文章，如《哲学里的科学法》《关于社会主义的讨论》《唯物史观在现代历史学上的价值》《社会主义批评》《达尔文主义》《讨论社会主义并质梁任公》《生物进化与球面沿革之概说》《马克思还原》《马克思学说》等，同时塑造了马克思主义的科学形象："现代的人都称马克思的学说为科学的社会学，因为他应用自然科学归纳法研究社会科学。马克思所说的经济学或社会学，都是以这种科学归纳法作根据，所以都可相信的，都有根据的。"④邓中夏认为，胡适、丁文江等属于科学方法派，他们的态度第一步是怀疑，第二步是实证，主张自然科学的宇宙观、机械论的人生观、进化论的历史观、社会化的道德观；唯物史观派与科学方法派在应用科学方法上相同，但他们相信人类思想随着物质变动而变动，"科学方法派和唯物史观派是真新的，科学的"。⑤"我们现在的至急需要，是在建立一个比较最适于救济现社会弊病的主义来努力

① 任建树主编：《陈独秀著作选编》第2卷，上海：上海人民出版社，2009年版，第172页。

②《瞿秋白文集（政治理论篇）》第1卷，北京：人民出版社，1987年版，第428页。

③ 任建树主编：《陈独秀著作选编》第2卷，上海：上海人民出版社，2009年版，第217页。

④ 任建树主编：《陈独秀著作选编》第2卷，上海：上海人民出版社，2009年版，第453页。

⑤《邓中夏全集》（上），北京：人民出版社，2014年版，第290页。

改造社会"。① 蔡和森认为，"十九世纪人为科学的大发明，莫如马克思科学的社会主义"。② 马克思主义"在于试用以解释阶级所处环境，所以在这磨励锻炼研究的过程中，能发见社会科学之真理，绝非静止的抽象概念所能左右"。③

真理作为一种"知识型"话语，其真实性是"内在的和特有的"。④ 同时，"真理无疑也是一种权力"⑤，"它限定什么是可说的，什么是不可说的"⑥。传播真理的任务是一个永无止境的工作，在传播的过程当中又会产生整套关于对象的知识和话语，并对理论与实践产生影响。马克思主义科学话语的真理性，一方面发挥着权力的排斥、对抗功能，抵抗和反击其他话语的进攻、污蔑与责难；另一方面发挥着生产功能，"生产出对象和结构都极为不一样的知识"⑦。

在马克思主义者看来，人的行为受其所处的政治模式、社会文化等方面限制，所以改造社会、改造个人的根本方式就是改变环境。"问题与主义"的争论是一个通过政治革命还是通过社会改革来改造中国的问题。在胡适等自由主义者看来，含有公共的、政治的意义改造社会的文化教育就是改造社会中的人，就是改造社会。马克思主义者通过积极的政治活动改造中国，而自由主义者通过改造人的活动影响政治进而改造社会。胡适在提出"多研究些

---

① 任建树主编：《陈独秀著作选编》第 2 卷，上海：上海人民出版社，2009 年版，第 316 页。

② 《蔡和森文集》（下），北京：人民出版社，2013 年版，第 715 页。

③ 《瞿秋白文集（政治理论篇）》第 1 卷，北京：人民出版社，1987 年版，第 443 页。

④ 大卫·麦克里兰：《意识形态》，孔兆政、蒋龙翔，译. 吉林人民出版社，2005 年版，第 45 页。

⑤ ［法］米歇尔·福柯：《权力的眼睛：福柯访谈录》，严锋，译，上海：上海人民出版社，2021 年版，第 26 页。

⑥ ［法］米歇尔·福柯：《权力的眼睛：福柯访谈录》，严锋，译，上海：上海人民出版社，2021 年版，第 110 页。

⑦ ［法］米歇尔·福柯：《权力的眼睛：福柯访谈录》，严锋，译，上海：上海人民出版社，2021 年版，第 125 页。

问题"之后却潜心在书斋做研究，那些提倡"主义"的马克思主义者开始到工人和农民之中去研究实际问题。如陈独秀所说，"最后的希望，就是想随着全人类大改造的机会，来做鼓吹这大改造的新思潮新文化运动，或者是起死回生底一线生机。"① 这次论战虽然没有解决如何改造中国的问题，却引发了对马克思主义如何中国化、如何认识资本主义经济关系等问题的深层次思考，这些成为五四后期马克思主义的研究焦点。

科玄论战在中国现代思想史上有着十分重要的地位。科玄论战汇集了中国文化保守主义、近代自由主义和马克思主义的思想有关科学、哲学、东西文化的第一次全面论战，是近代中国思想的一个重大交汇点。"科玄论战"对国民思想具有启蒙作用，促进了马克思主义唯物史观在中国的传播与发展。正如史华慈的评价，"回顾陈独秀、李大钊的思想发展我们看到他们从自觉的反传统倾向出发，都向西方寻找真理。尽管他们的思想倾向不同，他们都倾向于那种提供包罗万象的万能的解决方法的世界观……陈独秀将他全部希望寄托在自由的民主与唯物的科学的结合上。"② 可见，当新文化运动的倡导者由资产阶级民主派转变为共产主义者，他们所使用的启蒙武器由资产阶级社会政治理论转向马克思主义科学理论之时，资产阶级启蒙已转换为马克思主义启蒙。

2.科学价值观

"解放时代"既是解除束缚的时代，也是人生问题与经济问题交织、精神问题与物质问题重叠的时代，是一个问题重重的时代。解放得到自由和发展，但"解放"观念容易诱发人们对于传统家国伦理的不满和人生观的彷徨，既有对外患入侵的无奈，也有对个人解放后信仰缺失和生活无依的控诉，社会上出现自杀反抗的现象。五四时期的自杀现象已成为当时突出的社会

---

① 任建树主编：《陈独秀著作选编》第 2 卷，上海：上海人民出版社，2009 年版，第173 页。

② ［美］本杰明·史华慈：《中国的共产主义与毛泽东的崛起》，陈玮，译，北京：中国人民大学出版社，2006 年版，第 21 页。

问题。

自杀是一种特殊的社会现象，同时也是社会矛盾和弊端的聚焦。自杀是指自己杀死自己，是个体人生出现的问题。早期共产主义知识分子把自杀的解决与人生观联系起来，社会主义就是最好的道德价值的体现。如李大钊指出，"社会主义者共同一致认定的基础，……就是协合、互助、友谊、博爱的精神。①他们把确立"新人生观"看作救济自杀的重要途径。他们所理解的"新人生观"，是指具有"奋勇直前的精神"②，成为旧生活的反抗者并创造有趣味有理想的生活。这种新人生观即奋斗的精神。

人的坚定信仰及乐观精神对预防自杀事件起着重要作用。瞿秋白认为正确的态度是"我们觉悟之后就去奋斗，先要深信社会的确可以改良，一步一步的做去，如其没有显然的成效，只是药不对症，没有不治之病。我们要抱着乐观去奋斗，我们往前一步，就是进步。"③1919年赵世炎在《论青年自杀》一文中指出，虽然社会上始终有自杀的人，但人生观是可以改变的，青年不应该盲目从众，不宜自杀。由于"人生观限度的不同，他若觉得这时候可以死，纵然别人说他奋斗力量未尽，但是他自己以为已到极点；纵然我们说他是懦夫，其实他并不懦，也曾奋斗；像这样的情形，没有别的说法，只归罪于教育！"④因此只有先改良教育，通过教育确立"新人生观"才能挽救自杀。李大钊虽然提出改造社会缺陷是解决自杀的根本方法，可社会改革是个长期的过程，不可能一蹴而就。因此，李大钊把新的人生观看作"透宗之语"⑤，教导人们追求健全的人格，"先使个性的强健的"人将个人品性的加强作为建立一个新人生观的开始，并以此"来改造这个缺陷的社会"⑥。

瞿秋白、赵世炎只是提倡新的人生观，陈独秀则认为人生观是关键。如

①《李大钊全集》第2卷，北京：人民出版社，2006年版，第354页。

② 任建树主编：《陈独秀著作选编》第2卷，上海：上海人民出版社，2009年版，第153页。

③《瞿秋白文集（政治理论篇）》第1卷，北京：人民出版社，1987年版，第37-38页。

④《赵世炎选集》，成都：四川人民出版社，1984年版，第30页。

⑤《李大钊全集》第4卷，北京：人民出版社，2006年版，第36页。

⑥《李大钊全集》第4卷，北京：人民出版社，2006年版，第36页。

果人们对人生观产生根本上的怀疑，绝非单是改良社会制度减轻压迫所能解决，他认为，"危险的人生观，厌世的自杀，乃是各种自杀底母亲，这种自杀底救济，也就是各种自杀底根本救济"。[①]因为自杀原因虽各不相同，多少都受点厌世思想的暗示。消除对人生根本的怀疑并抛弃危险人生观，在此基础上倡议改良生活反抗社会压迫、个人改造奋斗方可能有效。所以，救济自杀最重要的是使自杀者抛弃厌世的人生观。尽管共产主义知识分子所理解的人生观内容不太相同，瞿秋白提倡乐观奋斗，赵世炎认为个体对人生观理解的限度各有不同，陈独秀呼吁放弃厌世的人生观，但他们都将新的人生观的确立作为救济自杀的重要途径。

　　救济自杀还必须引导青年树立"受痛苦，历困难"的价值观。自杀现象的出现是多种因素共同作用的结果，既有客观原因也有主观原因。早期共产主义知识分子认为，生活中的健康、快乐、成就、幸福等正面的人生状态具有积极的意义与价值，而痛苦、挫折、灾难、疾病等负面的人生状态也有其独特的意义与价值，瞿秋白对此做了详尽的论证。首先，瞿秋白在1919年12月发表《林德扬君为什么要自杀呢？》一文反驳了罗家伦认可青年奋斗至精尽力竭仍无效果而选择自杀的行为。其次，瞿秋白以俄国启蒙运动者拉吉舍夫因反对专制被捕，从被定死罪到获减罪西伯利亚十年徒刑，为下一任俄国沙皇编订法律，经历漫长的奋斗生涯最终自杀为例，一方面为拉吉舍夫的自杀痛惜，另一方面又痛责他虽一直奋斗，但"希望成功的心又太切"[②]而终于忍不住自杀。回顾俄国的历史，拉吉舍夫死后不到三十年，1825年俄国贵族革命者的政党崛起，瞿秋白认为这是拉吉舍夫的奋斗成效，所以他的自杀是枉死。最后，瞿秋白指出林德扬和拉吉舍夫的自杀都是"没有觉着困难中的乐趣"[③]所致。因此，他提倡在热烈的感情以外，"还要有沉静的研究，于

---

　　① 任建树主编：《陈独秀著作选编》第2卷，上海：上海人民出版社，2009年版，第153页。

　　②《瞿秋白文集（政治理论篇）》第1卷，北京：人民出版社，1987年版，第36页。

　　③《瞿秋白文集（政治理论篇）》第1卷，北京：人民出版社，2013年版，第35页。

痛苦困难之中，领会他的乐趣"①，预备着受种种痛苦经种种困难。人生存在世界上，就是在生命存在的层面与他人、与社会和国家，乃至与自然宇宙的共存。倘若生活中出现波折和灾难不如人意便走向自杀，是视自我生活质量高于生命存在的表现，这有悖于中国传统文化把生命的延续重于个体享乐的观念。经历困难、痛苦的磨炼后可获得更强的成就感，瞿秋白呼吁青年充分认识苦难的价值，如果不预先受痛苦、经历困难，痛苦就越大，困难就越多。

3.科学方法和科学精神

由于科学在中国思想文化界所受到的推崇，科学及其所形成的科学思潮已几乎渗透进中国文化思想领域的每一个学科，从而成为一种重要的文化语境。我国先进的知识分子希望通过新文化来拯救民族危亡。

在这一语境中，科学及其所形成的科学思潮的特征已超越科学的具体定义，更侧重于其科学理性精神。科学思潮之于"五四"，不仅仅表现为科学的知识和方法，更宝贵的是贯穿于科学知识和方法之中的科学精神。陈独秀对待科学具有强烈的感情色彩，他在《敬告青年》中宣称"近代欧洲之所以优越他族者，科学之兴，其功不在人权说下，若舟车之有两轮焉。"②"世界新思潮，在学术上是真正的自然科学的精神"。③陈独秀在这里说的科学是一种广义上的科学精神，即理性主义精神，理性主义是消除愚昧、无知、盲从和迷信的根本保证。在青年时代，毛泽东就希冀完成对国家和社会的改造，而这又与国民精神的改造有关。毛泽东是中国少有的在"五四"时期就较早关注德国国内国际形势并把其与德国民族精神和其哲学传统联系起来的人。④对于

---

① 《瞿秋白文集（政治理论篇）》第1卷，北京：人民出版社，1987年版，第38页。

② 任建树主编：《陈独秀著作选编》第1卷，上海：上海人民出版社，2009年版，第162页。

③ 任建树主编：《陈独秀著作选编》第2卷，上海：上海人民出版社，2009年版，第170页。

④ 参见单世联《青年毛泽东与德国文化》，贺照田主编《学术思想评论》第3辑，沈阳：辽宁大学出版社，1998年版，第444-472页。

西方现代文明有着更深理解和接纳的胡适认为科学可以提高人类的认知，并把科学当成一种学术研究与拓展的方法，如假设、证验、演绎、归纳等。他以科学或科学精神的宣讲普及来达到学术道路与民族启蒙之间的平衡。胡适在 1914 年 1 月 25 日的日记《今日吾国急需之三术》中写道："今日吾国之急需，不在新奇之学说，高深之哲理，而在所以求学论事观物经国之术。以吾所见言之，有三术焉，皆起死之神丹也：一曰归纳的理论，二曰历史的眼光，三曰进化的观念。"① 此三术都是西方科学文化精神的核心要素。陈独秀倡议青年"须以马克思的实际研究精神来研究学问，不要单单以马克思的学说研究"。②"须发挥马克思实际活动的精神"。③

以陈独秀、胡适等为代表的启蒙思想家引进"民主与科学"的目的是打破中国本土的"专制、迷信、神权"对人所造成的窒息，实现中国思想文化的转型。他们努力汲取的是科学精神，把"科学"作为"人"的解放的动力，要用科学根治国人的"无常识之思，惟无理由之信仰"。④ 史华慈认为，"陈独秀视科学为武器，为瓦解传统社会的腐蚀剂。当然，他意识到了科学在征服自然中的动力作用，但是他特别感觉到科学是反'迷信'的武器。与无政府主义者一样，陈独秀的解释导致了他将科学等同于某种形式极其原始的自然主义……陈独秀很快破除了'礼仪信仰'的全部基础以及佛教和道教的神秘主义。简言之，这就是陈独秀希望以此改变中国社会的哲学方案。它建立在同时代西方一种极其乐观的观点之上，并且充满乐观地相信启迪的全部过程以及民主政治形式的移植将在中国的土地上创造出相似的奇迹。"⑤

---

① 《胡适留学日记》(上)，合肥：安徽教育出版社，2006 年版，第 84 页。

② 任建树主编：《陈独秀著作选编》第 2 卷，上海：上海人民出版社，2009 年版，第 453 页。

③ 任建树主编：《陈独秀著作选编》第 2 卷，上海：上海人民出版社，2009 年版，第 454 页。

④ 任建树主编：《陈独秀著作选编》第 1 卷，上海：上海人民出版社，2009 年版，第 163 页。

⑤ ［美］本杰明·史华慈：《中国的共产主义与毛泽东的崛起》，陈玮，译，北京：中国人民大学出版社，2006 年版，第 10 页。

在马克思主义启蒙过程中，早期共产主义知识分子将马克思主义的世界观与方法论引入启蒙运动，将启蒙运动从狭隘的社会基础和思想方法中引领到广泛的民众实践中，将中国启蒙运动推向一个新的阶段。马克思主义启蒙运动既具有文化意义，同时具有社会意义，启蒙运动的目的既在于个人的解放，也在于社会的解放。

第三章　早期共产主义知识分子
对西方社会的批判与革命话语建构

中国现代革命话语的形成，既依赖于时代条件、世界大势、中国时局等社会历史因素，还在于早期共产主义知识分子在近代对中西古今革命观念的融贯与重构，从而成功地实现了中国革命话语由近代向现代的转换。早期共产主义知识分子在传播西学的过程中引入了马克思主义革命话语，并与中国固有的革命话语相结合，逐步建构形成中国特色的无产阶级革命话语。

一、早期共产主义知识分子对帝国主义的批判

1916年列宁的《帝国主义是资本主义的最高阶段》一书的出版，标志着列宁帝国主义论的形成。他把帝国主义的本质概括为："帝国主义是发展到垄断组织和金融资本的统治已经确立、资本输出具有突出意义、国际托拉斯开始瓜分世界、一些最大的资本主义国家已把世界全部领土瓜分完毕这一阶段的资本主义。"[①] 对外侵略是帝国主义的特点之一，早期共产主义知识分子运用马克思主义理论对帝国主义作了深刻分析。

（一）殖民掠夺批判

殖民掠夺是帝国主义国家获取资源的重要途径。马克思在《资本论》中指出："殖民制度宣布，赚钱是人类最终的和唯一的目的"，[②] 而为了赚钱所进

---

① 《列宁选集》第2卷，北京：人民出版社，2012年版，第651页。

② 马克思：《资本论》第1卷，北京：人民出版社，1998年版，第822页。

行的殖民扩张与掠夺是"以最残酷的暴力为基础"①的。西方列强对其他民族和地区疯狂的掠夺，是资本主义成长史上的肮脏一页。

从 1415 年葡萄牙人在北非摩洛哥建立世界上第一个殖民地开始，西班牙、法国、英国、荷兰、丹麦、瑞典等国家也先后开始了全球性的殖民活动。到 19 世纪末 20 世纪初，世界上沦为殖民地、半殖民地的国家和地区形成了帝国主义殖民体系。从非洲到美洲、从亚洲到欧洲到处都留下了殖民者的足迹。19 世纪末 20 世纪初，西方资本主义从自由资本主义阶段发展为垄断资本主义即帝国主义阶段，中国沦为半殖民地国家，帝国主义的压迫使沦为半殖民地国家的中国一大批有识之士探求强国之道。随着对马克思主义的接触，特别是十月革命的推动，早期共产主义知识分子根据当时中国救亡的任务，重点批判和揭露了帝国主义的垄断性。资本主义生产要超越一国的界限向世界扩张，这是资本主义私有制下资本追求剩余价值、资本主义生产发展的必然趋势。掠夺国外殖民地是资本主义生存的必要条件。1917 年李大钊在《大亚细亚主义》中指出了资本主义的对外掠夺，"西洋之文明，掠夺之文明也；西洋之主义，掠夺之主义也"。②1923 年瞿秋白在《世界的社会改造与共产国际——共产国际之党纲问题》中指出："资本主义的发现，带着掠夺性而来。"③陈独秀指出，"资本主义的国家，因为要保守及增加殖民地或半殖民地，一面须镇压土人之反抗，一面又要和别的资本主义的国家竞争市场；在此争彼夺的当中，遂不得不维持强大的海陆军，才好保持商品在殖民地、半殖民地里面继续的安全的销流。以武力为工商业之后盾，向殖民地、半殖民地行经济的侵略，更进而行政治的侵略，这就叫做'资本的帝国主义。'"④在早期共产主义知识分子看来，帝国主义乃是资本主义发展的一个阶段，对外掠夺是其重要特性。

---

① 马克思：《资本论》第 1 卷，北京：人民出版社，1998 年版，第 819 页。

②《李大钊全集》第 2 卷，北京：人民出版社，2006 年版，第 106 页。

③《瞿秋白文集（政治理论篇）》第 1 卷，北京：人民出版社，1987 年版，第 428 页。

④ 任建树主编：《陈独秀著作选编》第 3 卷，上海：上海人民出版社，2009 年版，第 78 页。

1.争夺国际市场

对东方落后国家进行全方位的掠夺是西方资本主义国家入侵初期的行径。在第一次世界大战结束后的一段时间，资本主义主要在经济上抢占资源，实行直接或间接的政治、军事特别是经济控制。陈独秀详细分析帝国主义对中国市场的争夺，"帝国主义时代，那一个不是藉口自由竞争实行弱肉强食。"[1]各国政府瓜分中国的形式是："将中国的土地，或占据或租借，事实上就等于欧洲各国政府（俄罗斯居其首位）已开始瓜分中国；可是他们瓜分中国不是用一种公开的形式，而是和暗中偷窃人家坟墓中的死人一样。"[2]面对西方的经济争夺胡适也深感忧虑，"世界之经济竞争，无法避免，而国际间之经济冲突，亦恐将永无宁日矣。"[3]他对列强之间争夺经济市场十分愤恨，"两年来日本的无敌的经济侵略——对英国纺织业商场的攘夺，对法国与意国的丝绸业商场的竞争，——使得各国无不寒心。"[4]以上揭露西方列强种种罪恶的篇章在五四时期的报刊中频繁见报。

资本主义国家利用经济上的优势打击落后国家。他们以价格低廉的工业品和自由贸易手段把经济落后的地区和民族变成自己的商品市场和原料产地，不仅加紧掠夺当地的农业原料，而且摧毁了落后国家的城市、农村手工业。陈独秀以中国为例，阐述了在资本主义生产制度下被掠夺的劳动者的悲惨生活。他说："就是在通商口岸与都会，真是先生所谓除少数外都未得着人的生活，所谓少数就是掠夺阶级的资本家（合中外人而言），那被掠夺的劳动者实在未得着人的生活，先生若到闸北或营盘口贫民窟里去看看那些劳动者'非人的生活'，必定比内地旅行可以得到更好的教训。这种多数人过不着人

---

① 任建树主编：《陈独秀著作选编》第 2 卷，上海：上海人民出版社，2009 年版，第 414 页。

② 任建树主编：《陈独秀著作选编》第 3 卷，上海：上海人民出版社，2009 年版，第 420 页。

③《胡适全集：时论（一）》第 21 卷，合肥：安徽教育出版社，2003 年版，第 663 页。

④《胡适全集：时论（一）》第 21 卷，合肥：安徽教育出版社，2003 年版，第 678 页。

的生活之状况，正是资本主义生产制下必然的状况。"① 陈独秀认为："输进外货输出原料的商人虽然能增加他们的商业资本，虽然可以运用他们的资本开发工业，然以协定关税的抑制，不能与外货竞争，贱价的原料又不能禁止出口，因此不敢投资工业。因此这种偏畸的商业发达，正是世界资本主义的各国掠夺中国之结果，他的发达和中国人的穷困成为正比例。"② 中国工人的工资和当时资本主义国家工人的工资相比，中国工人的工资水平极低。根据日本人的调查，1922 年中国工人的工资和美、日两国工人的工资相比较，日本比中国高 4.1 倍，美国比中国高 14.8 倍。同样的搬运工人，美国工资 30，日本 10.50，中国只有 2.10。③ 可见，资本主义社会的发展实质上是以大多数工人特别是国外殖民地工人的牺牲为前提和条件的。

马克思、恩格斯和列宁都曾对帝国主义进行过尖锐的批评。马克思在《不列颠在印度统治的未来结果》中指出，英国对印度的"毁灭性作用是显而易见的，而是令人吃惊的"。④ 关于对帝国主义的批判，马克思经典作家与早期共产主义知识分子因时代不同致使关注的侧重点略有不同，帝国主义屡屡发动争夺海外殖民地的战争时期是马克思考察的时段，马克思主义在揭露殖民主义时更关注宗主国之间对殖民地的争夺。而早期共产主义知识分子揭露的是西方殖民者对殖民地实行直接或间接的政治、军事特别是经济控制的种种行径。

2.资本输出

在资本主义的不同阶段对国外掠夺殖民的方式不尽相同。近代资本主义经历了资本原始积累、自由资本主义和垄断资本主义三个发展阶段。在 16-18

---

① 任建树主编：《陈独秀著作选编》第 2 卷，上海：上海人民出版社，2009 年版，第 305 页。

② 任建树主编：《陈独秀著作选编》第 3 卷，上海：上海人民出版社，2009 年版，第 87 页。

③ 刘明逵：《中国近代工人阶级和工人运动》，北京：中共中央党校出版社，2002 年版，第 499 页。

④《马克思恩格斯选集》第 1 卷，北京：人民出版社，1995 年版，第 773 页。

世纪资本原始积累时期资本主义以暴力不择手段地残酷掠夺。在自由资本主义时期，西方国家凭借科学技术和机械化大生产的优势，以炮舰开路强迫不平等贸易，把更多的殖民地、半殖民地成为自己的廉价原料供应地和商品倾销市场，使之以经济附庸纳入世界资本主义体系。正如瞿秋白所言："资产阶级便不得不力求扩大自己商品的市场和原料的来源，就是掠夺殖民地，以维持自己阶级的统治地位。"[①]资本主义在产生和发展历史进程中的掠夺政策不断变化，但这种变化并未能撼动其剥削和掠夺的本性。

19世纪中后期自由资本主义开始过渡到帝国主义阶段，殖民主义的历史作用也随之发生重大变化。帝国主义时期殖民主义的最大特征是由原来的以商品输出为主转为以资本输出为主。资本输出的形式主要是间接投资，具体分为两种。一种是贷款，即由资本主义国家的政府、银行、企业或资本家个人出面，把货币资本直接借给外国的政府、银行、企业或个人；另一种是证券投资，即资本主义国家的政府等购买外国的债券和股票。陈独秀指出，"东三省投资每年在日金二万万元以上"[②]"上海纱厂，日商居三分之一以上，最近明治制糖会社，以日金三千七百四十五万元，在上海设立明华糖厂，并强求中国免税。"[③]同时，外国人操纵了中国的金融市场，"外国银行中不少中国人的资本，……一班军阀官僚们所吸收老百姓们的脂膏，大半存在外国银行里，作他们的资本，他们便将中国所有的资本，再借给中国政府及商家，坐得重利，这是外国资本家掠夺中国人的一种特殊形式。"[④]

资本主义的资本输出是帝国主义的重要特征。在垄断资本主义阶段，垄断资产阶级手中聚集了大量财富，面对国内相对狭小的投资市场，需要开辟

---

① 《瞿秋白文集（政治理论篇）》第3卷，北京：人民出版社，1989年版，第371页。

② 任建树主编：《陈独秀著作选编》第3卷，上海：上海人民出版社，2009年版，第345页。

③ 任建树主编：《陈独秀著作选编》第3卷，上海：上海人民出版社，2009年版，第345-346页。

④ 任建树主编：《陈独秀著作选编》第3卷，上海：上海人民出版社，2009年版，第87页。

新的获利途径。西方列强不再明目张胆地采取前帝国主义那种赤裸裸的暴力掠夺的方式，为了追逐垄断性高额利润，把"过剩资本"输出国外。陈独秀指出，"英国以海陆军拥护在华一切不平等条约，拥护一切特权及权力；把持中国海关，以便尽量输入英国制品，廉价输出中国原料；占有中国的铁路、矿山、航路等一切经济命脉；在中国设立银行，发行纸币，操纵金融；并且利用中国廉贱劳动直接在中国设立工厂。"[1] "中国有几个银行，就是有些小小的银行，也都是受外国银行势力的支配，所以外国人随便可以操纵中国的金融"。[2]1919年初李大钊写下《大亚细亚主义与新亚细亚主义》一文，分析了帝国主义的经济特征：第一，帝国主义掠夺瓜分殖民地并由此造成帝国主义战争。1926年初他在《新帝国主义战争的酝酿》中指出："现在各国帝国主义者间利润之争，亦必然的要造成第二个世界大战"。[3] 第二，资本输出。"帝国主义的特征不是单纯的生产品的输出而是资本的输出"，[4] 最后，预测了资本主义的命运。1919年11月他在《再论新亚细亚主义》一文中指出："世界上的军国主义、资本主义都像唐山煤矿坑上的建筑物一样，他的外形尽管华美崇闳，他的基础，已经被下面的工人掘空了，一旦陷落，轰然一声，归于乌有"。[5]

西方殖民者的侵略行为是资本主义制度所致。1924年陈独秀在《评太戈尔在杭州、上海的演说》一文中指出："资产阶级的国家，其资本主义的生产力已发展到必须输入原料输出剩余生产品才能够维护其阶级特权之时，自然形成侵略弱小民族的帝国主义；帝国主义乃是资本主义发展之自然结果，也就是民族间争夺残杀之唯一原动力。欧美人带枪炮来中国，并不是欧美人特别

---

① 《陈独秀文章选编》（下），北京：生活·读书·新知三联书店1984年版，第362页。
② 任建树主编：《陈独秀著作选编》第3卷，上海：上海人民出版社，2009年版，第87页。
③ 《李大钊全集》第5卷，北京：人民出版社，2006年版，第91页。
④ 《李大钊全集》第5卷，北京：人民出版社，2006年版，第92页。
⑤ 《李大钊全集》第3卷，北京：人民出版社，2006年版，第77页。

没有良心，那是他们资本制度发达的缘故。"①马克思在《资本论》中特别是谈到资本的原始积累时，曾对资本主义殖民扩张进行批判："对东印度开始进行的征服和掠夺，非洲变成商业性地猎获黑人的场所；这一切标志着资本主义生产时代的曙光"。②早期共产主义知识分子以列宁关于帝国主义经典理论为参照科学分析了帝国主义的经济特征及发展，从国民革命斗争的实际需要出发更偏重对帝国主义侵略的批判，较少涉及帝国主义的腐朽性、寄生性。

（二）文化殖民批判

文化殖民主义是指西方把自认为优势的文化模式和意识形态对殖民地和其他国家进行文化上的渗透和控制。马克思指出，殖民主义掠夺和统治往往通过意识形态在文化心理上对被奴役的人民进行控制，"报刊、教堂讲坛、滑稽书刊，总之，统治阶级所掌握的一切工具则人为地保持和加深这种对立。……这就是资本家阶级能够保持它的权力的秘密所在，这一点资产阶级自己是非常清楚。"③早期共产主义知识分子通过揭露西方实施文化殖民主义的生产及传播等一套系统的手段，为马克思主义文化殖民主义批判做了强有力支撑。

1.殖民话语生产

文化殖民主义是国家内部文化领导权的延伸。西方文化殖民主义掌握着文化的领导权，不仅面向国内的无产阶级和其他阶层，而且延伸到面向国外其他民族的无产阶级。文化领导权的延伸首先体现在殖民话语的生产，殖民话语的生产来源于媒体。

西方殖民话语在中国生成，主要有以下原因：第一，外国媒体传播。李大钊在《新闻的侵略》一文中揭露："东方、路透、中美等，他们挟资本雄厚的优势，在内地时时操纵新闻，传播于己有利之消息，暴露华人之弱点，以

---

① 任建树主编：《陈独秀著作选编》第3卷，上海：上海人民出版社，2009年版，第260页。

②《马克思恩格斯选集》第2卷，北京：人民出版社，1995年版，第265页。

③《马克思恩格斯选集》第4卷，北京：人民出版社，1995年版，第591页。

图引起国际公管；表彰外人在内地之言论及事业，以坚华人对西人之崇拜。"①
蔡和森在《万国公民大会与上海的裁兵运动》一文中揭示了西方利用报纸这
种"在殖民地政治运动中的新形式"来"把幼弱的资产阶级集中于他们号召
之下，准备将来代他们掌握中国的政权"。②如《大陆报》《字林西报》利用工
人运动"宣传所谓九路罢工，以威吓军阀政府，但其结果，除了增重共产党
及各处工人的压迫外，没有别的影响。"帝国主义对传播材料进行严格筛选，
隐匿于己不利的信息。蔡和森批评英国帝国主义在中国的机关报——"字林
西报"记者的破坏宣传："仿佛他是一个主张中国革命的民主主义者，仿佛
他忘记了十年以来英国帝国主义妨害中国民主革命的历史，仿佛他忘记了最
近两月'字林西报'屡次劝告中国资本家脱离国民党（因为共产主义者的加
入)"。③1925年1月，陈独秀在《列宁与中国——列宁逝世周年纪念日告中
国民众》一文中，怀念列宁对中国人的深厚同情，并追忆了列宁痛斥当时俄
国报纸对中国失实的报道："现在报纸（指俄国报纸）又鼓吹兴兵反对中国，
加上中国人是'野蛮黄种'、'仇视文明'的罪名。……那班无耻的新闻记者，
屈服于政府及金钱目的之前，故意无中生有，造谣惑众，鼓励民众轻视中
国"。④一年后他在《寸铁》中举例说："英国水兵在汉口杀伤了十五个中国人，
而英国报纸反称赞英国水兵能够忍耐。"⑤

　　第二，掌控中国媒体。1922年陈独秀在《离间中俄感情之宣传》中指出，
中国的报纸受外国资本主义操控。他说："最近几个月内，中国几家资产阶级
的报纸，算是做了不少反对苏俄的宣传；这些宣传都是直接间接受外国帝国主

---

　　①《李大钊全集》第4卷，北京：人民出版社，2006年版，第454页。

　　②《蔡和森文集》（上），北京：人民出版社，2013年版，第226页。

　　③《蔡和森文集》（上），北京：人民出版社，2013年版，第226页。

　　④ 任建树主编：《陈独秀著作选编》第3卷，上海：上海人民出版社，2009年版，第
420页。

　　⑤ 任建树主编：《陈独秀著作选编》第4卷，上海：上海人民出版社，2009年版，第
217页。

义宣传员之支配的。"① 陈独秀还指出了中国报纸被利用的现象，"最近中国报纸，替外国人传达关于苏俄谣言，也算不少。京沪各报甚至登载一篇《苏俄共产党最近之宣言》；内容是说苏俄不交还蒙古和武力对付满洲；我们一看便知道是假的。"② 这是"中国报纸毫无鉴别能力，未免专供人利用"③ 造成的。

西方资本主义国家运用学校等多种形式宣扬西方中心主义的意识形态。第一，设立教会学校。在中国办教会学校进行教育是最普遍的，"全国大点的城镇几乎无处没有教会学校。……他们在中国所设大学，几乎无一省没有。他们势力最盛的是南京、上海、广州三处，最可耻的是广州、南京，教会学校以外，即中国自设的大学及高师中，也有许多留美学生或教徒为大美国及教会宣传德意，这是中国教育界第一伤心之事。至于外人直接设立的学校，不服中国政府管理权，以耶教经典代替中国的伦理道德功课，更不用说了。"④

列强在中国办学的同时还在土耳其设立学校。1924年陈独秀《投降条件下之中国教育权》中谈及土耳其的情况："列强在土耳其设立的学校，中小学、女学和大学都有，最多的是法国，其次是德国、美国。"⑤ 陈独秀指出这样的被教育是"民族精神在内的自腐，比外面什么军事侵略、经济侵略都还要利害。"⑥ 在《基督教与基督教会》一文中，陈独秀说："广东某教会学校还有以介绍女生来劝诱学生信教的，更有以婚姻的关系（而且是重婚）诱惑某教育

<hr/>

① 任建树主编:《陈独秀著作选编》第2卷，上海：上海人民出版社，2009年版，第493页。

② 任建树主编:《陈独秀著作选编》第2卷，上海：上海人民出版社，2009年版，第493页。

③ 任建树主编:《陈独秀著作选编》第2卷，上海：上海人民出版社，2009年版，第493页。

④ 任建树主编:《陈独秀著作选编》第3卷，上海：上海人民出版社，2009年版，第264页。

⑤ 任建树主编:《陈独秀著作选编》第3卷，上海：上海人民出版社，2009年版，第263页。

⑥ 任建树主编:《陈独秀著作选编》第3卷，上海：上海人民出版社，2009年版，第365页。

家入教的，势力金钱之外，还要用美人计来弘教，是何等下流！"① 毛泽东对当时美国在中国特别是在湖南进行文化渗透的状况作了分析，他以天主教在湖南的传播情况为例："耶稣天主教教堂布满全省，僻地小镇无不侵入。美国传教事业尤为猛进，以青年会为中坚，兼及教育事业及慈善事业。美国人在湘因商业上无势力，专从宗教、教育及医院筹赈等慈善事业用力，一班留美学生从而和之，造成一种浓厚的亲美空气"。② 第二，设立团体。陈独秀在 1924年《美国侵略中国之又一形式——三 K 党》中极力反对美国三 K 党进入中国，他批评三 K 党："要中国人也爱美国；这是美国对中国总的经济侵略下在教育侵略新闻侵略外之另一形式。"③ 蔡和森在《由华盛顿会议到何东的和平会议》指责美国"退回赔款增加留美学生，广派教士，在中国内地遍设青年会与教会学校，造成几十百万的亲美派"，并把这种现象视为"专用的文化侵略的政策"。④ 还有意大利的"棒喝团"，这些团体在瞿秋白眼中是"帝国主义侵略压迫的工具"。⑤

2.对西方殖民主义行为的思考

对于西方殖民主义的行为，早期共产主义知识分子不乏猛烈的抨击。李大钊说："巴黎会议所议决的事，那一件有一丝一毫人道、正义、平和、光明的影子！那一件不是拿着弱小民族的自由、权利，作几大强盗国家的牺牲！"⑥ 这是他们强烈的民族意识和感情驱使所致。但正如罗荣渠先生在其《美洲史论》中谈到人们对待中外关系史的思维误区时说："一般都是从中国的角度去看世界，而很少从世界的角度看中国。这样往往容易使我们视野受到一

---

① 任建树主编:《陈独秀著作选编》第 2 卷，上海:上海人民出版社，2009 年版，第431 页。

② 毛泽东（石山）:《省宪下之湖南》,《前锋》第 1 期，1923 年 7 月 1 日。

③ 任建树主编:《陈独秀著作选编》第 3 卷，上海:上海人民出版社，2009 年版，第308 页。

④《蔡和森文集》（上），北京:人民出版社，2013 年版，第 424 页。

⑤《瞿秋白文集（政治理论篇）》第 4 卷，北京:人民出版社，1993 年版，第 117 页。

⑥《李大钊全集》第 2 卷，北京:人民出版社，2006 年版，第 337 页。

定程度的局限，甚至难免不自觉地受到闭关自守的因袭观点的影响。我们主张，不但应从中国去观察世界，也应该从世界的角度来透视中国。"① 早期共产主义知识分子未能全面分析当时中国社会的内部要素，尤其是缺乏对帝国主义入侵前中国社会经济的研究，看不到传统中国的历史落后性。从世界历史发展的角度看，"由于东亚已被卷入一个新的世界体系的扩张运动之中，入侵的结局就不仅仅是旧制度的解体，同时也是向新制度的转换；而衰败化与边缘化所产生的内压力与外压力又推动了现代民族主义的兴起，由此而引导出各种形式的改革运动与革命运动。"② 西方资产阶级的扩张、世界市场的形成不以人们的意志为转移，一个民族或国家在封闭的环境中很难走上资本主义道路或社会主义道路。

"帝国主义"这一概念在列宁的陈述中，是指资本主义发展的最高阶段及其表现出来的垄断、寄生和垂死的特征。但这一概念进入中国后，西方列强侵略几乎等同于"帝国主义"，"帝国主义"作为非正义、侵略、压迫的代名词，其象征意义在潜移默化中被中国广大民众接受。经过中共的引导，"反对帝国主义"的口号在大革命时期深入人心。正如 1925 年陈独秀在《向导三年来革命政策之概观》中所说：革命之初，"'打倒帝国主义'这一口号，民众多不了解，甚至有人说是海外奇谈；但后来革命的工人和学生首先采用了，国民党中一部分革命派也采用了，甚至于国民党中的反动派和一班工贼，他们向民众攻击共产党，有时不得不自称他们也反对帝国主义，因为他们恐怕若不如此说，民众会马上看出他们是帝国主义者的走狗；因此可以看出本报所号召的'打倒帝国主义'这一口号已经深入人民众了"。③ 以陈独秀为代表的早期共产主义知识分子对于帝国主义的批判，在实践中具有强大的政治号召力，对反帝斗争的深入开展及五四时期革命话语的建构具有积极意义。

---

① 罗荣渠：《美洲史论》，北京：中国社会科学出版社，1997 年版，第 9 页。

② 罗荣渠：《新历史发展观与东亚的现代化进程》，《历史研究》，1996 年第 5 期，第 110 页。

③ 任建树主编：《陈独秀著作选编》第 3 卷，上海：上海人民出版社，2009 年版，第 515 页。

二、五四时期革命话语构建的历史经纬

"革命"是认识中国近现代历史一个不可缺少的基本概念。根据《现代汉语词典》的解释，"革命"是指"被压迫阶级用暴力夺取政权，摧毁旧的腐朽的社会制度，建立新的进步的社会制度。革命破坏旧的生产关系，建立新的生产关系，解放生产力，推动社会的发展。"[①]在这里，革命与"暴力"和"政权"相关：革命特指政权的彻底变革，而其方式则是通过暴力推翻旧政权、建立新政权。

（一）中西革命话语的融贯

中国和西方的革命话语各有不同的起源、涵义及演变过程。五四时期革命话语的建构是伴随着早期共产主义知识分子对西方革命话语的选择吸取、马克思主义革命话语的融汇以及中国传统革命话语的解构而不断深化的动态过程。

1.法国大革命观念的吸取

在西方的革命话语谱系中，"革命"两字经历了长期的话语变迁。古希腊哲学家亚里士多德把革命看成社会群体面对社会不公发泄内在情绪和改变现状的手段。古希腊历史学家波利比阿则从动态发展的视角阐释革命，认为革命是对社会秩序和正义的"复归"。[②]16世纪开始，西方开始出现一系列革命思想家，他们开始挑战"君王"统治权，主张暴力对抗暴君。莫耐指出政府的合法性源于它能"保卫人民的自然权利"，特别是人民的生命、自由和财产的权利，当政府无法保卫时，"臣民拿起武器捍卫自己的生命和自由是合法的。"[③]这里所指的臣民是贵族阶层。17世纪末，约翰·洛克把捍卫生命和自由

---

① 中国社会科学院语言研究所词典编辑室编：《现代汉语词典》第7版，北京：商务印书馆，2016年版，第439页。

② 齐俊斌、王成，《从毛泽东到习近平：中国革命与中国共产党改革话语的建构》，《毛泽东思想研究》2019年第3期，第60—61页。

③ ［英］昆廷·斯金纳，《现代政治思想的基础》，段胜武，等译，北京：求实出版社，1989版，第604—605页。

反抗暴力的权利扩展至全体人民，甚至"任何单独的个人"。① 十八世纪兴起的启蒙运动，卢梭的平等、人民主权思想打破了法国革命前的思想定势，使平民不甘于君主专制和世家特权，对于废除贵族制、推翻君主专制影响深远，为法国大革命爆发立下了划时代功绩。此后，卢梭成为法国大革命形象的代表，卢梭社会契约思想成为法国大革命精神的代表。

1789 年在法国启蒙思想家的影响下，标榜着"自由、平等、博爱"思想的法国大革命爆发使追求自由或个人权利为内容的现代西方"革命"思想话语权逐渐形成，开启了近十年的资产阶级革命时代。正如列宁所说："当拿破仑建立了法兰西帝国，奴役欧洲许多早已形成的、大的、有生命力的民族国家的时候，法国的民族战争便成了帝国主义战争"。② "这次革命给本阶级、给它所服务的那个阶级，给资产阶级做了很多事情，以致整个 19 世纪，即给予全人类以文明和文化的世纪，都是在法国革命的标志下度过的。"③ 它最重要的贡献是确立了走向自由的革命模式和典范，这使法国大革命具备了世界性的影响，影响着整个世界"革命"知识谱系的进程。

法国大革命给五四时期中国的知识界带来对革命的新认知。1902 年梁启超在《近世第一女杰罗兰夫人传》中对法国大革命大加赞誉："夫法国大革命，实近世欧洲第一大事也。岂惟近世，盖往古来今，未尝有焉矣；岂惟欧洲，盖天下万国，未尝有焉矣。结数千年专制之局，开百年来自由之治，其余波亘八十余年，其影响及数十国土，使千百年后之史家，永以为人类新纪元之一纪念物。嘻！何其伟也！"④ 在《欧游中之一般观察及一般感想》中他又谈到法国大革命的深远影响，使得"欧洲人的内部生活，渐渐动摇了"。⑤ 梁启超认为法国人具有勇敢、冒险精神："法国大革命后，风潮迅激，大陆震

---

① ［英］昆廷·斯金纳，《现代政治思想的基础》，段胜武，等译，北京：求实出版社，1989 版，第 615 页。

② 《列宁选集》第 2 卷，北京：人民出版社，2012 年版，第 693 页。

③ 《列宁选集》第 3 卷，北京：人民出版社，2012 年版，第 829 页。

④ 《梁启超全集》第 3 集，北京：中国人民大学出版社，2018 年版，第 646 页。

⑤ 《梁启超全集》第 10 集，北京：中国人民大学出版社，2018 年版，第 62 页。

慄……逐北千里，虽败而其气不挫"，①而在《论进取冒险》中，他又将法国人称颂为"'不能'二字，非佛兰西人所用也"。②正因为这种冒险精神，从而使法国人获取了发展现代文明并取得科学、文学繁荣的"全盛时代"。③此外，他强烈呼吁国人摒弃"对于政治运动全然漠置，甚且以厌恶之心理迎之"，④开展"为保存国家及发展国家起见，怀抱一种理想"⑤的政治运动。

法国大革命主导了19世纪欧洲的历史走向。陈独秀对法国大革命持积极的肯定态度，"法兰西革命以前，欧洲之国家与社会，无不建设于君主与贵族特权之上，视人类之有独立自由人格者，唯少数之君主与贵族而已；其余大多数之人民，皆附属于特权者之奴隶，无自由权利之可言也"。⑥李大钊强调革命对历史进步的推动意义，"法兰西革命时代，则进步主义，趋于极端，不能制止，其结果又归于爆发"。⑦"自法兰西千八百四十八年革命之前，革命思潮之勃兴，社会运动之强烈，已足与俄人以绝强之感化，湛深之信仰"。⑧李大钊"以十九世纪之眼光评论法国革命之价值"⑨介绍路易·勃朗的《法国革命史》。中国知识界对法国大革命的评论反映了他们对法国大革命观念的理解和吸收。

法国大革命的对早期共产主义知识分子的影响不亚于后来的十月革命。它的影响力源自两国历史境遇和社会结构的相似性，当时的法国和近代的中国都处于政治、经济、军事上的全面崩溃境地。法国大革命期间建立的临时政府无法应对危机，资产阶级革命派依靠自身力量无法维持稳定、保护革命

---

① 《梁启超全集》第2集，北京：中国人民大学出版社，2018年版，第550页。

② 《梁启超全集》第2集，北京：中国人民大学出版社，2018年版，第553页。

③ 《梁启超全集》第10集，北京：中国人民大学出版社，2018年版，第67页。

④ 《梁启超全集》第11集，北京：中国人民大学出版社，2018年版，第212页。

⑤ 《梁启超全集》第11集，北京：中国人民大学出版社，2018年版，第212页。

⑥ 任建树主编：《陈独秀著作选编》第1卷，上海：上海人民出版社，2009年版，第164页。

⑦ 《李大钊全集》第2卷，北京：人民出版社，2006年版，第210页。

⑧ 《李大钊全集》第2卷，北京：人民出版社，2006年版，第4页。

⑨ 《李大钊全集》第4卷，北京：人民出版社，2006年版，第216页。

成果，急需一个强有力的政权来稳定形势、重建秩序。以法国大革命观念为核心的西方现代性"革命"概念传入中国后，赋予"革命"话语新的内涵，为中国传统儒家革命知识系谱融汇到现代性革命进程提供思想及知识支撑。

2.马克思主义革命话语的融汇

革命思想是马克思理论的核心。革命是马克思的生命元素，他先后在1842年的《莱茵报》、1844年巴黎的《前进报》、1847年《德意志——布鲁塞尔报》及1852—1861年的《纽约每日论坛报》等组织斗争。恩格斯在《马克思墓前的讲话》中提到过"马克思首先是一个革命家。他毕生的真正使命，就是以这种或那种方式参加推翻资本主义社会及其所建立的国家设施的事业，参加现代无产阶级的解放事业，正是他第一次使现代无产阶级意识到自身的地位和需要，意识到自身解放的条件。"[①]

马克思认为人类历史上的现代性革命有两种：一是实现政治解放的资产阶级革命，实现了以物的依赖性为基础的人的独立，二是实现人的解放的无产阶级革命，实现人的全面自由。马克思站在全人类的高度看待革命，最具创见、远见的是他深入现实的政治制度和社会关系，将社会问题转换成政治问题，将贫苦大众最基本的生存需要转化为大众对自由的渴求，为革命提供合法性与合理性。他认为革命的原因有两方面，一方面是社会基本矛盾的激化，另一方面是革命的发生需要现实推动。资本主义社会的现实就是工人为社会生产了财富，工人却陷入贫困。当贫困超越工人基本生存的底线，革命就爆发了。资产者之间竞争加剧向垄断过渡，经济危机频发，工人的工资越来越不稳定，生活地位越来越没保障，工人开始反对资本家，两个阶级的冲突逐渐激化。工人为工资而抗争实质是为生存而斗争。马克思认为贫困是掌握暴力手段的统治阶级剥削带来的结果，他们将社会生存问题转化为政治问题。革命的政治力量源自"剥削"，马克思认为要消灭剥夺者解决贫困问题必须摆脱社会匮乏。无产阶级革命的任务是推翻资本主义的统治并创建无产阶

---

①《马克思恩格斯文集》第3卷，北京：人民出版社，2009年版，第602页。

级专政，创建使每一个人全面自由发展的共产主义社会。革命意味着所有被剥削、被压迫者都成为自己的主人。

在马克思主义革命理论中，革命是一个高度概括并具有丰富内涵的范畴。马克思主义革命话语体系是指马克思、恩格斯经典著作及马克思主义者关于无产阶级革命和无产阶级专政理论的相关论述。本书所指的马克思主义革命话语的内涵主要体现在以下四个层面。

一是指政治革命。这个层面的革命通常与暴力相关，是狭义的革命观。革命是阶级暴动，是阶级斗争的集中体现，是武装夺取政权推翻旧的社会制度建立新的社会制度的残酷、暴烈的革命行动。正如恩格斯所说："革命就是一部分人用枪杆、刺刀、大炮，即用非常权威的手段强迫另一部分人接受自己的意志。"[1] 这种观点对后来的马克思主义者产生深远影响。毛泽东指出，"我们为德国计，要想不受和约，惟有步俄国和匈牙利的后尘，实行社会的大革命。"[2] 李大钊认为，"革命恒为暴力之结果，暴力实为革命之造因；革命虽不必尽为暴力之反响，而暴力之反响则必为革命；革命固不能产出良政治，而恶政之结果则必召革命。"[3]

二是指社会革命。社会革命是广义的革命观，涵盖人类社会的政治、经济、社会生活、思想文化等一切领域，如毛泽东指出，"思想的解放，政治的解放，经济的解放，男女的解放，教育的解放，都要从九重冤狱，求见青天。我们中华民族原有伟大的能力！压迫愈深，反动愈大，蓄之既久，其发必速"。[4] 陈望道认为，"对于妇女问题要彻底的，根本的解决，非'革命'不可。"[5] 他们提到的革命都是积极改变世界的实践活动。

三是指自我变革。马克思认为革命包含自我革新，他在《关于费尔巴哈的提纲》中指出，"环境的改变和人的活动或自我改变的一致，只能被看做是

---

① 《马克思恩格斯文集》第 3 卷，北京：人民出版社，2009 年版，第 338 页。

② 《毛泽东早期文稿》，长沙：湖南人民出版社，2008 年版，第 317 页。

③ 《李大钊全集》第 2 卷，北京：人民出版社，2006 年版，第 178 页。

④ 《毛泽东早期文稿》，长沙：湖南人民出版社，2008 年版，第 338 页。

⑤ 《陈望道文集》第 1 卷，上海：上海人民出版社，1979 年版，第 223 页。

并合理地理解为革命的实践"。① 马克思在《德意志意识形态》中强调："革命之所以必需，不仅是因为没有任何其他的办法能够推翻统治阶级，而且还因为推翻统治阶级的那个阶级，只有在革命中才能抛掉自己身上的一切陈旧的肮脏东西，才能胜任重建社会的工作。"② 根据马克思主义的革命观念，陈独秀认为革命的目的是除旧布新，"是要革去旧的换新的，是要从坏处向好处革"。③1916 年陈独秀在《新青年》中指出"青年精神界欲求此除旧布新之大革命，第一当明人生归宿问题。"④

四是指革命精神。在马克思主义的革命理论中，革命并不仅仅指暴力革命，以暴力夺取政权的政治革命只是革命的一种形式，还包括人们改变世界、改变现存事物的一切活动与运动。马克思主义不仅注重现实的革命运动实践，还非常重视革命精神的培育和传承，"在这些革命中，使死人复生是为了赞美新的斗争，而不是为了拙劣地模仿旧的斗争"，⑤"是为了再度找到革命的精神，而不是为了让革命的幽灵重行游荡"。⑥ 早期共产主义知识分子对革命精神同样珍视，陈独秀认为法兰西的政治革命和俄国的十月革命都会被后世当作"人类社会变动和进化的大关键"。⑦ 瞿秋白认为马克思主义"自然有真正的革命的精神"。⑧ 李达撰写《李卜克内西传》高度赞赏李卜克内西作为无产阶级代表的革命精神，"把他毕生奋斗的历史写了出来，使他革命的精神永远

---

① 《马克思恩格斯文集》第 1 卷，北京：人民出版社，2009 年版，第 500 页。

② 《马克思恩格斯文集》第 1 卷，北京：人民出版社，2009 年版，第 543 页。

③ 任建树主编：《陈独秀著作选编》第 2 卷，上海：上海人民出版社，2009 年版，第 312 页。

④ 任建树主编：《陈独秀著作选编》第 1 卷，上海：上海人民出版社，2009 年版，第 209 页。

⑤ 《马克思恩格斯文集》第 2 卷，北京：人民出版社，2009 年版，第 472 页。

⑥ 《马克思恩格斯文集》第 2 卷，北京：人民出版社，2009 年版，第 472 页。

⑦ 任建树主编：《陈独秀著作选编》第 2 卷，上海：上海人民出版社，2009 年版，第 80 页。

⑧ 《瞿秋白文集（政治理论篇）》第 1 卷，北京：人民出版社，1987 年版，第 443 页。

不死"。①

马克思主义革命话语是中国共产党革命话语的根本理论来源。陈独秀指出，"国家现象，往往随学说转移"，② 马克思主义革命话语传入中国并与中国原有的革命话语相融汇，逐步形成中国特色的革命话语。

3.中国传统革命话语的解构

中国古代革命话语分为儒家和农民两大派别。中国传统的革命话语主要指儒家的"汤武革命"和"素王革命"。"革命"二字由"革"和"命"两个字组成，《说文解字》里记载，"革，兽皮治去其毛"，《玉篇》中"革，改也"，是指去毛的兽皮，表示脱离、变革和死亡等；"命"意谓生命、命运、天命等。在古代，能够成为统治者，被称为天命授权，在位皇帝的命令就是遵从上天的旨意发出的。

（1）"汤武革命"

"革命"是古代政权更替的一种手段。"革命"源出《易经》，"汤武革命，顺乎天而应乎人，革之时，大矣哉"，③ 是指改朝换代，既有暴力的特征，又含有道德的因素。在这里不仅首次出现了"革命"一词，而且把商汤王、周武王这些历史上的圣王作为"革命"的典型。根据《诗经》《尚书》对"汤武革命"的记载，"汤、武"替代"桀、纣"是天命所归，是政权更替的正当性来源。中国古代传统的革命话语源自"汤武革命"，包含以下几个方面的内容。一是革命主体，"革命"主体只能属于帝王或圣人。二是革命的原因。革命是天命，革命是为了顺应天意民心惩奸除恶，革命者必须服从天意推翻不得民意的统治者，使自己成为上天安排的指定统治者。三是革命的手段。革命是通过暴力进行改朝换代。四是革命的正当性。革命被看成是维系天命人心的正义之举，德行成为革命获得政权的正当性基础。"汤武革命"主要是指通过

---

① 《李达文集》第1卷，北京：人民出版社，1980年版，第122页。

② 任建树主编：《陈独秀著作选编》第1卷，上海：上海人民出版社，2009年版，第419页。

③ 王弼、孔颖达：《周易正义》，北京：中国致公出版社，2009年版，第198页。

暴力的方式改朝换代，属于政治革命范畴。与政治制度彻底变革的现代政治革命不同，"汤武革命"只是换了皇帝，其他政治制度并没有发生根本改变，两种革命的根本区别在于是否废除君主制。

孟子和荀子在汤武革命论的基础上形成了更完备的中国古代革命观念。他们进一步强调道德和道义的重要性，认为只有具有崇高的道德和足够的道义，才能使革命具有正当性和合法性。孟子的"民为贵，社稷次之，君为轻"；"贼仁者谓之'贼'，贼义者谓之'残'，残贼之人谓之'一夫'。闻诛一夫纣矣，未闻弑君也"；"君有大过则谏，反覆之而不听，则易位"等内容被后人看作是对汤武革命观念的具体阐发和深化。孟子认为，统治者如果在德行方面有如残暴不仁、违背道德仁义、不听劝告等污点，革命者起而推翻统治是顺应天意和民心的，没有违背上天的旨意，革命者不用背负杀君的罪名，革命具有正当性和合理性。荀子也认为为君者应该"修其道，行其义"，重点强调君王的德政及治世愿望，君王在统治期间要实行仁政，对民众要有爱人之心。如果君王没有仁政，不讲道义，没有德行，是理应被推翻的，是可以进行革命的。荀子更加明确地肯定了"汤武革命"在道德上是正当的，在方式上也是合理的。

孟子和荀子都从朴素的民本主义出发给汤武革命赋予了革命正当性和合理性。孟子关注的是革命前的民生状态，而荀子更强调革命后的实际成效。孟子认为民不聊生就有"革命"的必要；荀子认为"革命"后统治者能实现清明的政治、老百姓过上满意的生活同样需要"革命"。这两种解读都能够解释"汤武革命"的合法性。董仲舒专门撰文较为全面地探讨了"汤武革命"的问题。他对"汤武革命"最大的发展就是将天命思想、君权神授论作为理论基础，认为人间政权的更换是天地宇宙意志的体现，表面上的改朝换代实则是天命的转移，所以"汤武革命"是"替天行道"，是应当被提倡的。董仲舒的这种解释使"汤武革命"成为中国古代关于政权合法性讨论中的典型事件，它承载了中国政治活动的合理解释——君权神授天命不可违，但统治者如果倒行逆施却会带来天命的转换，改朝换代也就是顺理成章的事情。

纵观中国古代对"汤武革命"正当性的探讨，当君主失德无道时，"革命"被赋予思想上的正当性。革命的正当性，一方面是统治者的自我宣称，另一方面需被统治者的同意。事实上，在儒家思想支配下的社会，"革命"没有达到从更高维层面来肯定其正当性，则需要更多的时间和更强的武力来巩固政权。也就是说，革命正当性的基础也以强大的实力为后盾。

（2）"素王革命"

"素王革命论"主要源于汉代的今文公羊学。在儒家来说中，圣人的原型包括尧、舜、禹、汤、文王、武王、周公、孔子。前七位都具有王的身份，只有孔子无位，而其由于作《春秋》著明革命的旨意，留给后来的类似于汤武的人物来干革命，专行教道成就王道事业而被称为"素王"。

《公羊传》里谈道，"孔子独于春秋之首，著'王正月'之文，公羊以为'王'指'文王'，盖以文王为受命之君，武王革命，实基于文王。"[①]武王只是进行革命实践，文王才是真正意义上的革命家，孔子类似于文王，为了国家的大一统只等武王出现。"至东迁之后，王纲坠而诸侯争，强凌弱，众暴寡，故孔子思天下有为文王者起而革之，以为大一统之天下"。[②]从这里可以看出，孔子为了天下一统，针对"强凌弱，众暴寡"制定革命大义并等待革命家的出现，包含着对自由、正义、民主的追求。这样使得"孔子取代汤武成为儒家革命精神的典范，成为后世一切革命家的精神之源"。[③]孔子及其学说就是"素王"和立法精神。"素王"超越了以往的德权结合不再局限于某阶层，人人都能够起而革命，大大解放了普通老百姓的思想。孔子的学说对于当下和后世都具有指导作用，能够超越一些政治事件威慑不轨的想法和企图。这种革命论成为后世下层人民反抗统治的合法性基础，随着底层革命思想的变迁，被压迫人民在一定程度上有了反抗统治者的勇气。后来，人们逐渐从关注统治者个人的道德品质转移到国家制度，认为革命应该抛弃旧制度建立新制度，

---

① 刘小枫、陈少明：《犹太教中的柏拉图门徒》. 王承教，等译. 北京：华夏出版社，2007 年版，第 213 页。

② 刘小枫、陈少明：《犹太教中的柏拉图门徒》. 王承教，等译. 北京：华夏出版社，2007 年版，第 213 页。

③ 刘小枫：《儒家革命精神源流考》. 上海：三联书店，2000 年版，第 50 页。

从倡导社会个体道德层面转向激励社会政治制度层面来塑造未来的美好社会。

总的来说，中国传统革命话语中的"革命"用于天道转换、顺应天意改朝换代，其含义在改朝换代的过程中演变。历史上的改朝换代常伴随着社会大动乱，旧王朝因无道而被推翻，新王朝则是奉天承运体现了天道。中国传统革命话语认为根据民心所向，一旦统治者不配坐拥上位，革命者就可以实行革命，这意味着没有永恒不变的统治。不管是哪一个阶层进行革命都要运用暴力革命手段，在封建统治之中，被压迫的底层人民揭竿而起，这种暴力夺权和取而代之的革命观一直流传后世。

中国传统革命话语源远流长、影响后世。这种影响一直持续到近代，金观涛指出："戊戌变法之前，中国人都是在传统意义上使用'革命'一词，常见的是'汤武革命'，或者用于指外国，特别是法国的革命事件，且多有贬义，有时为中性。"① 中国古代革命观念尽管有其历史局限性，却成为了中国现代革命话语形成的源头与先导，中国古代革命观念不仅唤起了中国人改朝换代革新中国的意识，而且引导中国人接受西方近代革命思想，彼此相互融合，从而最终形成了中国现代革命话语。

（二）中国近代革命话语的演进

近代中国的时代主题是"战争与革命"。中国近代革命话语的演变历程经历了传统革命话语、中国革命话语在日本交汇、传统革命话语的变迁，以及最终经由梁启超使"革命"意义具有了世界性与现代性的内涵，逐渐摆脱了传统革命话语中改朝换代的意象而逐渐和改革、现代性与进步关联起来。

从中国传统政治文化的语境出发，革命隐喻朝代更迭、制度变迁。哲学视域下的"革命"是指推动事物根本性质发生变化，引起事物由新质代替旧质的历史进程。作为激烈社会变革的意义象征与存在形式，革命是社会主体在特殊历史时期或阶段变革、创新社会秩序的有效手段。从社会发展理论的视角出发，革命指的就是人类社会秩序重组和更迭中产生的质变阶段，是一

---

① 金观涛、刘青峰：《观念史研究：中国现代重要政治术语的形成》，北京：法律出版社，2010 年版，第 598 页。

个阶级、阶层利用暴力手段取代另一个阶级、阶层的统治过程。清末以来，"革命"一词语义突破暴力革命的含义，泛指一切重大革新。

鸦片战争后的中国，相对于物质层面"革命"观念所受到冲击较少。据金观涛统计，1896年前"革命"一词的几次用法全是在讲"汤武革命"，[①] 这说明中国"革命"思想观念主要还停留在传统革命话语谱系中。现代意义上的"革命"概念伴随着启蒙运动以来资产阶级登上历史舞台而出现。在法国大革命观的影响下，中国传统革命观念发生变化。洋务运动期间，近代知识界中有一些人开始具有从传统革命向现代革命转型的意识，由于客观的时代背景和传统文化背景的双重压力，洋务运动期间的知识分子对法国大革命陷入了传统与革命的徘徊。他们所建构起来的法国大革命观，对康有为、梁启超等影响巨大。

中国、西方、日本革命话语的碰撞。1901年开始清廷宣布实行"新政"，大力鼓励出国留学，公派或自费出国留学的学生群体主要集中在日本，开启了中、西、日革命话语的融合。19世纪80年代开始，日本知识界大量翻译"法国大革命"的知识书籍，并把"法国大革命"与"法国文明"联系起来。戊戌变法失败后梁启超逃亡日本，发现日本人用"革命"来翻译源自欧洲的revolution且含义也发生改变，包含改朝换代和进化论变革双重含义。深受日本知识界的影响，梁启超极力推崇法国及其革命传统，赞叹"法国大革命为欧洲十九世纪之母"。[②] 他接受了这种带有双重含义的"革命"并创造了"诗界革命"，把革命限定在诗歌领域，蕴含和平变革之意，超越了中国传统的暴力革命观，"诗界革命"后在《清议报》和《新民丛报》等报刊上宣传西方的自由民主观念。梁启超把法国革命看作是人类进步的标志，并把"淘汰""进化""变革"等同于"革命"，这成为现代革命观念演变的关键。梁启超主张革命分为广义革命与狭义革命，广义的"革命"主要是指不管是以平和或暴力的手段，能引起政治上之异动并形成新时代；狭义的"革命"指"专以兵

---

① 金观涛、刘青峰：《观念史研究：中国现代重要政治术语的形成》，北京：法律出版社，2010年版，第371页。

②《梁启超梁启超全集》第3集，北京：中国人民大学出版社，2018年版，第637页。

力向于中央政府者"，并且这是中国的专利。^①梁启超认为西方的"revolution"不限于法国大革命的暴力革命形式。可见，在梁启超的视野中，革命已经突破原有的含义并被理解为一切具有根本性的变革，扩大了"变革"的内涵，脱离了以暴力手段改朝换代的传统语境。

对近代知识分子而言，"革命"正处于中外新旧概念转换的过程之中。"革命"概念边界模糊，尚未形成统一定论。中国革命派和改良派对"革命"的必要性有分歧，他们就法国大革命展开了激烈的论争。1900年梁启超在给康有为的信中写道："先生屡引法国大革命为鉴。法国革命之惨，弟子深知之"，"此不足援以律中国也"，"故路梭诸贤之论，施之于法国诚为取乱之具，而施之于中国，适为兴治之机"，"而先生日虑及此，弟子窃以为过矣"。^②康有为在1902年和1905年分别发表了《答南北美洲诸华商论中国只可行立宪不能行革命书》和《法国大革命记》阐述法国大革命带给法国的是秩序混乱与专制，缺乏国际普适性。以孙中山、章太炎为首的革命派开始反驳康有为这个言论。革命派和改良派这场论辩各自表述，革命派在学理上对革命进行了充分论证并使革命这一话语迅速传播开来，影响力趁机扩大。

随着西方近代革命观念的引入，革命派对革命的理解也逐步深化。不论广义的革命还是狭义的革命，都与进化和革新相联系，是破旧立新的变动。即使是狭义的国家政治权力转移的革命，已不再是传统意义上的改朝换代，而是通过当时被称为"民权革命"或"政治革命"的"君权革命"建立民主共和国或实行君主立宪，从制度上结束君主对国家政治权力的垄断。这样，革命派对革命的理解远远超越了中国传统的"汤武革命"而具有了以西方资产阶级革命为模板的近代内容。1903年是中国现代革命意识走向成熟具有标志性的一年。改良派对西方革命极力贬斥，将民众的叛乱说成是革命，内含否定革命的意义，而孙中山等人自称革命党，充分肯定革命。与传统革命话语对接，意味着中国革命从此进入世界革命的范畴。如陈建华所言，"革命派"

---

①《梁启超全集》，北京：北京出版社，1999年版，第1248页。

② 丁文江、赵丰田：《梁启超年谱长编》，上海：上海人民出版社，1983年版，第235页。

此时突破了传统"革命"的意义而具有世界性和现代性的意义，宣扬暴力手段的同时亦包含着有关民主和民族内容的社会变革。[①]

受梁启超对革命观诠释启发，革命党人借法国大革命的法国自由形象建构中国"革命"与"平等"。1903年"提到与法国革命相关的使用次数达到200多次，评价也由负面居多变为大加推崇"。[②]1903年后，革命和"独立""平等"的新道德开始建构。金观涛曾对于"革命""平等""独立"关键词之间的联系做过精确统计。他说："1900—1905年间提到'革命'的文章达703篇，提到'平等'的文章为546篇，提到'独立'的有1103篇。同时提到'革命'和'平等'的有210篇，占提到'革命'文章的30%，占提到'平等'文章的38%。同时出现'革命''平等'和'独立'三个关键词的文章有142篇，占提到'革命'总文章的20%。这一统计证明，革命、平等和独立三个观念之出现在文本上存在直接的相关性。……1905至1911年……提到'革命'的文章有667篇，涉及'平等''独立'的分别为455篇和889篇。同时包含'革命'和'平等'这两个关键词的有202篇，占有关'革命'文章的30%，'平等'文章的44%。同时出现'革命''平等'和'独立'三个关键词的文章有127篇，占有关'革命'总文章的34%。"[③]这些数据表明，在1900—1911年这11年间，革命党人通过认同法国大革命去绘制"革命"平等和独立的蓝图。

对"法国大革命"进行现代性的建构后，革命派已经完全摆脱了传统革命的束缚。1905年孙中山成立同盟会，号召进行民族革命反对民族专制、进行政治革命反对君主专制、创建共和政体。1906年革命派和改良派进行大论战，"革命"一词的使用在这一年达到最高峰，一方面表现出论战的激烈程

---

① 陈建华：《"革命"的现代性：中国革命话语考》，上海：上海古籍出版社，2000年版，第18-19页。

② 金观涛、刘青峰：《观念史研究：中国现代重要政治术语的形成》，北京：法律出版社，2010年版，第383页。

③ 金观涛、刘青峰：《观念史研究：中国现代重要政治术语的形成》，北京：法律出版社，2010年版，第387页。

度，另一方面标志着"革命各层次的意义从排满、共和到经济领域的彻底变革——呈现出来"。①"革命派"于1911年发动"辛亥革命"一举推翻清朝政府，"辛亥革命"的成功使得"革命派"完全掌握着革命话语的主导权。革命派和改良派论战的结果使革命思想进一步传播，巧妙地实现了中国传统革命观话语的现代化和西方革命的中国化转变而逐渐被国人所接受。

早期共产主义知识分子对"革命"的理解大大超越传统的革命观。陈独秀指出，"欧语所谓革命者，为革故更新之义，与中土所谓朝代鼎革，绝不相类"。②陈独秀痛斥国民"畏革命如蛇蝎，故政治界虽经三次革命，而黑暗未尝稍减"，③其原因在他们不知道革命"为开发文明之利器"。④并指出我国多数国民口里虽然不反对共和，但"脑子里实在装满了帝制时代的旧思想，欧美社会国家的文明制度，连影儿也没有，所以口一张，手一伸，不知不觉都带君主专制臭味。"⑤陈独秀认为"要巩固共和，非先将国民脑子里所有反对共和的旧思想，——洗刷干净不可……若是一面要行共和政治，一面又要保存君主时代的旧思想，那是万万不成"。⑥他的革命观已超越传统革命观念，含有改革更新之意。

中国传统革命观开始被逐渐取代。经过日本知识界和梁启超对法国大革命观念的传播，留日学生中的革命派开始利用《民报》《浙江潮》《湖北学

① 金观涛、刘青峰：《观念史研究：中国现代重要政治术语的形成》，北京：法律出版社，2010年版，第384页。

② 任建树主编：《陈独秀著作选编》第1卷，上海：上海人民出版社，2009年版，第289页。

③ 任建树主编：《陈独秀著作选编》第1卷，上海：上海人民出版社，2009年版，第289页。

④ 任建树主编：《陈独秀著作选编》第1卷，上海：上海人民出版社，2009年版，第289页。

⑤ 任建树主编：《陈独秀著作选编》第1卷，上海：上海人民出版社，2009年版，第333页。

⑥ 任建树主编：《陈独秀著作选编》第1卷，上海：上海人民出版社，2009年版，第334页。

生界》等一系列报刊积极建构起"法国大革命"和"法国文明"的现代关系，以此为中国找到"革命"与"文明"的逻辑关系，从而为中国文明的重新崛起奠定基础。李大钊指出，"十九世纪全世界之文明，如政治或社会之组织等，罔不胚胎于法兰西革命血潮之中"。^①陈独秀认为"欧语所谓革命者，为革故更新之义……今日庄严灿烂之欧洲，乃革命之赐也"，^②并提倡学习西方的革命思想，"若是决计革新，一切都应该采用西洋的新法子，不必拿什么国粹，什么国情的鬼话来捣乱"。^③早期共产主义知识分子开始接受并趋向西方现代性的革命观念，中国传统革命观已开始逐渐退出人们的视野，革命观念由此实现由传统向近现代的转换。

十月革命后，俄国革命逐渐取代法国大革命成为近代的新革命典范，革命模式由"政治革命"向"社会革命"转变。1917年卓鲁顿写信给陈独秀，"革命"一词在我国自民国以来使用广泛的意义是"推翻满清专制之朝，而建中华共和国而已"。^④卓鲁顿认为"革命者进步改良之谓也"，^⑤凡是对世界有贡献的发明创造都可称为革命。陈独秀回信，"革命者，一切事物革故更新之谓也。中国政治革命，乃革故而未更新。严格言之，似不得谓之革命"。^⑥俄国十月革命取得胜利后，陈独秀大加赞扬它推动着人类进化的作用，并与法国大革命相提并论。

俄国十月革命不同于法国大革命，它是一种全新的社会革命类型，并给

---

① 《李大钊全集》第2卷，北京：人民出版社，2006年版，第225页。

② 任建树主编：《陈独秀著作选编》第1卷，上海：上海人民出版社，2009年版，第289页。

③ 任建树主编：《陈独秀著作选编》第1卷，上海：上海人民出版社，2009年版，第419页。

④ 任建树主编：《陈独秀著作选编》第1卷，上海：上海人民出版社，2009年版，第366页。

⑤ 任建树主编：《陈独秀著作选编》第1卷，上海：上海人民出版社，2009年版，第366页。

⑥ 任建树主编：《陈独秀著作选编》第1卷，上海：上海人民出版社，2009年版，第366页。

二十世纪的世界文明带来变化。李大钊对法兰西革命与俄罗斯革命进行比较，"法兰西革命是十八世纪末期之革命，是立于国家主义上之革命，是政治的革命而兼含社会的革命之意味者也。俄罗斯革命是二十世纪初期之革命，是立于社会主义上之革命，是社会的革命而并著世界的革命之采色者也"。① 毛泽东认为，"自法兰西以民众的大联合，和王党的大联合相抗，收了'政治改革'的胜利，各国随之而起了许多的'政治改革'。自去年俄罗斯以民众的大联合，和贵族的大联合资本家的大联合相抗，收了'社会改革'的胜利以来，各国如匈，如奥，如捷，如德，亦随之而起了许多的社会改革。"②"列宁之以百万党员，建平民革命的空前大业，扫荡反革命党，洗刷上中阶级，有主义（布尔失委克斯姆），有时机（俄国战败），有预备，有真正可靠的党众，一呼而起，下令于流水之原，不崇朝而占全国人数十分之八九的劳农阶级，如响斯应。俄国革命的成功，全在这些处所。"③

法兰西革命与俄国革命存在明显差异。法国革命伴随着暴力革命解决君主专制下的弊端，属于"政治革命"；俄国革命由工农反对资本家的阶级革命，致力解决财富分配不均，属于"社会革命"。李大钊认为："一七八九年的法国革命，是十九世纪中各国革命的先声。一九一七年的俄国革命，是二十世纪中世界革命的先声。"④ 因此，"法国大革命"逐渐淡出早期共产主义知识分子的话语体系与"社会革命"话语体系的兴起密切相关。1919 年以后，"俄国革命""无产阶级革命""世界革命"等逐渐成为《新青年》高频词。也就是说，这时"革命"主要是指"苏联式的无产阶级革命"。⑤

①《李大钊全集》第 2 卷，北京：人民出版社，2006 年版，第 226 页。
②《毛泽东早期文稿》，长沙：湖南人民出版社，2008 年版，第 313 页。
③《毛泽东早期文稿》，长沙：湖南人民出版社，2008 年版，第 456 页。
④《李大钊全集》第 2 卷，北京：人民出版社，2006 年版，第 255-256 页。
⑤ 金观涛、刘青峰：《观念史研究：中国现代重要政治术语的形成》，北京：法律出版社，2010 年版，第 389 页。

三、五四时期革命话语建构

中国从五四时期到 30 年代，中国社会经历了深刻的革命化过程。辩证唯物论代替进化论使中国式革命观获得科学支持和合理化。中国传统革命观向中国当代革命观转变，中国的革命话语既不同于西方的革命话语，也有别于马克思列宁的革命话语。[①]

（一）五四时期革命话语的发展

1919 年五四运动后，"革命"一词被广泛运用，极大地影响着中国现代社会的发展进程。据王奇生教授考察，"后五四"时期（1923—1926）："革命"一词的出现频度急剧蹿升，成为压倒一切的中心词。"科学""民主""自由""平等"等相对沦为边缘，为"革命"让路。[②]"革命"已经被理解成改变社会现状的活动，"革命"概念语义开始拓展到更为宽广的政治范围与社会层面。

1.从国民革命话语到民族革命话语

1922 年《中国共产党对于时局的主张》提出的联合战线思想，到中共"二大"正式提出民主联合战线策略，推动中共与国民党的党外合作。1924 年 1 月国民党"一大"的召开标志着第一次国共合作的正式建立。第一次国共合作的建立，是两党决心为打倒共同敌人而携手进行的国民革命运动。在中国共产党人中陈独秀最早提出"国民革命"一词。1922 年 9 月 20 日，他在《向导》刊发了《造国论》一文分析中国的状况，"中国还在'造国'时代"，[③] 必须"组织真正的革命军，创造真正的中华民国"[④]，并强调"国民革命"具有对

---

① 金观涛、刘青峰：《观念史研究：中国现代重要政治术语的形成》，北京：法律出版社，2009 年版，第 398 页。

② 王奇生：《"革命"与"反革命"：一九二〇年代的中国三大政党的党际互动》，《历史研究》，2004 年第 5 期，第 88 页

③ 任建树主编：《陈独秀著作选编》第 2 卷，上海：上海人民出版社，2009 年版，第 480 页。

④ 任建树主编：《陈独秀著作选编》第 2 卷，上海：上海人民出版社，2009 年版，第 480 页。

内的民主革命和对外的民族革命两个意义，"国民革命之目的是什么？简单说起来，是以国民主义，对外要求民族的政治经济之独立，对内要求人民政治上的自由"。[①] 这是陈独秀对国民革命的初步设想。

随着马克思主义阶级斗争理论的传播及中国复杂的政治局势变化，中国共产党对"国民革命"问题认识逐渐深入。1923年6月的中共"三大"专门讨论"国民革命"问题，在正式文件中使用"国民革命"，并确立了国民革命的基本纲领和策略。辛亥革命后，中国仍然在帝国主义统治之中，帝国主义国家扶植各派军阀成为其在华利益的代理人。帝国主义和军阀是中国国民革命的两大敌人，国民革命的任务是"要做打倒军阀打倒帝国主义的国民革命"。[②] 在早期共产主义知识分子看来，"国民革命"的提法符合殖民地半殖民地国家联合起来革命的实际，中共三大宣言明确提出"以国民革命来解放被压迫的中国民族"，加入世界革命的行列进而"解放全世界的被压迫民族和被压迫的阶级"[③]，此后国民党也开始使用这一口号。

在国共合作一年后，1925年中共四大决定将"国民革命运动"改称"民族革命运动"。"民族革命"是指被压迫民族借助暴力（罢工、起义、武装割据等）方式和手段打击殖民主义、帝国主义的统治，以争取民族独立建立民族国家为目的的斗争。1923年7月，陈独秀在给萨法罗夫的信中第一次提到"民族革命"的概念："民族革命不仅对中国，而且对整个世界革命都是必要的"，[④] 1924年3月他在《评中俄协定》中谈到，"我们既然不欲他人拿帝国主义来压迫我，我们便不应该拿帝国主义去压迫人，这就是我们的民族主义

---

① 任建树主编：《陈独秀著作选编》第3卷，上海：上海人民出版社，2009年版，第187页。

② 任建树主编：《陈独秀著作选编》第3卷，上海：上海人民出版社，2009年版，第88页。

③《建党以来重要文献选编（1921—1949）》第1册，北京：中央文献出版社，第277页。

④ 任建树主编：《陈独秀著作选编》第3卷，上海：上海人民出版社，2009年版，第108页。

之定义"。① 李大钊认为民族主义"分对外、对内两方面：在现世中国的民族，为要独立而反抗其他任何民族的侵略与压迫，这是对外；同时在国内经济生活不同的民族要使其解放，自决而独立，这是对内。国民党的民族主义经了这番新解释，其意义也更新而切当了"。② 革命任务是革命需要明确的指向。关于民族革命的目标，陈独秀在《反赤运动与中国民族运动》中比照苏俄共产党的目标提出中国民族革命的目标。中国共产党与苏俄共产党虽然同属于共产国际，有相同的政治理想，但是因为政治经济环境的不同革命步骤也不相同，中国共产党要完成中国民族革命的要求是"反对帝国主义及其工具——国内军阀"。③

既然"国民革命"和"民族革命"的目标都是反对帝国主义和军阀，为何要改称"民族革命"？

首先，中国革命是世界范围内的民族解放运动的组成部分。马克思主义认为，帝国主义时代资本主义经济的发展将世界连成一个整体，世界被压迫民族陷入无限苦难之中，激化了压迫与被压迫民族间的矛盾，要联合全世界的无产者实现全人类解放。"欧战后，民族革命运动弥漫了东方"，④ 这股潮流也充斥着中国。针对国民运动与社会主义的关系，陈独秀认为，"殖民地半殖民地的国民革命，其性质其结果不是属于一个国家的革命，乃是世界的革命"。⑤"各阶级合作的国民革命，是目前的需要，而且可能"。⑥

---

① 任建树主编：《陈独秀著作选编》第 3 卷，上海：上海人民出版社，2009 年版，第 242 页。

②《李大钊全集》第 4 卷，北京：人民出版社，2006 年版，第 452 页。

③ 任建树主编：《陈独秀著作选编》第 4 卷，上海：上海人民出版社，2009 年版，第 18 页。

④ 任建树主编：《陈独秀著作选编》第 3 卷，上海：上海人民出版社，2009 年版，第 336 页。

⑤ 任建树主编：《陈独秀著作选编》第 3 卷，上海：上海人民出版社，2009 年版，第 89-90 页。

⑥ 任建树主编：《陈独秀著作选编》第 3 卷，上海：上海人民出版社，2009 年版，第 160 页。

其次，与国民党政策的分歧。随着革命运动的深入发展，由于国共两党阶级属性的差异致使采取的革命主张和政治行为有很大的不同。陈独秀指出，"现在的国民党为了广州这一块土地，为种种环境所拘囚，对内对外不得不降心妥协背着主义而行，日夜忙着为非革命的军队筹饷拉夫"。①"共产革命是劳资两阶级间的争斗，国民革命是各阶级合作对于外族及军阀的争斗；可以只有国民党能利用共产党，而共产党决不能利用国民党"。②1924 年国民党已分为左中右三派，国民党右派掌握着国民党的所有机构，孙中山先生去世后，部分右派分子竭力要同军阀段祺瑞妥协，"国民党中一班反动分子发起了一个什么'反共产救亡会'"③。陈独秀在《给维经斯基的信》中希望共产国际根据实际情况调整策略，"我们不应该没有任何条件和限制地支持国民党"，④ 否则就是"在帮助我们的敌人"。⑤

最后，中共构建革命话语的需要。国共合作早期，加入中国国民党的共产党人在行动上和在宣传中都积极投入国民党的工作中，努力提高国民党的地位，"国民革命的胜利，自然是资产阶级的胜利"，⑥"我们要忠告中国商人阶级：在国民运动中，勿忽视劳动阶级是革命的急先锋，是你们有力的友军"。⑦随着革命实践的发展，中共对无产阶级在革命中的地位及作用的认识不断深

---

① 任建树主编：《陈独秀著作选编》第 3 卷，上海：上海人民出版社，2009 年版，第123 页。

② 任建树主编：《陈独秀著作选编》第 3 卷，上海：上海人民出版社，2009 年版，第237 页。

③ 任建树主编：《陈独秀著作选编》第 3 卷，上海：上海人民出版社，2009 年版，第443 页。

④ 任建树主编：《陈独秀著作选编》第 3 卷，上海：上海人民出版社，2009 年版，第315 页。

⑤ 任建树主编：《陈独秀著作选编》第 3 卷，上海：上海人民出版社，2009 年版，第315 页。

⑥ 任建树主编：《陈独秀著作选编》第 3 卷，上海：上海人民出版社，2009 年版，第158 页。

⑦ 任建树主编：《陈独秀著作选编》第 3 卷，上海：上海人民出版社，2009 年版，第120 页。

化，需要表达自己的政治主张和看法的意识逐渐觉醒。蔡和森认为，"党的革命理论是要经过长期的各种争斗才能形成的。"[①]1925年中共回顾了国共合作以来的革命发展态势和国共两党的合作状况，一方面清醒地认识到国民党自改组后左右派之分化，且在商团事件、江浙战争、加入善后会议中国民党的表现令中共感到失望，使中共产生了与之相抗衡的意识，"国民革命和共产革命之目的与动力都截然不同"。[②] 中共需要表述明确的革命目标来构建自己的革命话语。

1924年7月陈独秀在《假革命党与反革命党》中指出，"国民革命和民族解放是两个意义相类的名词，所以反抗国外帝国主义之压迫是国民革命运动之中心工作，反对国内军阀政府，只算是这工作中之一种"。[③] 陈独秀在这里已为"国民革命"和"民族革命"作出意义联结。再加上1924年7月美国对蒙古国的侵略、帝国主义对中国军阀给予器械的支援以及日本取缔中国留学生、美国取缔华工、日本对华经济侵略等一系列不平等事件，促使陈独秀于1924年8月在《国民党与中国革命》中明确提出中国目前所急需的是"民族革命运动"。[④]1925年1月，中共四大在上海召开，该次会议对于中共进一步认识国民革命运动有很重要的意义，是民主革命的重要转折点——会议通过了《对于民族革命运动之议决案》和《对于宣传工作之议决案》。1925年4月，陈独秀发表《列宁主义与中国民族运动》比较了列宁与资产阶级改良派关于民族问题的意见，进一步突出民族革命话语。

2.社会主义革命话语

社会主义革命的目的是以巩固政权和经济建设为中心，目的在消灭生产

---

① 《蔡和森文集》（下），北京：人民出版社，2013年版，第808页。

② 任建树主编：《陈独秀著作选编》第3卷，上海：上海人民出版社，2009年版，第187页。

③ 任建树主编：《陈独秀著作选编》第3卷，上海：上海人民出版社，2009年版，第320页。

④ 任建树主编：《陈独秀著作选编》第3卷，上海：上海人民出版社，2009年版，第349页。

资料私有制，建立社会主义公有制。在建党初期，早期共产主义知识分子对社会主义革命是劳工阶级推翻资本家并实现社会主义的革命已有初始认识。陈独秀认为，"中国资产社会和劳动社会都不很发达"，[1] 世界各国的紧急重大问题是"无产阶级对于有产阶级的社会革命"。[2] 所以"我们只有用阶级战争的手段，打倒一切资本阶级，从他们手抢夺来政权"。[3]1921 年 7 月，中国共产党第一次全国代表大会明确提出要进行社会主义革命。中国共产党的奋斗目标是：推翻资产阶级专政，建立无产阶级专政，消灭资本家私有制，实现共产主义。中国共产党把社会主义革命作为直接目标，这一目标的提出使中国共产党同其他一切剥削阶级的政党作出显著区分，标志着资产阶级政党领导革命的结束和无产阶级政党领导革命的开始。进行社会主义革命需要具备各种各样的主观客观条件，包括国内条件、国际条件、经济条件、政治条件及思想条件、技术条件等等。只有社会主义运动的主观条件和客观条件同时具备才有可能进行社会主义革命。但从当时中国的国情来看，当时中国并不具备立即进行社会主义革命的条件。

随着革命实践的发展，中国共产党逐步认识到中国革命必须首先应该完成资产阶级民主革命的任务，再进行社会主义革命的两步走策略。由此，党的革命话语开始从无产阶级社会主义革命向中国革命分两步走的转变。社会主义革命这个发展过程是一个相当长的历史发展阶段，是既不同于资本主义社会或其他剥削制度的社会，又不同于社会主义社会的历史发展阶段。不仅社会主义革命需要充分酝酿，而且社会主义革命本身也是长期的历史发展过程。对社会主义革命的长期性陈独秀在答郑贤宗中谈到，"从革命发生起，一

---

① 任建树主编：《陈独秀著作选编》第 2 卷，上海：上海人民出版社，2009 年版，第 80 页。

② 任建树主编：《陈独秀著作选编》第 2 卷，上海：上海人民出版社，2009 年版，第 88 页。

③ 任建树主编：《陈独秀著作选编》第 2 卷，上海：上海人民出版社，2009 年版，第 298 页。

直到私有财产实际归公，必然要经过长久的岁月"。①

由于世界社会主义革命的长期性与复杂性，共产国际认为各国的革命运动必须改变策略路线。在列宁关于殖民地半殖民地革命的基本理论和共产国际的指导下，陈独秀在1922年6月发表的《对于现在中国政治问题的我见》中分析了中国社会经济、政治与阶级状况之后，指出中国的阶级斗争不得不分为两段："第一段是大的和小的资产阶级对于封建军阀之民主主义的争斗，第二阶段是新起的无产阶级对于资产阶级之社会主义的争斗。"②中国共产党弄清了中国的社会性质是半殖民地半封建社会，在"二大"上明确了第一步半殖民地半封建社会国家要走向社会主义一定要经过民主革命阶段，建立统一的真正的民主共和国；第二步是向社会主义革命转变，实行工人阶级与贫苦农民联合的无产阶级专政。中国共产党并为此制定了社会主义革命纲领和民主革命纲领，并把两个革命纲领连接起来。由中共一大到中共二大，从独立的无产阶级社会主义革命的决定到中国革命分两步走的思想，实际上是由依靠无产阶级到各个革命阶级建立联合的过程。

社会主义革命是社会革命的必经之路。早期共产主义知识分子认为"社会革命历程中所必经的无产阶级政治革命，原来是没有妥协的余地的。"③"要谋国际团结，要扫灭全世界所有的资本主义"。④李达认为，"社会主义革命之目的，在改变资本主义经济组织为社会主义经济组织，而达到目的之手段，则在推倒资本阶级权势，由自己阶级掌握国家政权。"⑤瞿秋白认为，"社会主义革命的意义在于经济改造"，⑥经济改造的重点是消灭私有制。如何消灭私有制的问题实质就是如何对待资产阶级的问题，早期共产主义知识分子如何

---

① 任建树主编:《陈独秀著作选编》第2卷，上海:上海人民出版社，2009年版，第295页。

② 任建树主编:《陈独秀文章选编》第2卷，上海:上海人民出版社，2009年版，第468页。

③《李达文集》第1卷，北京:人民出版社，1980年版，第205页。

④《李达文集》第1卷，北京:人民出版社，1980年版，第71页。

⑤《李达文集》第1卷，北京:人民出版社，1980年版，第381页。

⑥《瞿秋白文集（政治理论篇）》第1卷，北京:人民出版社，1987年版，第275页。

看待这个问题？在中国共产党初创时期，由于对马克思主义理解还比较肤浅，他们笼统地将整个资产阶级都作为革命的对象。在中共二大上，中国共产党认为中国资产阶级和中国无产阶级一样同受帝国主义和封建主义的压迫，也有反帝反封建的要求，并把中国资产阶级当作革命的动力之一。

中共二大以后，随着革命斗争的进一步开展，中国共产党对资本主义的认识开始深化。1923 年 4 月 25 日，陈独秀发表了关于中国资产阶级的系统论述文章——《资产阶级的革命与革命的资产阶级》，他认为中国的资产阶级分为三部分，"（一）是革命的资产阶级，他们因为封建军阀及国际帝国主义妨碍大规模的工商业发展而赞成革命……（二）是反革命的资产阶级，他们……要依附军阀官僚及帝国主义的列强而反对革命，他们也可以叫做官僚的资产阶级……（三）是非革命的资产阶级，他们因为所营的工商业规模极小，没有扩大的企图，没有在政治上直接的需要，所以对于民主革命恒取消极的中立态度。"[1]陈独秀认为，要取得民主革命的成功只有"容纳革命的资产阶级"[2]"提携中立的小资产阶级"，[3]打倒"反革命的官僚的资产阶级"。[4]陈独秀根据对革命的不同态度对中国资产阶级作出区分，并分析了中国资产阶级的"势力微弱"[5]的特点，初步提出了官僚资产阶级的概念并以新的视角认识中国资本主义。

1923 年 6 月瞿秋白发表了《中国资产阶级的发展》一文，对中国资产阶

---

① 任建树主编：《陈独秀著作选编》第 3 卷，上海：上海人民出版社，2009 年版，第 36 页。

② 任建树主编：《陈独秀著作选编》第 3 卷，上海：上海人民出版社，2009 年版，第 36 页。

③ 任建树主编：《陈独秀著作选编》第 3 卷，上海：上海人民出版社，2009 年版，第 36 页。

④ 任建树主编：《陈独秀著作选编》第 3 卷，上海：上海人民出版社，2009 年版，第 36 页。

⑤ 任建树主编：《陈独秀著作选编》第 3 卷，上海：上海人民出版社，2009 年版，第 37 页。

级的阐发更系统更深入。瞿秋白认为，中国的"商业资本"①和"官僚资本"②都属于外国资本主义的势力。而"中国之资产阶级的发展，非由自力能渐展开及于'世界'，乃由外铄自'世界'侵渗而入中国"。③"中国资产阶级的发展，决无独立之可能，更决无充分之可能。"④瞿秋白把中国的资产阶级分为"小资产阶级""新生的'婴儿'资产阶级"和"大资产阶级"，"小资产阶级（小农、小商人、小手工业者、智识界）破产异常之速且烈"，"新生的"婴儿"资产阶级（小工业家即商人之稍能自立的）亦无不本能的反对外国；至于所谓中国的"大资产阶级"、最近新起的工业家等等，亦迟早必觉着抵制帝国主义的必要。"⑤瞿秋白不仅对中国资产阶级进行了具体的分类，并对资产阶级各个阶层的特点进行了具体剖析。

1925年12月1日，毛泽东在《中国社会各阶级分析》一文中对中国的资产阶级做了深入细致的分析。他把中国的资产阶级分为买办资产阶级和中产阶级，买办阶级"完全是国际资产阶级的附庸，其生存和发展，是附属于帝国主义的……他们和中国革命的目的完全不相容，特别是大地主阶级和大买办阶级，他们始终站在帝国主义一边，是极端的反革命派"。⑥而中产阶级即民族资产阶级，他们对于中国革命的态度十分矛盾，"他们在受外资打击、军阀压迫感觉痛苦时，需要革命，赞成反帝国主义反军阀的革命运动；但是当着革命在国内有本国无产阶级的勇猛参加，在国外有国际无产阶级的积极援助，对于其欲达到大资产阶级地位的阶级的发展感觉到威胁时，他们又怀疑革命。"⑦期待以民族资产阶级"为主体的'独立'革命思想，仅仅是一个幻想"，⑧"其右翼可能是我们的敌人，其左翼可能是我们的朋友——但我们要时

① 《瞿秋白文集（政治理论篇）》第2卷，北京：人民出版社，1987年版，第88页。
② 《瞿秋白文集（政治理论篇）》第2卷，北京：人民出版社，1987年版，第88页。
③ 《瞿秋白文集（政治理论篇）》第2卷，北京：人民出版社，1987年版，第89页。
④ 《瞿秋白文集（政治理论篇）》第2卷，北京：人民出版社，1987年版，第89页。
⑤ 《瞿秋白文集（政治理论篇）》第2卷，北京：人民出版社，1987年版，第90页。
⑥ 《毛泽东选集》第1卷，北京：人民出版社，1991年版，第3-4页。
⑦ 《毛泽东选集》第1卷，北京：人民出版社，1991年版，第4页。
⑧ 《毛泽东选集》第1卷，北京：人民出版社，1991年版，第5页。

常提防他们，不要让他们扰乱了我们阵线。"①

从陈独秀初步提出了官僚资产阶级的概念到瞿秋白具体剖析中国资产阶级各个阶层的特点、毛泽东分析买办资产阶级和民族资产阶级对中国革命态度，反映了中国早期共产主义知识分子对资产阶级的认识已达到了一定的高度。

3.世界革命话语

世界革命是资本主义发展到帝国主义阶段的产物，是资本主义对全世界控制和压迫的结果。世界革命的表现形式有两种：一是资本主义发达国家的无产阶级社会革命，一是殖民地半殖民地国家的民族革命。

为什么会产生世界革命？在早期共产主义知识分子看来，世界革命产生的根本原因是资本主义的全球扩张支配了整个世界的经济和政治。世界革命的动力来自哪里？从利益对立到阶级斗争，从国内集结到全球联合，早期共产主义知识分子围绕资本主义制度展开批判，并把批判的范围扩展到全球资本主义体系，促使全球被统治阶级、阶层和社会群体团结起来、统一行动。陈独秀认为在资本主义制度下工人们生活极苦，中国工人阶级内部必须联合起来才能取得独立，"除了中国劳动者联合起来组织革命团体，改变生产制度，是无法挽救的。中国劳动（农工）团体为反抗资本家资本主义而战，就是为保全中国独立而战。只有劳动团体能够达到中国独立之目的。"②"欧战以来，资本制度已经大大动摇了，我们正应该联络各国底同志作国际的改造运动"。③"要想把我们的同胞从奴隶境遇中完全救出，非由生产劳动者全体结合起来，用革命的手段打倒本国外国一切资本阶级"。④

---

① 《毛泽东选集》第1卷，北京：人民出版社，1991年版，第9页。

② 任建树主编：《陈独秀著作选编》第2卷，上海：上海人民出版社，2009年版，第307页。

③ 任建树主编：《陈独秀著作选编》第2卷，上海：上海人民出版社，2009年版，第344页。

④ 任建树主编：《陈独秀著作选编》第2卷，上海：上海人民出版社，2009年版，第298页。

苏俄在世界革命中具有重要的地位，是世界革命的领导力量。俄国十月革命爆发后，瞿秋白前往这个新兴国家实地考察了两年之久，他具有新闻记者的敏锐观察力和思想家的深刻思考并通晓俄语而获得了对苏俄国的深刻理解。他认为："俄现在不能和资本主义国家处于战事之中，唯一的希望在于世界革命"。①"俄罗斯是社会主义国家，而在资本主义的围困之中，即因本国工业发达程度的浅，又受各资本主义国家的封锁，窘急的状况已到极点，实行社会主义（共产主义）的障碍，非常之多，所以唯一的'出路'只有世界革命，——何况俄罗斯十月革命本含有世界的国际之性质呢？"②他把苏俄看作世界革命的领导者，"俄罗斯苏维埃共和国应当本反对帝国主义的原则，极力帮助东方的小民族，促起他们的觉悟"。③在瞿秋白的认知中，苏俄既是世界革命的源头，又有能力帮助东方国家完成民族解放的任务。

世界革命是反对资本帝国主义的革命。早期共产主义知识分子认为世界革命的步骤是"（一）世界的社会革命，（二）无产阶级独裁制，（三）建设全世界统一的大经济单位，然后全世界统行大生产的制度，化全世界人类为无产阶级，再组织统一无国界无阶级自由平等共产的社会。"④世界革命不仅要消灭资本主义的政权组织，建立无产阶级专政政权，更要实现生产资料公有，走向自由平等的共产主义社会。十月革命的成功标志着世界革命的开始，"现时已入世界社会革命的时期，应当组织主观上的能力格外努力奋斗。"⑤东方国家的民族革命的开展应与西方的无产阶级革命紧密协作汇成世界革命的洪流。

殖民地半殖民地国家联合共同进行反对帝国主义。关于殖民地半殖民地国家革命与世界革命的关系，早期共产主义知识分子指出，帝国主义国家的无产者与殖民地半殖民地国家的广大人民，都是帝国侵略主义战争的受害者，

---

① 《瞿秋白文集（政治理论篇）》第1卷，北京：人民出版社，1987年版，第224页。

② 《瞿秋白文集（政治理论篇）》第1卷，北京：人民出版社，1987年版，第210页。

③ 《瞿秋白文集（政治理论篇）》第1卷，北京：人民出版社，1987年版，第187页。

④ 《瞿秋白文集（政治理论篇）》第1卷，北京：人民出版社，1987年版，第226页。

⑤ 《瞿秋白文集（政治理论篇）》第1卷，北京：人民出版社，1987年版，第457页。

他们应该发起联合大运动共同进行反对帝国主义的斗争。李大钊很早就接受了马克思列宁主义关于全世界无产者与被压迫民族联合起来的思想。他在《新纪元》一文中，就提出了无产阶级要联合全世界的同胞，去"打倒全世界资本的阶级"①的思想。接着李大钊又在《大亚细亚主义与新亚细亚主义》一文中又指出，日本帝国主义所鼓吹的"大亚细亚主义"②不仅危害日本，而且也危害亚洲一切民族甚至全世界的和平。因此，"防制这种危险的责任，不仅在日本以外的东亚民族，凡世界上的人类，就连日本的真正善良的国民也都该负一份的。"③因而他主张以"民族解放作基础，根本改造"④亚洲，凡是亚洲被人吞并的民族，都应解放实行民族自决主义，然后结成一个亚洲的大联合进而完成一世界的大联合，以维护世界和平增进人类的幸福。早期共产主义知识分子认为革命的联合是必需的，压迫民族的无产阶级应该支持被压迫民族的解放运动，而被压迫民族的解放运动也应该呼应压迫民族的无产阶级革命运动。陈独秀号召全世界弱小的民族应该联合起来反抗帝国主义国家的统治，"全世界的解放运动也应该是整个的，弱小民族的解放运动，和帝国主义国家内的工农解放运动，都是整个的世界解放运动之一部分而有相互的密切影响，决不是国家主义者所想像各国关起门来独力革命可以得到成功的。"⑤

　　此外，早期共产主义知识分子还认为中国的革命需要依赖共产国际的援助。在马克思恩格斯看来，各国无产阶级反对资产阶级的斗争从形式上看首先是一国范围内的斗争，同时无产阶级革命是国际性的。陈独秀认为，"现代人类底经济关系乃国际的而非国别的"，⑥"中国底改造与存在，大部分都要靠

　　①《李大钊全集》第 2 卷，北京：人民出版社，2006 年版，第 268 页。

　　②《李大钊全集》第 2 卷，北京：人民出版社，2006 年版，第 269 页。

　　③《李大钊全集》第 2 卷，北京：人民出版社，2006 年版，第 270 页。

　　④《李大钊全集》第 2 卷，北京：人民出版社，2006 年版，第 270 页。

　　⑤ 任建树主编：《陈独秀著作选编》第 4 卷，上海：上海人民出版社，2009 年版，第 52 页。

　　⑥ 任建树主编：《陈独秀著作选编》第 2 卷，上海：上海人民出版社，2009 年版，第 344 页。

国际社会主义的运动帮忙"。① 共产国际是代表无产阶级利益改造社会主义事业的先锋，是世界各地共产党联合的总部，是根据马克思恩格斯在《共产党宣言》中的"全世界无产者，联合起来！"的思想创立的全球第一个无产阶级的国际组织——共产主义者同盟。根据世界革命形势发展的需要，共产主义者同盟先后成立第一国际、第二国际。1919年3月成立第三国际，以联络各国左派的社会党运动、全世界的社会革命为职责。早期共产主义知识分子充分肯定共产国际对世界革命的作用在"联络各国的社会党，抱定左派的宗旨，促起各资本主义国家里的社会革命"。②"共产国际真成唯一的国际的革命派。他能渐渐召集无产阶级群众，领导之反抗资本世界，现势之下更可与此欧战后社会恶象奋斗，由经济的要求进于政治外交的干涉"。③

事实上，共产国际曾给予中国革命有力推动和巨大帮助。瞿秋白指出，"世界社会的改造既如此急不容缓，共产国际的责任尤其非常之重大，现实的世界经济、世界政治之现势既已如此，绝非苟安的爱和平者所能宣言反对。……共产国际代表无产阶级而来改造此社会，乃是客观的必不可免的事实"。④ 共产国际两次促成国共两党的合作，为中共的发展壮大以及成为执政党创造了条件，在莫斯科创办东方大学和莫斯科中山大学为中国共产党培养了大批骨干力量，并对中共提供巨额经费援助。为此，瞿秋白对共产国际为中共和中国革命所产生的影响作了中肯的评价，"共产国际在此劳资战争的时代，——革命的酝酿时代所取的策略，当'能攻能守，得步进步'，察客观环境之真相，量主观实力之多寡，作相当的运用，努力勇猛精进"。⑤

在共产国际直接领导下的中国革命，一开始就已纳入到了世界无产阶级革命的范畴。在这种思想的引领下，毛泽东站在全世界的高度来看待革命问

---

① 任建树主编：《陈独秀著作选编》第2卷，上海：上海人民出版社，2009年版，第349页。

② 《瞿秋白文集（政治理论篇）》第1卷，北京：人民出版社，1987年版，第218页。

③ 《瞿秋白文集（政治理论篇）》第1卷，北京：人民出版社，1987年版，第441页。

④ 《瞿秋白文集（政治理论篇）》第1卷，北京：人民出版社，1987年版，第442页。

⑤ 《瞿秋白文集（政治理论篇）》第1卷，北京：人民出版社，1987年版，第484页。

题，"自'世界革命'的呼声大倡，'人类解放'的运动猛进"，[①] 并认为："世界主义，愿自己好，也愿别人好，质言之，即愿大家好的主义。……世界大同，必以各地民族自决为基，南洋民族而能自决，即是促进大同的一个条件。"[②] 说明此时他已把中国革命纳入世界无产阶级革命的大格局中来看待，表现出对"世界革命"等革命话语的认同。

（二）五四时期革命话语的建构

"革命"问题是关系中国共产党前途命运的重大问题，是早期共产主义知识分子非常关注的问题。五四运动后，早期共产主义知识分子开始以马克思主义来对近代以来中国革命观念进行反思，逐渐形成以唯物史观和方法论来指导革命话语建构，指明中国社会的未来图景。

1.革命对象与任务

革命对象是革命的首要问题。因此，革命话语建构需要认清革命的对象和任务，早期共产主义知识分子对革命对象的分析是中国共产党在领导中国革命过程中逐步形成的。

帝国主义是革命的首要对象。李大钊指出资本主义的发展在"国家的界限以内，不能涵容他的生产力，所以资本家的政府想靠着大战，把国家界限打破，拿自己的国家做中心，建一世界的大帝国，成一个经济组织，为自己国内资本家一阶级谋利益。"[③] 李大钊指出帝国主义国家为了转移国内经济危机而对外发起侵略，倡议国人不要再对帝国主义国家抱有幻想，并号召人们"改造强盗世界"，[④] 为中国革命指出第一个敌人。中国共产党第二次全国代表大会确立了民主革命时期的纲领，明确了中国革命的对象和任务，即"消除内乱，打倒军阀，建设国内和平"；"推翻国际帝国主义的压迫，达到中华民

---

①《毛泽东早期文稿》，长沙：湖南人民出版社，2008 年版，第 270 页。

②《毛泽东早期文稿》，长沙：湖南人民出版社，2008 年版，第 503 页。

③《李大钊全集》第 2 卷，北京：人民出版社，2006 年版，第 255 页。

④《李大钊全集》第 2 卷，北京：人民出版社，2006 年版，第 339 页。

族完全独立"。① 毛泽东认为对帝国主义的认识可分为两个阶段："第一阶段是表面的感性的认识阶段……第二阶段才进到理性的认识阶段，看出了帝国主义内部和外部的各种矛盾，并看出了帝国主义联合中国买办阶级和封建阶级以压榨中国人民大众的实质，这种认识是从一九一九年五四运动前后才开始的"。②

中国共产党成立后，早期共产主义知识分子对待资产阶级的态度发生极大的转变，从初始的革命对象转变为革命动力。建党前，他们没有清晰认识到资产阶级在中国革命中的特殊性及中国革命性质，认为中国的资产阶级具有对工人的剥削和反革命特性而被判定成为革命对象。建党后，随着列宁的民族和殖民地问题理论的传入，早期共产主义知识分子根据革命形势的发展逐渐认识到中国的资产阶级虽然还不够成熟，但已经能够为维护本阶级利益与帝国主义和封建主义进行斗争。1922 年 6 月，邓中夏在《北京同人提案》中提出"任何主义者，我们认为都应该在这时抛弃一切武断的成见，客观的考查中国的实际情形，应该在此时共同认定—联合的战线 United Front，用革命的手段，以实现民主主义为前提"。③ 中国共产党肯定民族资产阶级在革命中的作用，把反帝反封建作为当时首要的革命任务，而不是把反对资产阶级作为当时第一位的革命任务。

2.领导阶级与主体

革命话语权本质上是革命的领导权问题，即争夺革命话语权的目的是助力革命领导权的实现。革命话语必须回答革命的主体和动力是什么，解决革命依靠谁的问题。

在半殖民地半封建社会的中国，如何对待资产阶级和资本主义，经典作家并未提及又无它国经验借鉴。中国资产阶级不同于西方的资产阶级，既有

---

① 中共中央文献研究室：《建党以来重要文献选编（1921—1949）》第 1 册，北京：中央文献出版社，2011 年版，第 133 页。

②《毛泽东选集》第 1 卷，北京：人民出版社，1991 年版，第 289 页。

③《邓中夏全集》（上），北京：人民出版社，2014 年版，第 175 页。

与帝国主义的利益连接而支持帝国主义的一面，也有受帝国主义压迫而反对帝国主义的一面，没有对中国资产阶级的正确认识和区分就不能认清革命的对象。陈独秀指出，"中国资产社会和劳动社会都不很发达"。① 民族资产阶级具有革命性和妥协性，既可以成为革命的动力之一，也可能成为反革命的力量。中国资产阶级具有软弱性和妥协性，不能成为领导中国革命战争走向成功，而农民阶级和城市小资产阶级的局限性也不能成为革命的正确领导者。无产阶级因革命性最彻底而成为革命的领导阶级，中国共产党的领导是革命取得胜利最主要的前提，即"无产阶级领导是革命胜利的唯一关键"。② 陈独秀认为，我国"惟有党派运动，而无国民运动也……凡一党一派人之所主张，而不出于多数国民之运动，其事每不易成就，即成就矣，而亦无与于国民根本之进步"。③

此外，革命还需要依靠人民群众的广泛参与。西方各国的革命"无一不起于市民运动。不但现在俄德诸国震荡全球的大举动，是起于市民，就是中世的自由都市，从专制家手里争得'自由民'的地位，也是惟市民才有。市民的权威真大！市民真是天之骄子！"④ 中国的无产阶级虽然具有极强的战斗性，但在半殖民地半封建的中国仅依靠工人阶级孤军奋战力量不够强大，还需要赢得广大民众支持，中共二大提出建立农民阶级及其他各个阶级的联合战线。

3.革命性质与前途

中国革命的前景和中国革命的目标是革命话语建构的重要内容。为吸引社会各方面力量参加革命必须构建明确的革命前景。早期共产主义知识分子认为革命胜利后必须建立政权，"这个联合政权的建立，使革命不落在资产阶

---

① 任建树主编：《陈独秀著作选编》第 2 卷，上海：上海人民出版社，2009 年版，第 80 页。

②《毛泽东选集》第 1 卷，北京：人民出版社，1991 年版，第 102 页。

③ 任建树主编：《陈独秀著作选编》第 1 卷，上海：上海人民出版社，2009 年版，第 199 页。

④《毛泽东早期文稿》，长沙：湖南人民出版社，2008 年版，第 475 页。

级导向资本主义的道路发展，而在无产阶级领导向社会主义的道路发展，以达到中国革命之完全胜利。"① 毛泽东指出革命的目标 "只为要建设一个将来的真中国，其手段便要打破现在的假中国。"② 国家成立以后，瞿秋白主张 "召集国民会议，实行普通选举，仗着广大的农工平民群众的力量，创造真正平民的独立的中华共和国"。③ 革命胜利后从建立政权到成立什么样的国家，早期共产主义知识分子对理想国家的前景逐步清晰。中国建立国家以后往哪里去？瞿秋白指出中国革命的发展是从民族主义到社会主义："摧残一切旧宗法的礼教，急转直下，以至于社会主义，自然决不限于民族主义了。"④ 这些革命目标的设想，初步表达了对未来社会的追求。

1923 年 6 月，中共三大通过了《中国共产党党纲草案》和《中国共产党第三次全国大会宣言》，中共对当前革命的认识和存在问题进行了进一步的讨论。《草案》中提出当时的中国只能进行国民革命运动，这一革命 "属于资产阶级的性质"，⑤ 这是由当时革命的任务仍然是打倒帝国主义和国内军阀决定的。后来毛泽东在建构新民主主义革命话语的过程中，对帝国主义、封建主义、官僚资本主义进行了系统的批判，在批判中明确了中国革命的任务和对象并提出反帝反封建的主张。

（三）五四时期革命话语建构的特征

五四时期的中国，早期共产主义知识分子在接受、阐释和传播马克思主义理论时，基于掌握革命话语权的现实需要，需要通过话语方式、话语内涵和话语能力等逐步构建马克思主义革命话语。五四时期革命话语建构是适应中国革命发展趋势的必然产物，革命话语必然带有时代独有的特点。

---

①《邓中夏全集》（中），北京：人民出版社，2014 年版，第 1260 页。

②《毛泽东早期文稿》，长沙：湖南人民出版社，2008 年版，第 477 页。

③《瞿秋白文集（政治理论篇）》第 3 卷，北京：人民出版社，1989 年版，第 158 页。

④《瞿秋白文集（政治理论篇）》第 2 卷，北京：人民出版社，1987 年版，第 536 页。

⑤《中共中央文件选集》第 1 册，北京：中共中央党校出版社，1989 年版，第 139 页。

1.运用马克思主义阶级分析法

革命是"进化"还是"变革"，这是如何认识改变世界的问题。陈独秀认为，"革命，这是社会组织进化的战争"。①旧民主主义革命观念主要以进化论作为基础，革命与进化论的历史观紧密联系，"革命之所以称为神圣事业，所以和内乱及反革命不同，乃因为他是表示人类社会组织进化之最显著的现象，他是推进人类社会组织进化之最有力的方法"。②"世界进化的轨道，都是沿着一条线走，这条线就是达到世界大同的通衢，就是人类共同精神连贯的脉络"。③在社会进化论的引领下，近代中国知识分子提出以改良主义为核心的社会改造活动最终以失败告终。进化论呈现出来的是文明的自然更替，以进化论方法指导的革命观念只能指明革命的前进方向，而"不能给中国式革命观念以全面彻底的正当论证，更不能推出必须以革命作为人生观"。④

五四时期革命话语的一个突出特点是运用马克思主义阶级分析法。"每一历史时代的经济生产以及必然由此产生的社会结构，是该时代政治的和精神的历史的基础"。⑤阶级分析法并不是马克思的首创，对此马克思也作出解释，"无论是发现现代社会中有阶层存在或发现各阶层间的矛盾，都不是我的功劳，在我以前很久，历史学家就已叙述过阶层的历史发展，经济学家也已对各个社会阶层作过经济上的分析"。⑥但是阶级分析的范式则是马克思开创的，马克思关于政治的阶级分析范式强调阶级的政治功能，并通过阶级分析来理解政治权力关系，这种分析范式对后来政治学的影响非常大。

随着马克思主义理论传入中国，"阶级"也成为理解 20 世纪中国革命的

---

① 任建树主编：《陈独秀著作选编》第 3 卷，上海：上海人民出版社，2009 年版，第 1 页。

② 任建树主编：《陈独秀著作选编》第 3 卷，上海：上海人民出版社，2009 年版，第 1 页。

③《李大钊全集》第 4 卷，北京：人民出版社，2006 年版，第 122 页。

④ 金观涛，刘青峰：《观念史研究：中国现代重要政治术语的形成》，北京：法律出版社，2010 年版，第 393 页。

⑤《马克思恩格斯文集》第 2 卷，北京：人民出版社，2009 年版，第 9 页。

⑥《马克思恩格斯文集》第 2 卷，北京：人民出版社，2009 年版，第 106 页。

关键概念。真正把马克思所使用意义上的阶级概念引入中国的，是马君武在 1903 年 2 月发表的《社会主义与进化论比较》一文，提及马克思的"阶级竞争为历史之钥"，[①]并从进化论的视角预测："必有一日焉，打破今日资本家与劳动者之阶级，举社会皆变为共和资本、共和营业，以造于一切平等之域"。[②]五四运动后，早期共产主义知识分子开始以马克思主义反思近代以来中国革命，逐渐以唯物史观来指导革命话语的建构。他们对近代以来中国贫穷落后的根本原因进行深入剖析，用阶级分析法来考察中国社会问题。从唯物史观的视角进行"先进"与"落后""革命"与"反革命"等价值性的判断，既成为五四时期革命话语建构的世界观和方法论，又指明了革命的前途和方向，成为革命合理性的价值基础。早期共产主义知识分子认识到无产阶级革命是中国革命的必要环节，无产阶级进行的阶级斗争具有历史与现实的正义性。

（1）运用阶级分析法划分中国社会阶级

阶级分析方法是共产党人的根本方法论。陈独秀、恽代英、毛泽东等早期共产主义知识分子都曾尝试用阶级方法分析中国社会。陈独秀认为，"科学的革命运动，必须是民众的阶级的社会的"。[③]瞿秋白指出，"苏维埃政府，十月革命，步步证实马克思的阶级斗争学说。革命的伟力各方面的发展，几十次困苦的战斗全赖于两革命阶级——无产阶级与农民阶级。"[④]在赵世炎看来，国民革命作为新阶级与旧阶级冲突交锋的焦点，被压迫阶级反对压迫阶级必须有武力支持，而"武力的本身就是革命群众行动之一"。[⑤]

毛泽东使用"阶级"来探讨中国社会和中国革命问题。在 1925 年 12 月撰写的《中国社会各阶级的分析》中，毛泽东把当时中国的社会力量划分为六个部分：地主阶级和买办阶级、中产阶级、小资产阶级、半无产阶级、无

---

① 莫世祥编：《马君武集》，武汉：华中师范大学出版社，2011 年版，第 86 页。

② 莫世祥编：《马君武集》，武汉：华中师范大学出版社，2011 年版，第 85 页。

③ 任建树主编：《陈独秀著作选编》第 3 卷，上海：上海人民出版社，2009 年版，第 16 页。

④《瞿秋白文集（政治理论篇）》第 1 卷，北京：人民出版社，1987 年版，第 303 页。

⑤《赵世炎文集》，北京：人民出版社，2013 年版，第 186–187 页。

产阶级以及游民无产者。其中，小资产阶级包括自耕农、手工业主、小知识阶层——学生界、中小学教员、小员司、小事务员、小律师、小商人等。[①]毛泽东明确指出，"这个小资产阶级内的各阶层虽然同处在小资产阶级经济地位，但有三个不同的部分"，[②]第一部分是"有余钱剩米的，即用其体力或脑力劳动所得，除自给外，每年有余剩"，[③]第二部分是"在经济上大体上可以自给的"，[④]第三部分则是"生活下降的"。[⑤]对"半无产阶级"，他进一步进行了细致划分。"绝大部分半自耕农和贫农虽同属半无产阶级，但其经济状况仍有上、中、下三个细别。"[⑥]对其中的"贫农"，根据其受地主的剥削程度，"其经济地位又分两部分"。[⑦]毛泽东在对当时中国社会各阶级在总体上运用阶级分析方法的同时又进行了更加细致的阶层划分，如"富农"在乡村革命中的具体形态，通过经济考量制定具体的土地政策使抽象的阶级概念具体化，解决了革命实践中的具体问题。

　　划分阶级的目的是寻找中国革命的对象与依靠力量。陈独秀提出的"发挥马克思实际活动的精神，把马克思主义学说当做社会革命的原动力"[⑧]是早期共产主义知识分子的希冀。他把马克思主义基本原理与中国社会的实际相结合，并以经济状况和政治态度为基本依据划分中国的阶级。陈独秀把中国社会分为四个阶级，资产阶级与无产阶级、地主与农民。对于中国各阶级的划分，比照毛泽东的标准，陈独秀的做法更接近马克思主义经典作家的划分。事实证明，毛泽东建立在"半殖民地半封建"社会国情上的阶级划分更适应中国革命形势发展的需要。

---

①《毛泽东选集》第1卷，北京：人民出版社，1991年版，第5页。

②《毛泽东选集》第1卷，北京：人民出版社，1991年版，第5页。

③《毛泽东选集》第1卷，北京：人民出版社，1991年版，第5页。

④《毛泽东选集》第1卷，北京：人民出版社，1991年版，第5页。

⑤《毛泽东选集》第1卷，北京：人民出版社，1991年版，第6页。

⑥《毛泽东选集》第1卷，北京：人民出版社，1991年版，第6页。

⑦《毛泽东选集》第1卷，北京：人民出版社，1991年版，第7页。

⑧ 任建树主编：《陈独秀著作选编》第2卷，上海：上海人民出版社，2009年版，第454页。

（2）运用阶级分析法判断中国各阶级对中国革命的态度

阶级分析不仅是一种认识与分析社会的方法论，还是一种革命实践。阶级分析不仅仅是依据生产关系确定阶级成分，还在此基础上判断其政治可行性。"阶级"是一个复合概念，社会上有不同阶级，同一阶级中包含不同阶层，由于经济实力或立场差异而对革命的态度各有不同。早期共产主义知识分子从中国社会历史发展和革命历史出发，深入社会各领域深刻了解各阶级的经济状况、政治态度和革命倾向。邓中夏认为，"帝国主义、军阀、资本家、大地主他们是同一阶级，叫做资产阶级，他们是专来剥削人压迫人的。我们工人农民，是同一阶级，叫做无产阶级，是被人剥削压迫的。我们要解除本身的压迫，一定要联合我们阶级的力量去打倒压迫阶级。我们替他取个名字，叫做'阶级斗争'"。[1] 毛泽东在《中国社会各阶级的分析》一文中分析了中国革命敌友，认为"军阀、官僚、买办阶级、大地主阶级以及附属于他们的一部分反动知识界，是我们的敌人。工业无产阶级是我们革命的领导力量。一切半无产阶级、小资产阶级，是我们最接近的朋友"。[2]

中共建党初期，中国不同政党曾因"阶级"观念和立场不同而成为不同政治派别，甚至互为敌友开展各种斗争和政治运动。中国共产党旨在"以革命的方法建立真正平民的民权，取得一切政治上的自由及完全的真正的民族独立"。[3]1924年中共党员以个人身份加入国民党进行党内合作，中共以无产阶级的立场推动国民革命。瞿秋白认为，"国民革命是要站在阶级的地位上去实行阶级争斗的"，[4] 他强调："我们希望每个中山主义者，革命的国民党员，去实行阶级斗争而发展国民革命。"[5]国民党方面虽未严格使用阶级分析法，但也有"阶级"观念。如孙中山先生说："资本主义之下，一定有阶级斗争，这

① 《邓中夏全集》（中），北京：人民出版社，2014年版，第854-855页。

② 《毛泽东选集》第1卷，北京：人民出版社，1991年版，第102页。

③ 《瞿秋白文集（政治理论篇）》第2卷，北京：人民出版社，1987年版，第117页。

④ 《瞿秋白文集（政治理论篇）》第3卷，北京：人民出版社，1987年版，第389页。

⑤ 《瞿秋白文集（政治理论篇）》第3卷，北京：人民出版社，1987年版，第393页。

斗争若要消灭，除非实行新共产主义"。[1]国民党也运用"阶级"话语进行革命表达，反对阶级斗争的那部分人也受到"阶级"话语的影响。1925年国民党内部分裂，国共两党相互指责对方为"反革命"，[2]有"反对阶级斗争反对共产的争执"者。[3]瞿秋白称国民党是国民革命的"各阶级联合"[4]，只有实行阶级斗争"使全国的被压迫阶级联合起来，国民革命才可以成功"。[5]在实践中，中共二大将农民分为三种类型，即富足的农民地主、独立耕种的小农、佃户和农业雇工，其中后两种类型的农民占到农民总数的95%。关于城市小资产阶级和手工业阶级，因受到外国资本主义商品的挤压和冲击，手工业者、小店主和小雇主纷纷破产并开始向无产阶级转化，这部分人的革命性也比较强烈。据不完全统计1921年全国工人罢工共有49次，其中有人数记载的23次，共108000余人，平均每次有4900余人。[6]

早期共产主义知识分子运用马克思主义阶级分析对中国近代革命的社会基础、革命动力、革命对象等问题探索的理论成果，不仅构成中共早期阶级分析实践的重要内容，而且为新民主主义革命理论的最终形成和发展作出了思想贡献。

2.革命话语的人民性

革命话语的价值是革命话语建构所呈现出的价值关系和正义蕴涵。不同政治分歧的实质在于围绕革命由谁来决定？决定的依据是什么？而展开革命话语权的争夺。"政治革命通常是由于政治共同体中某一些人逐渐感到现存制度已无法有效应付当时环境中的问题而引发的，这些制度也构成当时环境的一部分……在政治发展和科学发展中，那种能导致危机的机能失灵的感觉都

---

① 《瞿秋白文集（政治理论篇）》第3卷，北京：人民出版社，1987年版，第388页。
② 《瞿秋白文集（政治理论篇）》第3卷，北京：人民出版社，1987年版，第391页。
③ 《瞿秋白文集（政治理论篇）》第3卷，北京：人民出版社，1987年版，第390页。
④ 《瞿秋白文集（政治理论篇）》第3卷，北京：人民出版社，1987年版，第385页。
⑤ 《瞿秋白文集（政治理论篇）》第3卷，北京：人民出版社，1987年版，第393页。
⑥ 陈达:《中国劳工问题》，北京：商务印书馆，1929年版，第147页。

是造成革命的先决条件。"①

在古代，孟子和荀子认为崇高的道德和足够的道义使革命具有正当性和合法性。孟子认为，统治者如果在德行方面有很大的污点，进行革命而推翻统治者顺应天意和民心不会违背上天的旨意，革命者具有正当性和合理性。荀子也重点强调君王要有道德讲道义，君王在统治期间要实行仁政，对民众要有爱人之心。如果君王不讲道义没有德行是理应被推翻的。孟子和荀子都注重道德仁义并赋予革命正当性和合理性。革命不只是空洞的言辞与思想，其正当性的基础也以强大的实力为后盾否则也难以持久。

近代中国人民致力追寻救亡图存与民族复兴，能够担当此重任的领导者和组织者拥有革命话语权。革命话语的建构需要特定的价值，涉及为谁革命？为何革命？如何革命？等问题。在近代建构革命话语的进程中，早期共产主义知识分子基于对中国革命的性质、对象和动力的深刻分析，认识到人民力量之伟大，在发动、组织人民的革命实践中形成了人民性的革命话语。马克思主义在《共产党宣言》中指出，"无产阶级的运动是绝大多数人的，为绝大多数人谋利益的独立的运动。"②在五四时期革命话语的建构中，基于近代以来中国的两大历史任务形成了"为谁革命"的指向。陈独秀在《江浙战争》中指出，我们"不绝对的反对一切战争，只注意这战争对于大多数平民有何意义"。③瞿秋白指出，"无产阶级的斗争是为着全体平民的"，④邓中夏认为，"革命运动中只有工人农民兵士三个群众是主力"。⑤1925 年毛泽东在《中国社会各阶级分析》指出中国过去一切革命斗争成效不大是因为"不能团结真正的朋友，以攻击真正的敌人"。⑥区分敌人朋友的过程就是确立革命话语人民性

---

① ［美］托马斯·库恩著、伊安·哈金导读：《科学革命的结构》，金吾伦、胡新和，译，北京：北京大学出版社，2012 年版，第 79 页。

② 《马克思恩格斯文集》第 2 卷，北京：人民出版社，2009 年版，第 42 页。

③ 任建树主编：《陈独秀著作选编》第 3 卷，上海：上海人民出版社，2009 年版，第 348 页。

④ 《瞿秋白文集（政治理论篇）》第 2 卷，北京：人民出版社，1987 年版，第 208 页。

⑤ 《邓中夏全集》（上），北京：人民出版社，2014 年版，第 296 页。

⑥ 《毛泽东选集》第 1 卷，北京：人民出版社，1991 年版，第 3 页。

的过程，认识到无产阶级最广大和最忠实的同盟者是农民。"为谁革命"回答了中国革命的阶级力量，明确了谁成为革命的价值主体。

"为何革命"明确了革命客体，回答了革命的意义关系，为中华民族和人民大众的现实境遇和未来命运指明了革命的出发点和落脚点。早期共产主义知识分子不同程度地表达了中国"为何革命"的人民性问题。陈独秀认为，"倘革命后没有新的制度出现，那只算是捣乱、争权利、土匪内乱，不配冒用革命这个神圣的名称"[1]。毛泽东对于人民高度重视，他于1919年7月发表《民众的大联合》指出我国要动员群众、依靠群众进行战争，就必须关心群众生活、解决群众实际生活问题，需仿效法兰西民众大联合"求得他们的利益"[2]并以"民众大联合"的方式来解决"国家到了极处，人类苦到了极处，社会黑暗到了极处"[3]的景况。1927年3月毛泽东在《湖南农民运动考察报告》中指出农民问题的严重性，中国中部、南部、北部各省将有几万万农民"将冲决一切束缚他们的罗网，朝着解放的路上迅跑"。[4]

"如何革命"明确了革命的价值介体，回答了依靠何种力量、以何种方式实现革命价值，揭示了"为何革命"与"为谁革命"的意义连接。唯物史观认为，人民群众是历史的创造者，"广大群众"[5]是"构成历史的真正的最后动力"。[6]李大钊从马克思主义唯物史观的基本理论出发，在《唯物史观在现代史学上的价值》中说，"我们要晓得一切过去的历史，都是靠我们本身具有的人力创造出来的，不是那个伟人、圣人给我们造的，亦不是上帝赐予我们。将来的历史，亦还是如此"。[7]瞿秋白指出国民党脱离人民，直到五四运动之后国民党"才渐渐接近民众，接近那真正要自由的学生会，真正要平等的海

① 任建树主编：《陈独秀著作选编》第2卷，上海：上海人民出版社，2009年版，第388页。

②《毛泽东早期文稿》，长沙：湖南人民出版社，2008年版，第314页。

③《毛泽东早期文稿》，长沙：湖南人民出版社，2008年版，第312页。

④《毛泽东早期文稿》，长沙：湖南人民出版社，2008年版，第13页。

⑤《马克思恩格斯文集》第4卷，北京：人民出版社，2009年版，第304页。

⑥《马克思恩格斯文集》第4卷，北京：人民出版社，2009年版，第304页。

⑦《李大钊全集》第3卷，北京：人民出版社，2006年版，第221页。

员工会等等"。① 与此相反，邓中夏在 1921 年 6 月给《北京共产主义组织给中共一大的报告》中指出当前需要立即着手解决的第一个重要问题是怎样组织工人和贫民阶级"促使群众从事革命工作"，②"为革命的民主主义，我们全体动员了"。③ 为了人民、依靠人民、拯救人民是五四时期革命话语构建的思想灵魂。

关于"如何革命"具体部署的实施。瞿秋白指出无产阶级应首当其冲发挥积极作用，"引导最大多数的农民小商行民权革命到底"。④ 邓中夏进一步强调无产阶级"一方面更增进强大他们自己的力量，一方面又督促团结各阶级微弱的散漫的力量——联合成一个革命的力量"。⑤ 最终到达蔡和森期盼的"我们惟望结合伟大的革命群众的势力"。⑥ 事实上，从 1921 年中国共产党正式创建以后就把人民群众创造历史的观点在党的全部工作中长期实践，突显革命话语的人民性。

在五四时期革命话语的建构中，早期共产主义知识分子对于革命的科学认知和思想感情，内含着人民性的价值追求。始终坚持人民群众本位的理念，把人民这一以贯之的价值追求贯穿于革命话语的始终，把为了人民、依靠人民等价值嵌入具体的制度建构和政治运行之中，以此来掌握革命话语权，体现了理论与实践、价值与事实相统一的话语逻辑，从而实现了表达新的诉求以达到重构革命正义的目的。

①《瞿秋白文集（政治理论篇）》第 2 卷，北京：人民出版社，1987 年版，第 220 页。
②《邓中夏全集》（上），北京：人民出版社，2014 年版，第 122 页。
③《邓中夏全集》（上），北京：人民出版社，2014 年版，第 177 页。
④《瞿秋白文集（政治理论篇）》第 2 卷，北京：人民出版社，1987 年版，第 208 页。
⑤《邓中夏全集》（上），北京：人民出版社，2014 年版，第 485 页。
⑥《蔡和森文集》（上），北京：人民出版社，2013 年版，第 114 页。

第四章　早期共产主义知识分子
对西方制度的批判与制度话语建构

制度是人类社会存在和发展的基本形式，也是社会发展程度和发展状况的显著标志。马克思主义认为制度的产生最初来自社会物质生产的条件，并分别由经济基础和上层建筑两个层次构成。[①]

一、早期共产主义知识分子对资本主义制度的批判

马克思理论活动的重要内容是对资本主义经济的探索和批判，其中对私有制的批判是重点。第一次世界大战和巴黎和会充分暴露了资本主义社会的真面目，早期共产主义知识分子开始反思资本主义社会。

（一）西方政治制度批判

西方国家政治制度是西方历史、社会、文化条件的产物，是人类政治文明的一种类型，有其独特的治理优势。马克思、恩格斯认为，社会形态更替的根源在于生产力的发展，资本主义社会代替封建主义社会具有进步性，但并不表明资本主义社会消除了先前社会的所有矛盾，而是一个极端不和谐的社会。"物质生活的生产方式制约着整个社会生活、政治生活和精神生活的过程。"[②]

[①] 李省龙：《论马克思主义关于制度的一般理论》，《中国人民大学学报》，2003年第2期，第73页。

[②]《马克思恩格斯文集》第2卷，北京：人民出版社，2009年版，第597页。

1.议会制度

西方议会制度的确立具有巨大的历史意义，其根本意义在于以资产阶级人权否定了封建等级特权，以议会民主制取代了封建王权专制，从而奠定了国家权力的民主基础。

（1）西方议会政治控制的失效

在议会制度确立过程中，议会作为代议机关获得了立法权、财政权和行政监督权等基本职权。除了上述基本权利外，不同国家的议会还因法律规定或惯例而享有准行政权、准司法权等。

所谓政治控制，是指政治主体对于政治活动过程、政治团体或个人的操纵和掌握，目的在于保证政治活动的效果与目标的一致性，抵御政治过程中内外各种因素对政治活动的干扰，通过对政治目标或政治活动的程序及方式进行及时调整，使政治活动保持稳定的运行状态。不少国家规定，行政机构与其他国家签订的国际条约，必须经由议会批准才能生效。陈独秀引用马克思在《共产党宣言》里的话来告诉工人：行政机构实质在于议会的操控中，"'近代代议制度国家底政权，都被他们（指资本阶级）一手把持；国家底行政机关，只算办理他们公共事务底一个委员会罢了。'"[①] 又如《美国共产党宣言》中提到议会对国家行政权的控制："中产阶级民主主义用了代议的制度，花言巧语，诱人相信共同参与政治的方法……他的团体常被摈斥在外，不能得到真实的权力，和真的国家行政权。"[②] 可见，西方政治制度所保护和鼓励的是人与人之间残酷的生存竞争，议会民主归根到底是资产阶级各利益集团私利的角逐。三权分立归根到底也是资产阶级各利益集团之间利益关系的彼此制约。在这种社会中，对于无权无势也无钱的老百姓来说，这些政治民主是缺乏实际意义的。

对于西方议会的弊端，胡适曾进行深入思考。他在《政论家与政党》一文中揭示了议会对政党的操纵，"在英国、美国那种两大党势均力敌的国家，

---

① 任建树主编：《陈独秀著作选编》第 2 卷，上海：上海人民出版社，2009 年版，第427 页。

②《美国共产党宣言》，《共产党》第 2 号，第 44 页。

独立选人的向背往往是政府起倒的关键。独立的选民也可以组成一个独立的小党，如英国的劳动党（Labor Party）在议会里人数虽少，却可以操纵两大党，在立法上收极大的功效。"①在英国等西方国家中，立法机关享有制定、解释和修改包括宪法在内的一切法律的权力。胡适关于西方民主政治对参与政治个体的掌控的认识，为共产主义知识分子的上述论点提供佐证。胡适指出，与专制政治相比，民主政治不太需要杰出的人才，更容易通过训练获得。他说："民主政治的好处在于不甚需要出类拔萃的人才；在于可以逐渐推广政权，有伸缩的余地；在于'集思广益'，使许多阿斗把他们的平凡常识凑起来也可以勉强对付；在于给多数平庸的人有个参加政治的机会，可以训练他们爱护自己的权利。总而言之，民主政治是常识的政治，而开明专制是特别英杰的政治。特别英杰不可必得，而常识比较容易训练。"②胡适谈到议会制存在的问题之一在于议会中的政党对本党议员的严格控制导致议员缺少个性，议会很难发挥独立的影响。

（2）西方议会保障人民政治利益的缺失

政治利益是在一定的生产力基础上，政治主体形成的具有社会内容和特性的政治需求。政治利益难以用经济手段来计量，表现为权力、权威、职位、地位、声誉、声望等。西方国家的统治权力掌握在大资产阶级、金融寡头及其代理人手中，统治者做出的重大决定总是以维护其阶级利益为根本目的，西方国家资产阶级民主的本质依然未改变。

资本主义制度的规则为资本服务。尽管表面上采取多数规则，但是这一形式的背后，往往为金钱、资本所操纵，多数规则仅仅是议会内的一种运作机制。早期共产主义知识分子指出了西方民主制度代表的是少数人的利益。如陈独秀指出国会代表资本家的利益，"国会本是统治阶级之附属品，统治英、美等国的是资产阶级，所以他们的最大多数国会议员，分析起来，不是代表

---

① 《胡适全集》第 21 卷，合肥：安徽教育出版社，2003 年版，第 274-275 页。

② 《胡适全集》第 21 卷，合肥：安徽教育出版社，2003 年版，第 702 页。

工业资本家，便是代表商业资本家，或者是代表农业资本家。"①1923 年瞿秋白在《现代中国的国会制与军阀》一文中指出，英国议会代表大地主及资本家利益，"英国的治者阶级是大农地主及资本家，英国议会就代表他们，压迫无产阶级；——英国资本家等正用得着议会。"②李达也认为资本主义的政治制度只维护资产阶级利益："资本阶级国家，虚伪的主张全民政治，而事实上实为一阶级之民主主义，至于社会主义革命则质直的主张一阶级之政治，以期达到普遍的民主主义。"③

西方的民主政治制度无法从根本上实现最广大人民当家作主的政治地位。瞿秋白 1923 年在《国法学与劳农政府》一文中就提出："从资产阶级革命以来，主权的性质又渐渐的变相。虽然我们对内说'人民'的主权，而实际上是资产阶级的独裁制。"④李大钊 1919 年在《战后之世界潮流——有血的社会革命与无血的社会革命》一文中也说："最近的美国和把最大幸福给多数国民 Democracy 的本旨一点儿也不相合。多数国民苦于金权的压迫，想把他打破，过激派是最所必要的。"⑤陈独秀的批判更为尖锐。他在《〈共产党〉月刊短言》中指出：代议制是不保护劳动阶级的，"什么民主政治，什么代议政治，都是些资本家为自己阶级设立的，与劳动阶级无关。什么劳动者选议员到国会里去提出保护劳动底法案，这种话本是为资本家当走狗的议会派替资本家做说客来欺骗劳动者的。因为向老虎讨肉吃，向强盗商量发还赃物，这都是不可能的事。"⑥在《民主党与共产党》一文中，他又指出资产阶级民主制度不代表劳动阶级的意愿："民主主义是什么？乃是资本阶级在从前拿他来打倒封建制度底武器，在现在拿他来欺骗世人把持政权底诡计。……民主主义

---

① 任建树主编：《陈独秀著作选编》第 3 卷，上海：上海人民出版社，2009 年版，第 127 页。
②《瞿秋白文集（政治理论篇）》第 2 卷，北京：人民出版社，1988 年版，第 46 页。
③《李达文集》第 1 卷，北京：人民出版社，1980 年版，第 381 页。
④《瞿秋白文集（政治理论篇）》第 2 卷，北京：人民出版社，1988 年版，第 156 页。
⑤《李大钊全集》第 2 卷，北京：人民出版社，2006 年版，第 288 页。
⑥ 任建树主编：《陈独秀著作选编》第 2 卷，上海：上海人民出版社，2009 年版，第 298 页。

只能够代表资产阶级底意，一方面不能代表封建党底意，一方面更不能代表劳动阶级底意，他们往往拿全民意来反对社会主义，说社会主义是非民主的，所以不行，这都是欺骗世人把持政权的诡计。"① 议会制是掩盖资本剥削实质而能找到的最适合的政治外壳，是资产阶级为适应隐蔽的剥削方式而创造的隐蔽的政治统治形式。西方议会制度不仅不保护、维护劳动人民的利益，甚至欺压劳动人民。《共产党》杂志一篇文章抨击资产阶级政府欺压劳工，"在资本主义的社会里，国家的外貌，有时是民主主义的。劳工们被许可时，得参加于选举，因而外观上，似乎这政府是'人民意志'的表现。但是资本主义的政府就是一个阶级的政府，毫没有两样，是资本家的机关，欺凌劳工们的。"②

马克思主义认为，经济利益表现为政治利益，特别在阶级社会中，当统治阶级不能解决政治利益问题时，也就不能解决经济利益问题。在早期共产主义知识分子看来，资本主义议会制度无法保障人民的政治利益，当然也不可能实现他们经济利益需求。后来随着大机器的逐渐使用，资本主义在经济、政治和文化等各个方面取得了巨大发展。在经济上资产阶级已采取更为隐蔽的剥削手段，开始采取一系列改善工人生产和生活条件的措施和法律，欧洲许多国家不仅对工人提出的某些合理要求和正当权利作出适当让步，甚至还允许工人政党的合法存在并参加议会选举，资本主义代议民主制的参与群体不断扩大。产业工人的政治权利得到较大的保障，资本主义议会制不断得以改进。

（3）西方议会政治协调的弱化

政治协调是政治管理主体基于社会利益分化与政治整合的共同要求，对社会政治生活中存在的矛盾和冲突进行调节或调整，使之趋于平衡和谐状态的政治行为和活动过程。政治协调方式主要有四种：政治干预、权威仲裁、搁置回避、协同合作。

---

① 任建树主编：《陈独秀著作选编》第 2 卷，上海：上海人民出版社，2009 年版，第312-313 页。

②《美国共产党宣言》，《共产党》第 2 号，第 36 页。

从管理角度来说，资本主义议会制面临着效率问题，即如何充分发挥国家政权作用服务于本阶级，及结合最佳的管理方式、措施改进和完善其管理制度。瞿秋白指出议会应具有两种作用，第一种"为治者阶级把持政权或新兴阶级夺取政权之工具"；第二种"为治者阶级各部分之间的调节机关或此各部分间之斗争的表显发露之处。"① 这分别是议会的阶级功能和社会功能的体现，有隐性和显性之分。在早期共产主义知识分子看来，资产阶级通过议会争论、表决等形式解决问题，往往只是资产阶级各派利益的角逐。李达在《空想的社会主义与科学的社会主义》一文中谈到，"一切民主主义皆为阶级的民主主义，所谓普遍的民主主义，在过去仅成为一种观念而止。"② 李大钊对议会政治颇为反感，认为"议会制度纯是欺人的方法。此方法的妙处，在以人民代表美名之下，使此机关仅为饶舌的机关，为中产阶级装潢门面，而特权政治则在内幕中施行"。③ 可见，早期共产主义知识分子认为议会民主只是资产阶级国家的装饰品，并没有起到实质的协调作用。

西方议会无法发挥协调各方的功能。协同合作使政治分歧的各方主动解决矛盾变对立为合作，建立互相信赖的合作关系，但西方议会无法充当协同合作的角色。瞿秋白指出："资本主义发展，各国国内资本集中，大资本家都想借国家政权作'自由竞争'的后盾，于是发生侵略殖民地，争夺势力范围，争造军港，筹备大战等等帝国主义的政策。直到欧洲大战，居然显现最大限度的集权政府，一切生产力暂时收归国有，专为军用；——于是这'军事的资本主义'，资产阶级独裁制的国家之发展乃登峰造极，而所谓'民族国家'之资产阶级性亦就显露得丝毫无隐了。"④ 胡适和梁启超也对西方的议会无法协调各方利益持批评态度。胡适指出："现在这种国会，丑态毕露，天天做自杀的行为，天天自绝于国人；闹到将来，也许国会本身的问题也要靠各省会议来解

---

① 《瞿秋白文集（政治理论篇）》第 2 卷，北京：人民出版社，1988 年版，第 46 页。

② 《李达文集》第 1 卷，北京：人民出版社，1980 年版，第 381 页。

③ 《李大钊全集》第 4 卷，北京：人民出版社，2006 年版，第 86 页。

④ 《瞿秋白文集（政治理论篇）》第 2 卷，北京：人民出版社，1988 年版，第 162 页。

决呢！"①梁启超1919年漫游欧洲时感叹，"我们素来认为天经地义尽善尽美的代议政治，今日竟从墙角上筑筑摇动起来"，"那老英、老美、老德这些阔老倌，也一个个像我们一样叫起穷来"，②"全社会人心，都陷入怀疑沉闷畏惧之中，好像失去了罗针的海船遇着风遇着雾，不知前途怎生是好"。③早期共产主义知识分子从阶级角度看待西方议会的政治协调，而胡适及梁启超则从管理角度批判议会制缺乏协调，未能妥善处理实际问题。早期共产主义知识分子虽然批评议会制，但他们并没有否认议会制的价值。如陈独秀说，"议会制度虽在欧美各国已成末路，而他们当初发生及存在却有历史的意义。因为他们的议会制度是资产阶级的产物，他们的资产阶级都很发达，大部分的议会议员都有相当的职业，都隶属于政党，每个政党都能代表资产阶级一部的意见与利益，所以他们的议会制度是有意义的，而且是有后援的。"④

2.选举制度

选举作为一种必不可少的选择程序是代议民主制的组成部分。西方国家的选举制度是在17、18世纪资产阶级革命胜利以后，随着资产阶级政权的确立、巩固和发展而逐步建立起来的。选举制度同议会、政党制度共同构成了现代西方国家民主政治制度的三大支柱。选举制度和资产阶级的其他民主制度一样，是保障资本主义社会得以稳定发展的重要政治制度之一。选举制度主要包括三部分内容：一是选举权，主要是对选民和候选人资格的规定；二是选区划分，主要是按选区大小、范围甚至形状进行划分；三是选举方式，主要是对候选人的提名以及对竞选、投票和计票方式等制度的规定。早期共产主义知识分子对当时西方国家的选举制度进行了有力批判。这些批判集中在两个方面：一是西方的金钱选举，二是西方选举的欺骗性。

---

① 《胡适全集》第21卷，合肥：安徽教育出版社，2003年版，第312页。

② 《梁启超全集》第5册，北京：北京出版社，1999年版，第2969页。

③ 《梁启超全集》第5册，北京：北京出版社，1999年版，第2973页。

④ 任建树主编：《陈独秀著作选编》第3卷，上海：上海人民出版社，2009年版，第18页。

（1）西方的金钱选举

西方选举的实质是金钱选举。金钱选举是以高额的竞选经费等条件限制议员及总统候选人的资格和提名程序。通过竞选，凭选票的多少进入议会或当上总统，决定某个政党继续执政。这乍看起来是公平和民主的治国手段，但实际情况并非如此。早期共产主义知识分子纷纷撰文批评了西方的金钱选举。陈独秀在 1920 年的《国庆纪念底价值》一文中说："全国底教育、舆论、选举，都操在少数的资本家手里，表面上是共和政治，实际上是金力政治。"[1]1923 年，他在《张作霖令驻京东省议员离京》中又指出，"国会本是统治阶级之附属品，统治英、美等国的是资产阶级，所以他们的最大多数国会议员，分析起来，不是代表工业资本家，便是代表商业资本家，或者是代表农业资本家。"[2]一般而言，西方议员竞选费用来源主要有五个方面：一是候选人本人及其家族；二是个人的捐款；三是公司和特殊利益集团的捐款；四是本党资助；五是政府补助。竞选费用浩大，易为财团操纵。李大钊指出，"最近的美国和把最大幸福给多数国民 Democracy 的本旨一点儿也不相合。多数国民苦于金权的压迫，想把他打破，过激派是最所必要的。"[3]如果没有相当数量的竞选资金，就难以进行广泛、有效的宣传，难以扩大在社会上的影响，难以阻止竞争对手的舆论攻击。而受金钱影响的政党政治，民众的利益代表不可能完全公正、全面。所以，陈独秀指出："金钱运动之选举，乃选举中违法行为"。[4]

西方的金钱选举使得广大人民被排除在外。工人阶级和劳动人民把大量的时间和精力耗费在生活中，他们没有充分的时间参与政治，加上选举资格的种种限制使无产阶级与政治无缘。1920 年 12 月李达在《社会革命底商榷》

---

[1] 任建树主编：《陈独秀著作选编》第 2 卷，上海：上海人民出版社，2009 年版，第 278 页。

[2] 任建树主编：《陈独秀著作选编》第 3 卷，上海：上海人民出版社，2009 年版，第 127 页。

[3]《李大钊全集》第 2 卷，北京：人民出版社，2006 年版，第 288 页。

[4] 任建树主编：《陈独秀著作选编》第 2 卷，上海：上海人民出版社，2009 年版，第 40–41 页。

一文中指出，"劳动阶级没有金钱运动，得几名议员已不容易了，而今有几名劳动阶级的议员提出来的法案，当然要陷于否决的命运。"[①] 他指出西方选举无法摆脱财产的操纵，选举出来的议员所实现的只能是有产者的主权，人民主权只是资本的主权。西方的竞选不仅要有一整套工作机构为其服务，而且还有一系列笼络选民的活动需要大量经费做后盾。

金钱是维持美国总统竞选机器运转的燃料。据有关资料显示，美国历届总统的竞选，共和、民主两党都要花费几千万乃至几亿美元，巨额费用使选民产生了愤怒和疏离。在社会分化的资本主义社会，政府千方百计加强对社会的控制，同时保持民主的面孔。这包括控制媒体、贿选、操纵选举法律等。而最根本的做法是固定游戏规则，以便无论谁赢得选举结果都一样。胡适对西方选举批判的着力点在选举中的高额成本。胡适说："《纽约时报》调查纽约一省去秋全省选举所费金钱，列表记之，其数乃达四百万以上，可谓骇人听闻矣！……共和政体，乃最糜费之政体，用财无节，又无良善之监督机关，则其祸尤烈。……纽约省政治之腐败，全国所共晓，今之士大夫力求改革……"[②] 在西方民主政治制度中，选举需要投入大量资源成为一项沉重的社会负担。

事实上，在西方民主政治模式下，多党竞争必然要争夺选民，将选民的利益分歧公开化、对立化，从而形成竞争党派各自的政治基础。所以，选举对广大选民来说，只能意味着在资产阶级选定的范围内行使投票权。况且资产阶级不断改变选举手段，采用有利于资产阶级政党而不利于工人阶级政党的选举方式，如"把支持工人政党的选民分散或过分集中于某一选区，使其得不了多少议席"[③] 等具体通过操纵有关选举程序，而使资产阶级代表人物能够进入议会为其政治经济利益服务及对西方政党选举环节的具体操作。

---

①《李达文集》第1卷，北京：人民出版社，1980年版，第52-53页。

②《胡适全集》第28卷，合肥：安徽教育出版社，2003年版，第99-100页。

③ 梁琴、钟德涛：《中外政党制度比较》，北京：商务印书馆，2000年版，第118-119页。

（2）西方选举的欺骗性

西方各国资产阶级在革命胜利以后，为确立本阶级的统治都力图把在反封建斗争中提出的普遍、平等的选举原则逐步付诸实践。但直到 19 世纪末以前，西方主要资本主义国家的选举制度既不平等，也不普遍。

首先，西方各国几乎都规定了选民的财产资格限制。对财产资格的限制是资本主义选举制度的一项措施，陈独秀指出选举与穷人是无缘的，"共和国里表示民意底最具体的方法就是选举投票，以财产限制选举权底国里不必说了，就是施行普通选举底国里，也没有穷人可以当选底道理，花几十万元才得着议员，这是很平常的事。"① 其次，对选举者性别资格的限制。李大钊对西方女子无参政权表示强烈不满，"参政权，纵然宪法上有一纸空文之规定，苟无选举之实力，代议院中，未必就有女子参政之表现。"② 由于西方选举制度长期排斥妇女权利，李大钊认为它仍然不是真正的民主。这种观点引起当时社会对妇女权利问题的关注。实际上，直到 19 世纪 90 年代，西方国家还没有一部宪法或选举法允许妇女参加选举。1832 年以后，英国选举制度每经历一次大的改革，选民人数都有一定的增加，但是妇女一直未能获得选举权。法国历史上曾较早实现普选权，但也只限于男性公民。美国建国之初，根据各州制定的选举法，拥有选举权的仅为白人、男子、有财产的公民。19 世纪 30 年代虽取消了财产资格的大部分限制，但妇女仍被排斥在选举权之外。③ 在资本主义初期，对选举者性别、财产等资格的限制都直接或间接地反映了选举制度对统治阶级利益的维护。

19 世纪末以前，西方国家还在法律上公开规定了有关年龄、居住期限、教育程度、职业等一系列限制。而且在选区划分、议席分配、选票计算以及投票方法等方面也不公平合理。这不仅剥夺了广大普通劳动者的选举权利，

---

① 任建树主编：《陈独秀著作选编》第 2 卷，上海：上海人民出版社，2009 年版，第278 页。

②《李大钊全集》第 4 卷，北京：人民出版社，2006 年版，第 151 页。

③ 夏野：《论 19 世纪末 20 世纪初西方国家的选举制度》，《湘潭师范学院学报》，1993 年第 1 期，第 55 页。

也违背了资产阶级所宣扬的普遍、平等的选举原则。陈独秀不满于西方选举制度中对选民的各种限制："执行团体议决事务的董事，由团体全员投票选举，选举权和被选举权都不应当有教育、财产、男女、地位的限制。"[①] 19世纪末20世纪初，实行议会制的大部分西方国家取消了选民资格的有关限制，基本上实现了男女平等的选举权，并在选举制度的其他方面进行了一系列改革。美国直到1920年通过"不能因性别关系"而剥夺公民的投票权的宪法修正案后，女子才取得了与男子平等的选举权。英国直至1928年才通过了男女平等选举法，取消了限制妇女选举的规定。

3.政党制度

现代西方政党的雏形最早出现于18世纪末19世纪初的资产阶级革命时期。政党作为阶级斗争和政治斗争的产物和工具，是同资产阶级夺取政权和维持阶级统治紧密联系在一起的。政党制度是政治制度的重要组成部分，政党的主要功能是执掌或参与国家政权、治理国家和社会。而在资本主义国家中，资产阶级政党的主要作用在操纵选举、控制议会、控制政府三大方面，其中最核心的功能是控制议会。

（1）西方政党的虚假性

在资本主义民主体制下，资产阶级政党操纵或影响议会活动，进而控制或影响政府的活动，实现其纲领、政策以至具体目标。哪个党派控制了议会的多数议席，就可能通过立法程序，把本党的党纲或政见上升为国家法律，从而决定或影响内外政策的制定和国家预算的分配。

作为政治上层建筑的政党制度，其本质取决于其服务的经济基础的性质。因此，政党制度必然具有阶级性而成为阶级统治的工具，政党政治的基本内容就是维护政权。早期共产主义知识分子指出，西方政党的本质和功能在于代表资产阶级的利益。1922年2月陈独秀在《工人们勿忘了马克思底教训》一文中引用马克思在《共产党宣言》中的话告诉工人们国家政权被政党操控，

---

① 任建树主编:《陈独秀著作选编》第2卷，上海:上海人民出版社，2009年版，第124页。

"近代代议制度国家底政权，都被他们（指资本阶级）一手把持；国家底行政机关，只算办理他们公共事务底一个委员会罢了。"① 李达在《日本政党改造之趋势》一文中说，"日本现有各政党，均代表财阀勾结军阀以发展其资本主义的帝国主义，所谓代表人民谋幸福安宁的标语，无非是骗人的废话罢了。"② 他在《日本政党改造之趋势》一文中又说，"日本政治组织是与大多数人民的公意背道而驰的。"③ 以上可见，早期共产主义知识分子揭露了西方政党违背民意及西方金融财团、利益集团在竞选中对西方政党的影响。

（2）西方两党制批判

两党制，就是在资本主义国家中的两个主要资产阶级政党，操纵议会或总统的选举，它们势均力敌、互相对峙，轮流组织政府的政党政治制度，最有代表性的是英、美两国。

在两党制下政党之间不可能友好合作。各个政党钩心斗角、尔虞我诈、互相攻击，甚至进行你死我活的激烈斗争。英国属于责任内阁制国家，最高行政权属于内阁总理（首相），由议会中的多数党领袖担任并出面组阁，各政党的竞选重点是议员，谁争取到议员席位多，就在议会中处于多数地位从而出面组阁。1917年，李大钊在《爱国之反对党》一文中，就非常形象地称英国两党制度是"亦竞技运动之类也""恰如国技馆之相扑为喻"，"内阁更迭时，则两党互易其位以为常，恰如一班剧友之粉墨登场，以演功战之剧者。"④ 蔡和森批判英国的保守党和自由党都在欺骗人民，两个对峙的党都成了代表资产阶级利益，为维护资产阶级专政服务的政党。1923年12月，他在《英国选举中工党之胜利》一文中指出，"英国大多数人民不仅不信任保守党的欺骗政策，而且也不信任自由党的欺骗政策。……不仅保守党没有挽回英国资本

---

① 任建树主编：《陈独秀文章选编》第2卷，上海：上海人民出版社，2009年版，第427页。

②《日本政党改造之趋势》，《向导》，第1辑第1期，1922年9月，第7页。

③《日本政党改造之趋势》，《向导》，第1辑第1期，1922年9月，第8页。

④《李大钊全集》第1卷，北京：人民出版社，2006年版，第311页。

主义颓败的法宝，自由党也同样的没有挽回英国资本主义颓败的法宝。"①事实上，各资产阶级政党为了最大限度地实现和维护本集团利益必然要进行尖锐的斗争，党派之间无休止的争斗极易导致政局不稳、政府更迭和政府效率的降低。

两党制不利于政府集中精力处理事务。在资本主义政党制度中，反对党对于执政党、政府权力是一种有效的制衡和监督，这种牵制极不利于政府集中精力致力于国家建设。如陈独秀对英国政党的强制兵役政策进行了揭露，说"英国政党政治之缺点，日益暴露，强迫兵役，势在必行。"②不仅陈独秀批评英国政党制度缺陷，胡适也对英国的政治进行了抨击，他指出，"英国不足学；英国一切敷衍，苟且过日子，从没有一件先见的计划；名为 evolutionary，实则得过且过，直到雨临头时方才做补漏的工夫。此次矿工罢业事件最足表现此民族心理。"③胡适进一步运用在矿业危机中英国政府的行动为例，说明了英国政府敷衍人民，"英国的苟安政治向来是敷衍过日子的，所以去年到今年，政府津贴矿业，共费了二千三百万金磅，——比退还庚款的本利全数多一倍多！——只买得一年多的苟安无事。这二万多万元的钱是出在纳税人的头上的；纳税人出了这么多的钱，到今年仍旧免不了这一场大乱子。罢工以来，五个多月了，还没有一个根本救济的方法。"④两党轮流执政的制度既可在不动摇资产阶级根本统治制度的前提下在一定程度上平息民愤，防止统治秩序的崩溃，更重要的是，可以把无产阶级政党排斥在资产阶级政权之外。

不可否认，西方政党制度取代了封建君主专制的政治统治形式，在历史上把民主政治的发展进程大大向前推进了一个阶段。但西方政党、政党制度是民主政治发展的产物，是适应资本主义商品市场经济激烈竞争需要产生的。西方国家政党之间的竞争和轮流执政仅仅局限于资产阶级政党范围内，这种

---

①《蔡和森文集》（上），北京：人民出版社，2013 年版，第 439 页。

② 任建树主编：《陈独秀文章选编》第 1 卷，上海：上海人民出版社，2009 年版，第 197–198 页。

③《胡适全集》第 23 卷，合肥：安徽教育出版社，2003 年版，第 502 页。

④《胡适全集》第 23 卷，合肥：安徽教育出版社，2003 年版，第 507 页。

民主是以压制和排斥无产阶级政党为前提的。早期共产主义知识分子对西方政党制度的深入分析，为日后中国无产阶级政党的建立作了思想准备。

4.法律制度

法律是阶级矛盾不可调和的产物，是反映统治阶级意志和利益的特殊的行为规则。西方法律制度成为西方人的一种自为意识、自觉行为后，有效维护了西方资产阶级的统治。第一次世界大战沉重打击了资本主义世界，资本主义法律制度暴露了许多弊病。早期共产主义知识分子也开始对资产阶级法律思想体系提出质疑。

（1）西方法律的阶级性

马克思主义认为，法律是在历史发展到一定阶段才出现的。占有生产资料的阶级为维护占有的权利，镇压被占有者的反抗，逐步建立国家，制定法律，利用国家和法律去镇压被占有者的反抗。马克思主义经典作家关于法的概念和本质及起源问题比较有代表性的是马克思和恩格斯在《共产党宣言》中的论述："你们的观念本身是资产阶级的生产关系和所有制关系的产物，正像你们的法不过是被奉为法律的你们这个阶级的意志一样，而这种意志的内容是由你们这个阶级的物质生活条件来决定的。"[①]西方法律所宣布的种种自由平等权利，对无产阶级和广大劳动人民而言是虚伪的。

西方法律制度的阶级性非常明显。其阶级性表现在：西方的法律法规对一切可能动摇其政治统治、危及其根本利益的行为，法律都予以严厉的禁止和镇压。在《前锋》杂志中，泽民就谈到了美国禁止罢工法令的威慑："大理院长都尔旦（Dangherty）发出了他那无耻的禁令了。这禁令底主旨是在禁止一切罢工运动——宣言罢工是不法举动，无论谁，凡和罢工者稍露一点同情，或是用笔或是用嘴，或是用电报，或用经济援助罢工者的，都得受处分。院长曾宣言：说他'不恤动美国全国之力去援助这工厂公开的运动'，这事情是美国工人之生死问题，这种手段也是美国自有政府以来不曾用过的恐怖手

---

① 《马克思恩格斯文集》第 2 卷，北京：人民出版社，2009 年版，第 48 页。

段。"①在激烈的阶级斗争中，代表旧的生产关系的统治阶级总是力图利用其掌握的国家政权、制定法律，限制新生产力的发展。而新兴阶级夺取国家政权后，又通过新的立法巩固其统治地位。

西方法律只反映统治阶级的利益和意志。在西方法律制度下，工人阶级和劳动人民享受不到真正的法律权利。李大钊指出，"他们（指劳工阶级）知道现在资本主义制度是使他们贫困的惟一原因，知道现在的法律是阶级的法律，政治是阶级的政治，社会是阶级的社会。"②1921年，李达在《无政府主义之解剖》一文中申明，"资本主义机关的国家、法律、政治，本是劳动阶级所痛恨的"。③1920年9月，陈独秀在《谈政治》一文中指出，"那班资产阶级仍旧天天站在国家地位，天天利用政治、法律。如此梦想自由，便再过一万年，那被压迫的劳动阶级也没有翻身的机会。④正如列宁对资产阶级法律本质的揭示："任何一个工人一旦熟悉了法律，就会很清楚地看出，这些法律代表的是有产阶级、私有者、资本家、资产阶级的利益。"⑤资产阶级的法律是为垄断资本集团利益的议员们而确立，它们维护所谓的"民主制度"或"共和政体"，代表的是资产阶级最根本的利益。资产阶级提出了"法律面前人人平等"的口号。虽然资产阶级与工人阶级在遵守法律这一形式上似乎相同，但在本质上是完全对立的。

（2）西方法律的社会性

在阶级社会中，法律的阶级性和社会性是同时存在的。如果法律只有阶级压迫的单一职能，而没有管理社会、调节矛盾的职能，社会将不能正常运作。早期共产主义知识分子在指出资本主义法律制度本质上是阶级斗争工具的同时，也指出了资本主义法律制度的社会性。在阶级社会中，法律的阶级

---

① 泽民：《美国革命运动之现势》，《前锋》，创刊号第2期，1923年12月，第67页。

②《李大钊全集》第3卷，北京：人民出版社，2006年版，第109页。

③《李达文集》第1卷，北京：人民出版社，1980年版，第86页。

④ 任建树主编：《陈独秀文章选编》第2卷，上海：上海人民出版社，2009年版，第252页。

⑤《列宁全集》第4卷，北京：人民出版社，1984年版，第243页。

性占着主导的、支配的地位。法律除了具有阶级性之外，还具有维护全社会
生存和为全社会公共利益服务的职能，即具有社会性。但是在资本主义社会
中，法律的社会性居于次要的、从属的地位。在资本主义社会政治生活中，
法律的社会性为法律的阶级性所掩盖。

法律具有十分明显的社会性。统治阶级要维护自己的政权，首先得关心
维护全社会的生存，要为全社会公共利益服务。陈独秀强调法律的社会性，
法律应该具有管理公共事务的职能，合理调整国家、集体和个人之间的关系，
使全社会各个方面都顺利发展。1920年他在《答郑贤宗（国家、政治、法律）》
一文中指出："要有废止资本家财产私有的法律，要有强迫劳动的法律，要有
禁止对内外一切掠夺的政治法律。"[①]瞿秋白对资本主义法律社会性地位的从属
性论述得更清楚，认为资本家"不得不建设'法律和秩序'，以保障资本的发
展"是因为"大资本家要维持自己的地位，固定私有制度"。[②]法律对资本主
义社会一些违纪现象起到一定震慑作用，但这种作用服从于资本主义法律的
阶级性。他说："资本主义之下，使部分人丧失私产，或是市场的诱惑力大而
工厂的生产量小，当然破坏私产的'法理'的现象层出不穷；既成经常的破坏
现象，便要有经常的维持方法——便是法律。所以资产阶级的法律有一总原
则：'拥护私产。'"[③]总体上看，早期共产主义知识分子以西方政治制度为分析
对象，研究了西方国家的议会、选举、政党制度，最终分析政治形式和政治
原则间的关系，即如何通过建立与完善一种政治形式来实现某种政治原则及
政治目标。

（二）资本主义私有制是"万恶之源"

私有制是产生侵略战争的根源。围绕经济利益，殖民地是垄断资本攫取
垄断利益的重要场所。世界市场扩大、经济危机频起、阶级斗争激化、国家

---

① 任建树主编：《陈独秀文章选编》第2卷，上海：上海人民出版社，2009年版，第294页。

② 任建树主编：《陈独秀文章选编》第2卷，上海：上海人民出版社，2009年版，第294页。

③《瞿秋白文集（政治理论篇）》第2卷，北京：人民出版社，1988年版，第517页。

主义、军国主义盛行，争夺世界霸权更加炽热。私有制引起的战争包括劫掠弱小民族、瓜分世界的战争。

1.侵略之源

资本主义对殖民地的掠夺是其完成原始积累的途径之一。而其最简单、最野蛮的暴力手段是公开劫掠金银财富。1924年，陈独秀在《评太戈尔在杭州、上海的演说》中指出，私有制度下各自抢夺生存资料，分别造成了个人、阶级、民族之间的战争："人类个人间争夺残杀，是由于在私有财产制度之下，社会不能担保各个人物质的生存，各个人遂不得不各自争存并庇及子孙；阶级间的争夺残杀，是由于特殊阶级垄断物质的精神的生存之权利，被压迫的阶级不得不起而抗争；民族间的争夺残杀，是由于特殊阶级不但在国内掠夺劳动平民，并须在国外侵略物质文明不发达的弱小民族，才能够维护其垄断私有之权。这三种争夺残杀之根原，共总都由于社会经济制度之不良，换句话说，就是由于财产制度乃个人私有而非社会公有。"[1]西方资本主义国家相继侵略弱小国家。瞿秋白指出："侵略弱小民族——资本主义文化还没有发展的国家，他们可以独占那地的市场，垄断那地的原料，因为这些地方自己既然没有工业，当然不能和帝国主义竞争。因此，他们可以得到超越的非常的利润——比本国市场内多至百倍的利润。"[2]资本主义国家侵略小国的结果之一是"不能不引起帝国主义各国之间互相的冲突"，二是"不能不使侵略的国家逐渐的资本化"。[3]这就清楚揭示了私有制与战争的关系。

在帝国主义阶段，殖民地不仅作为帝国主义国家的商品市场和最有利的资本输出场所，而且还从政治和军事上影响它们争夺世界霸权的地位。因此，各帝国主义国家都更加疯狂地抢占和加紧控制殖民地。1914年至1918年的第一次世界大战，给世界人民带来了浩劫。早期共产主义知识分子用

---

[1]　任建树主编：《陈独秀著作选编》第3卷，上海：上海人民出版社，2009年版，第259页。

[2]《瞿秋白文集（政治理论篇）》第3卷，北京：人民出版社，1989年版，第458页。

[3]《瞿秋白文集（政治理论篇）》第3卷，北京：人民出版社，1989年版，第458页。

"杀人盈野"①、"杀人如麻"②、"借端要索，横暴相陵，以煎同根而速惨祸"③等语句来形容对欧战的认识。他们认为欧战爆发的根源是资本主义国家需要拓宽市场与殖民地。1918年，李大钊在《庶民的胜利》一文中说："原来这回战争的真因，乃在资本主义的发展，国家的界限以内，不能涵容他的生产力，所以资本家政府想靠着大战，把国家界限打破。拿自己的国家作中心，建一世界的大帝国，成一个经济组织，为自己国内资本家一阶级谋利益。"④瞿秋白指出资本主义的掠夺致使瓜分世界的战争爆发，"资本主义本其无政府的及掠夺的根性，盲目的无限制的扩张，波及全世界，乃不由得不成为帝国主义。……因掠夺的地盘缩小，所谓'自由的竞争'就渐成了强力的战斗，一经济范围内的无政府状态渐渐减灭，而各经济范围间的无政府状态日益增长，于是酿成千古以来绝未曾有的大屠杀，——一九一四至一九一八年的欧战。"⑤瞿秋白分析了资本主义的掠夺本性——无限扩张——酿成战争的演进关系。两年后瞿秋白又写文章《世界社会革命开始后第八年》进一步指出资本主义国家争夺市场和殖民地，"一方面堆积许多货物销售不掉，一方面却又有多数民众连日常生活的消费品都没有，这种矛盾便是资本主义破产时的现象。世界各国资产阶级要找自己的出路，拼命的争夺市场和殖民地，其势只有引起绝大的战争，毁灭不少生命和生产力，这样去勉强恢复已经破坏的均势。所以欧战实际上不过是世界资本主义的大危机的爆发。"⑥

列宁认为，资本主义经济发展的不平衡性必然导致殖民地矛盾的尖锐化，致使发动战争成为重新瓜分世界的主要途径。李大钊从资本主义与社会主义的比较中分析私有制与侵略战争。1918年7月他在《法俄革命之比较观》一文中，对法国的资本主义革命与俄国的社会主义革命的意义作了比较并加以

①《李大钊全集》第1卷，北京：人民出版社，2006年版，第172页。
② 任建树主编：《陈独秀著作选编》第1卷，上海：上海人民出版社，2009年版，第423页。
③《李大钊全集》第1卷，北京：人民出版社，2006年版，第122页。
④《李大钊全集》第2卷，北京：人民出版社，2006年版，第255页。
⑤《瞿秋白文集（政治理论篇）》第1卷，北京：人民出版社，1987年版，第425页。
⑥《瞿秋白文集（政治理论篇）》第3卷，北京：人民出版社，1989年版，第371页。

区分："前者恒为战争之泉源，后者足为和平之曙光"。① 李大钊认为资本主义革命当时虽然是进步的，但随着资本主义的发展，必将对外发动侵略战争；而消灭对外扩张战争，保持和平的只有社会主义。

2.利己之源

恩格斯早在《英国状况·十八世纪》一文中就曾经指出："在利益仍然保持着彻头彻尾的主观性和纯粹的利己性的时候，把利益提升为人类的纽带，就必然会造成普遍的分散状态，必然会使人们只管自己，彼此隔绝，使人类变成一堆相互排斥的原子。"②

在资本主义商品经济的发展进程中，尤其是在早期资本主义阶段，资本家为生产而生产，为追逐利益最大化而不顾伦理道德、不择手段地追求利润。尽管当时西方社会的某些企业也采取了一些改善措施，但就整个社会层面来看，人们的道德观念已经发生了根本的改变，整个社会伦理道德处于失控状态，从而最终导致道德危机的发生。关于资本主义私有制与西方道德危机的思考，陈独秀分别从西方的社会现象及人性两方面作了深入思考。陈独秀认为西方社会风气、战争、罢工等问题都是由私有制度引发。在私有制社会里，指导人们的法则不再是理性而是欲念，这种贪婪的欲念在私有制的条件下不会消失，直至使人变得残酷无情。1919 年，陈独秀在《调和论和旧道德》一文对资本主义道德与私有制的关系提出质疑，"西洋的男子游惰好利，女人奢侈卖淫，战争、罢工种种悲惨不安的事，那一样不是私有制度之下的旧道德造成的？"③1920 年 9 月，英国著名哲学家罗素来中国并赴湖南讲演，返沪后在《时事新报》上发表了《由内地旅行而得之又一教训》，认为救中国只有一条路，即开发实业，发展资本主义。这篇文章发表以后，立即受到陈望道、李达等人的反驳。陈独秀在《致罗素先生底信》中说："资本主义虽然在

---

①《李大钊全集》第 2 卷，北京：人民出版社，2006 年版，第 226 页。

②《马克思恩格斯全集》第 1 卷，北京：人民出版社，1956 年版，第 663 页。

③ 任建树主编：《陈独秀著作选编》第 2 卷，上海：上海人民出版社，2009 年版，第 135 页。

欧洲、美洲、日本也能够发达教育及工业，同时却把欧、美、日本之社会弄成贪鄙、欺诈、刻薄、没有良心了"。[①]他认为资本主义生产资料私有制造成了伦理与经济的日渐分离。陈独秀谴责私有制改变人心的自然趋向，破坏了人类的善良、同情心和互助友爱的社会品质。他说："在资本制度底下，机器日益发达，分工愈精细，堕力几成无用；其结果令妇女童子多来受雇，劳动者的道德智慧和体魄都因此堕落。"[②]

3.教育不公

马克思曾指出，只有当大工业成为社会生产的普遍基础，科学和教育成为社会发展的内在需要时，普及义务教育才有真正的基础并得以实现。早期共产主义知识分子分别从谁占有教育和教育目的两方面对西方教育进行了反思。

（1）资产阶级享有教育权

谁占有教育的权利是人们非常关注的社会问题。资本主义教育被资产者占有，包括对教育资料和教育成果的占有。教育资料是指知识、教育机关、财力、物力等办教育的物质的和精神的条件。教育成果是指由教育培养出来的各种人才和劳动者受教育后培养起来的劳动能力，以及这些劳动能力所创造的经济效益。

资产阶级享有教育权，工人受教育权被排斥。1920年陈独秀在《国庆纪念底价值》中指出资本主义的教育是为富人服务，"资本主义的时代教育是专为少数富家子弟而设，多数贫民是没有分的；他们的教育方针也是极力要拥护资本主义底学说及习惯的，因此这时代底青年自幼便养成了崇拜资本主义底迷信，以为资本主义是天经地义，资本家是社会不可少的中枢。"[③]同年9月陈独秀在《再答知耻（劳动问题）》一文中质问知耻先生："在现在贪狠的资本

---

① 任建树主编：《陈独秀著作选编》第2卷，上海：上海人民出版社，2009年版，第303页。

②《杨匏安文集》，北京：中央文献出版社，1996年版，第197页。

③ 任建树主编：《陈独秀著作选编》第2卷，上海：上海人民出版社，2009年版，第277页。

家生产制度之下，工银如此之少，时间如此之多，先生有何神通可以使一般工人得着平等的教育？"[1] 两年后陈独秀在《答适之》中发出疑问，"有何方法在资本主义制度之下，使人人都有受教育的机会？"[2] 恽代英指出在资本主义体制下普通民众极少能享受福利的，"教育事业，流俗以为最高尚尊贵；然而在现制之下，能受教育的多只系富贵人家的子弟，而所受教育，又常系私利的、服从的、保守的性质。结果只是制造智识界的一般商品，以供资本家的选购。"[3]

　　20 世纪的西方呈现普及教育与资产阶级垄断教育权的双重性。资产阶级排斥工人受教育只是 19 世纪上半叶大工业产生后的前期的现象，到 19 世纪下半叶，尤其是 70 年代以后，大工业机器体系不断完善，机械操作代替许多手工劳动，童工和少年逐渐被挤出工业生产。在机器体系不断改善和科技不断进步的情况下，资本家要创造更多的剩余价值，必须提供教育机会给工人。因此资产阶级开始向工人及其子女普及义务教育。到 19 世纪末，多数欧洲国家和美国已经提出并实行免费的、义务的和普及初等教育的立法。进入 20 世纪，各发达国家广泛普及义务教育，延长义务教育年限。虽然资产阶级允许工人阶级接受教育，但与资产阶级相比，工人阶级获得受教育的机会仍然是不平等的。尽管自第一次世界大战以来随着教育规模的不断扩大，教育机会在个人更加公平，但家庭背景对教育机会的影响仍然存在。美国马萨诸塞大学经济学教授赫伯特·吉丁斯和塞缪尔·鲍尔斯用高中生上大学的可能性与家庭背景之间的关系对此进行了说明，指出"尽管大学的入学率显著提高，然而高中生上大学的可能性与三十年前一样依赖于其父母的社会经济地位"。[4]

---

　　[1] 任建树主编：《陈独秀著作选编》第 2 卷，上海：上海人民出版社，2009 年版，第 264 页。

　　[2] 任建树主编：《陈独秀著作选编》第 3 卷，上海：上海人民出版社，2009 年版，第 168 页。

　　[3]《恽代英文集》，北京：人民出版社，1984 年版，第 28 页。

　　[4] 江洋：《教育改革能改变资本主义不平等吗？》，《国外理论动态》，2009 年第 6 期，第 33 页。

（2）资本主义教育的工具性

一个国家的教育对社会进步起着重要的促进作用。一般而言，教育的目的体现在两个方面：在技术层面，教育通过传授劳动者技术技能和社会技能，提升劳动者的生产能力；在社会层面，教育帮助化解资本主义生产过程中潜在的容易爆发的阶级冲突、淡化阶级矛盾。1918 年，列宁在《在全俄教育工作第一次代表大会上的演说》一文中论述资产阶级教育本质时说："事实上，学校完全变成了资产阶级统治的工具，……它的目的是为资本家培养恭顺的奴才和能干的工人。"[①]"教育这些青年的目的，就是训练对资产阶级有用的奴仆，使之既能替主人创造利润，又不会惊扰资产者的安宁和悠闲。"[②]

资本主义教育服务于资本主义社会。具体来说，是服务于资本主义生产结构的需要，满足资本主义各个社会等级的职业需要，服从资本主义不平等的阶级关系，使资本家始终处于资本主义等级分工的金字塔的顶端。陈独秀指出，资本家需要通过教育培养生产高效的工人，"欧美资本社会教育进步，完全是工业发达的结果，工业家不但需学术精巧的技师，并且需手艺熟练的工人，资本阶级为发财计不得不发达教育。"[③]1921 年，他在《讨论无政府主义》中说："在私产制度之下的教育，无论倚靠政府不倚靠政府，全体，至少也是百分之九十九有意或无意维持资产阶级底势力及习惯，想在这种社会状况之下实现善良教育而且是普遍的，我想无人能够相信。"[④]教育的阶级性还体现在资本主义教育中强调的价值观、人格特征与工作场所中需要的价值观以及人格特征相一致。1920 年 3 月，陈独秀在《教育缺点——在江苏省教育会上的演讲》中指出，"现在教育的流弊，不出这两种主义——主观主义、形式主义。这两种主义不破，中国的教育决不会有进步的希望。自从杜威来吾国，

---

① 《列宁全集》28 卷，北京：人民出版社，1956 年版，第 69 页。

② 《列宁论教育》下，北京：人民教育出版社，2001 年版，第 165 页。

③ 任建树主编：《陈独秀著作选编》第 3 卷，上海：上海人民出版社，2009 年版，第 168 页。

④ 任建树主编：《陈独秀著作选编》第 2 卷，上海：上海人民出版社，2009 年版，第 400 页。

到处演讲教育，他竭力攻击的就是这以上所说的两种主义。他说不但中国犯这种弊病，就是美国也未尝没有。"① 早期共产主义知识分子揭露西方教育服从于资本主义政治、经济利益的需要，为当时的人们分辨西方教育在客观上提高工人的文化和理论素质背后的真正意图。但他们并没有全盘否定西方教育，陈独秀甚至赞赏西洋弃神重人的教育精神及 "既有体操发展全身的力量，又有图画和各种游戏，练习耳目手脚的活动能力"② 的教育方法；而李大钊对 "西人讲体育，则在旷野运动"③ 的教育形式表示认同。

二、早期共产主义知识分子对西方社会问题的批判

资本主义劳资关系的本质是对抗的。西方社会问题是资本主义内在矛盾不可调和的具体表现。五四时期早期共产主义知识分子对于西方社会问题的批判主要集中在劳资矛盾、贫富差距、失业问题等。

（一）西方劳资矛盾批判

五四时期西方垄断资本为了获得最大利润导致劳资矛盾激化。这个时期西方社会劳资矛盾表现以下特点：

1.西方劳资关系对立

永不停止的权力斗争是劳动关系的主要特征。在早期共产主义知识分子看来，资本主义社会的劳资关系反映了两大阶级的对立。劳资关系的对立反映在政治、经济、教育三方面：

在政治上，资产阶级掌握政治权力无产阶级处于被统治地位。当资本主义生产方式成为占统治地位的生产方式，无产阶级一无所有，只能靠出卖劳

---

① 任建树主编：《陈独秀著作选编》第 2 卷，上海：上海人民出版社，2009 年版，第 216 页。

② 任建树主编：《陈独秀著作选编》第 1 卷，上海：上海人民出版社，2009 年版，第 359 页。

③《李大钊全集》第 2 卷，北京：人民出版社，2006 年版，第 212 页。

动力。李大钊说："一切的政权也被他们少数人握住了。"①因此要推翻资本主义必须从政治上入手："从资本阶级的手里收回国家的权力。他们不但必须抓到国家的权力，并且要把老的资本家国家完全废除。"②他们看到了资产阶级如何利用政治权力为其利益服务，而现实政治又如何为资产阶级所左右。

在经济上，劳动者创造剩余价值却获得极少薪酬。陈独秀在《关于社会主义问题——在广东高师的讲演》中指出，资产阶级在经济上掠夺本国的工人阶级，"资产阶级的进攻，一方面从政治上扑灭劳工的革命，一方面从经济上掠夺本国的工人阶级"。③李大钊指出资本家控制了社会经济权，"商业渐渐地发达了，资本家操纵社会经济权。"④他还批判资本家剥削工人，"工人所生产的价值，全部移入资本家的手中，完全归他处分。而以其一小部分用工银的名目还给工人，其量仅足以支应他在生产此项物品的期间所消用的食品，余则尽数归入资本家的囊中。"⑤资本家并不关心工人的生存状态，只关心如何在有限的工作日内最大限度地使用劳动力。

在文化教育上，资产阶级在社会教育中处于主导地位。无产阶级无法在文化、艺术中获得愉悦感，即使受教育也是为了更持久地创造剩余价值。李达在《社会问题》中说："劳动者不仅感受物质上的痛苦，而且还不免于精神上的堕落"⑥；"劳动者终于伤病老废以死，散失了生存的保障，他们救死还不能做到，那还能顾到精神上的堕落呢？"⑦在李大钊看来，"在资本主义社会的人，是永享不到工作的愉快的。"⑧在资本主义制度下，当劳动成为商品，生存成为人的第一需要时，劳动者没有机会也没有心情享受文化教育的成果。

①《李大钊全集》第4卷，北京：人民出版社，2006年版，第369页。
②《共产党国际联盟对美国》，《共产党》第2号，第19页。
③ 任建树主编：《陈独秀著作选编》第3卷，上海：上海人民出版社，2009年版，第85页。
④《李大钊全集》第4卷，北京：人民出版社，2006年版，第369页。
⑤《李大钊全集》第3卷，北京：人民出版社，2006年版，第38页。
⑥《李达文集》第1卷，北京：人民出版社，1980年版，第545页。
⑦《李达文集》第1卷，北京：人民出版社，1980年版，第545-546页。
⑧《李大钊全集》第4卷，北京：人民出版社，2006年版，第355页。

雇主与雇工之间冲突的常态化是资本主义社会的一个显著特征。到了 20
世纪，在激烈的劳资关系中，阶级斗争的情绪迅速蔓延。"在所有资本主义已
占统治地位的国家中在工资劳动者的几乎每一部分中迅速传播开来。"① 早期共
产主义知识分子认为劳资关系是阶级关系的主要方面，资本主义社会中阶级
冲突决定了资本与劳动之间的利益对抗。资产阶级与工人阶级之间存在着根
本的利益冲突，这是劳资关系的基础，阶级冲突渗透于整个社会中。

2.西方劳资关系的剥削性

剥削是人类社会发展到一定阶段的产物，是一些人或集团凭借他们对生
产资料的占有或垄断，无偿地占有那些没有或者缺少生产资料的人或集团的
剩余劳动和剩余产品。社会上剩余产品的出现是剥削产生的物质前提条件，
社会分工的发展和生产资料私有制的产生以及社会分裂为阶级是剥削产生的
现实基础。

资本主义对立的劳资关系。早期共产主义知识分子对资本主义社会极端
严重的剥削现象进行了鞭挞。李大钊在《社会主义与社会运动》中说："资本
家之剥夺，资本家取重利，即是给社会生产阶级一种极难堪之重负。"② 李达指
出："他们的劳动力横受剥削，毫无限制，一朝力竭身毁，就视同草莽，旧日
雇佣间的家族温情关系，已被自由的美名，完全破坏。"③ 他们认为，判断工人
是否受剥削或所受剥削的轻重并不表现在他所得的工资多少和已达到的生活
水平上，而是表现在他所得的工资与他所创造的价值之比上即剩余价值率上。
资本的剥削率在提高，工人所受的剥削在加重。瞿秋白具体分析了资产阶级
剥削工人的途径："工资减少，工作时间延长，限制工厂委员的职权，实际上
破坏保护女工童工的法例，——一层一层剥削工人阶级的权利。"④ 他认为资本
家利用手中的资本购买生产资料和劳动力商品进行资本主义生产，雇用工人

①［英］锡德尼·维伯、比阿特里斯·维伯：《资本主义文明的衰亡》，秋水，译，上
海：上海人民出版社，2005 年版，第 129 页。

②《李大钊全集》第 4 卷，北京：人民出版社，2006 年版，第 221 页。

③《李达文集》第 1 卷，北京：人民出版社，1980 年版，第 545-546 页。

④《瞿秋白文集（政治理论篇）》第 1 卷，北京：人民出版社，1987 年版，第 437 页。

由于没有生产资料不得不受雇于资本家，资产阶级靠剥削工人的剩余劳动增加自己的财富，雇用工人仅仅得到维持自己生存的一点点工资。同时，梁启超也曾就工人的困境展开阐述。他曾两次游历美国，一次是在1899—1900年间到了檀香山，一次是1903年去了美国。据梁启超的观察，"物价一日一日腾贵，生活一日一日困难，工人所得的工钱，够吃不够穿，够穿不够住，休息的时间也没有，受教育的时间也没有，生病几天，便要全家绑着肚子。儿女教养费不用说了，自己老来的日子还不晓得怎样过活。"①

3.资产阶级的强势地位

在社会中只要有冲突的关系存在，必定会有个人或团体掌握绝对优势。资产阶级与社会上的其他阶级相比，它享有真正的社会和物质特权。资本家处于绝对的强势地位。劳资关系呈现出强资本、弱劳动的局面，劳动从属于资本，工人成为机器的附属物，劳资关系充满着激烈的阶级冲突。代表资产阶级利益的政府通过法律手段禁止工人罢工和游行，庇护资本家剥削和压榨工人。资本方的强势表现在工作条件和思想控制两方面。

第一，资本家确定工人工钱及劳动条件。1919年李达在《女子解放论》中说："此时的劳动家做工的条件，是由资本家指定，最不公平的，劳动者所受的牺牲弊害不少。"②资本家提供的工人劳动条件异常艰苦，"工场设备不完全，妨害卫生，以致酿成国民卫生上恶劣的结果，又因妇女青年午夜工作的原故，把劳动者的家庭生活都破坏了。"③1920年他又在《劳动者与社会主义》中说："资本家，有几个孽钱，能够办工厂，买机器，收原料，百般齐备，只少一件，就是使用机器的劳动者，所以不得已每天要出些少的工钱，来雇用工人，替他们制造商品，他们拿去卖了好赚钱。"④在这种工资与劳动强度极不成比例的状态下，西方工人的工作和生活状况是极为可悲的，这样的环境是

---

① 《梁启超全集》第10卷《欧游心影录》，北京：北京出版社，1999年版，第2971页。
② 《李达文集》第1卷，北京：人民出版社，1980年版，第15页。
③ 《李达文集》第1卷，北京：人民出版社，1980年版，第545页。
④ 《李达文集》第1卷，北京：人民出版社，1980年版，第40页。

"高发病率的主要原因（当时平均寿命为 20 岁），也是工人群众中产生许多恶习惯——特别是酗酒的主要原因。"①这实际上体现了资本主义社会里的资本（私人财产）所有权对劳动所有权的控制。

西方国家在法律上规定的男女享有就业平等权利并没有实现。西方妇女的工作环境比男子差，她们被安排在低工种、低工资的行业，而且跟男子并非同工同酬。1917 年李大钊在《学生问题》中说："妇人与工人之在欧美社会，其先亦皆为居特定阶级、具特种身份者。故其社会中之享有强大势力之人，往往对之不与以平等之待遇，束缚其自由，剥削其权利，锢蔽其智察，侮辱其人格，以其辛勤之汗血供少数强权者之牺牲，以其屈枉之苦痛资少数强权者之淫乐。于是工人问题、妇人问题，皆成为社会问题。"②李达在《社会问题》中指出："机械工业，可以减少熟练劳动的价值，资本家方面，反以低廉的妇女劳动更有利，因此妇女劳动者之数增加，劳动的供给丰富，结果劳动时间越延长，工钱越低落，保护救济等施设越不完全，妇女劳动者更难忍受。"③女性在资本主义社会里的弱势地位更为明显。李达指出劳动者受制于资本家，"劳动者欲度其劳动者之生活，不能不听命于资本家，此其中实含有一种强制作用，决非出于自动。"④这种暗含的强制就是强势地位的体现。

第二，西方社会的思想控制。社会的思想控制包括道德、习俗、宗教等具体形式，这些形式与政权、法律、规章、政策等政治控制形式不同，它主要不是靠国家权力和行政命令，而是靠思想信念实现其对社会的控制作用。资产阶级的意识形态和文化对工人阶级产生了很大的影响。李达认为，"利用资本主义化之社会意识支配社会之人心，以图本阶级寄生生活之安定。"⑤李大钊认为在资本主义制度下，工人阶级的主人地位并没有确立，"在国家的资本

---

①［意］卡洛·M.奇波拉主编：《欧洲经济史》第 3 卷，北京：商务印书馆，1989 年版，第 346 页。

②《李大钊全集》第 2 卷，北京：人民出版社，2006 年版，第 85 页。

③《李达文集》第 1 卷，北京：人民出版社，1980 年版，第 548 页。

④《李达文集》第 1 卷，北京：人民出版社，1980 年版，第 289 页

⑤《李达文集》第 1 卷，北京：人民出版社，1980 年版，第 294 页。

主义下，劳动者物质生活略得解决，而于精神方面仍属奴隶地位，劳动者并未管理生产立于主人之地位。"①

同时，资产阶级还联合起来控制工人阶级。《共产党》杂志的一篇文章指出："资本家恨劳动运动，要破坏劳动运动，是不惜代价的。资本家要保牢掠夺的老制度，所以必须联合起来，必须把劳工们锁在工业的机器上面。"② 可见，当时西方企业中阶级斗争的最主要特点是资本家力量占据优势，掌握了思想斗争的主动权，而工人阶级则处于被动防御的地位，且工人阶级维护自身利益的手段和活动范围均受到限制。因此，在思想文化斗争上，工人阶级要战胜资产阶级是非常艰巨的。

4.劳资矛盾的焦点

从产业革命开始至 19 世纪下半叶，资本家为了榨取尽可能多的剩余价值，对工人采用最残酷的剥削方式，工人成为机器的附属品，劳资矛盾处于尖锐的冲突状态。工人们逐渐意识到联合起来的必要性，于是在一些行业中开始出现了最初的工人组织，就是早期的工会。

19 世纪下半叶至 20 世纪初工人阶级的斗争和工会运动一直未曾中断。工人阶级斗争主要集中在增加工资、减少工作时间等基本劳动及生活条件的改善上。瞿秋白在《帝国主义侵略中国之各种方式》一文中说："资本主义至少在最初一期必能任意剥削，劳动条件、工厂设备都可以任意敷衍，工资及工作时间尤其没有阻碍，可以自由增减。"③"齐心起来反抗资本家，要求增加工钱，减少做工时间。"④ 在《现代劳资战争与革命——共产国际之策略问题》一文中瞿秋白阐述欧战期间英国工人运动的成果："七百万工人之工作时间，骤然减少三四小时。"⑤ 罢工的结果是"工资增加，时间减少，均有成效。"⑥ 而意

① 《李大钊全集》第 4 卷，北京：人民出版社，2006 年版，第 246 页。
② 《共产党国际联盟对美国》，《共产党》第 2 号，1920 年 12 月，第 18 页。
③ 《瞿秋白文集（政治理论篇）》第 2 卷，北京：人民出版社，1988 年版，第 72 页。
④ 《瞿秋白文集（政治理论篇）》第 3 卷，北京：人民出版社，1989 年版，第 101 页。
⑤ 《瞿秋白文集（政治理论篇）》第 1 卷，北京：人民出版社，1987 年版，第 465 页。
⑥ 《瞿秋白文集（政治理论篇）》第 1 卷，北京：人民出版社，1987 年版，第 465 页。

大利学者编写的《欧洲经济史》一书也指出："英国的大多数劳资争端与工资
有关"。[1] 早期共产主义知识分子揭示当时西方劳资关系的发展并阐述资本剥
削和压迫劳动的秘密和经济实质，使工人了解自己所处的地位并认识推翻资
本主义制度的必要性和科学性。

（二）西方社会贫富差距批判

贫富差距问题是经济发展到一定阶段的产物，并随着经济增长和社会生
产力的不断提高而在一定程度上加剧。根本上讲，贫富两极分化、分配不公
是资本主义制度的必然产物。资本主义制度本身就倾向于产生贫富差距，资
本主义市场经济的运作往往会导致资源和财富更加集中在少部分人手里。

1.西方贫富差距的多维考量

贫富差距可以根据收入水平、物质资源支配程度等单向度标准以及贫富
差距的内涵丰富来衡量人们的贫富状态。早期共产主义知识分子对西方贫富
分化的程度分别从量和质的意义上多维考察西方贫富差距。李大钊在1917年
的《战争与人口》一文中大致描述了法国贫富两极分化的程度，"驰于两端，
或趋于穷奢，或趋于过俭。"[2]

（1）量的意义上考察

一个国家的贫富差距程度过小和过大都是不合理的。从纵向看，资本主
义时代的社会财富比起农业和手工业时代增加了很多，但从整个社会看资本
主义社会呈现两极分化。这主要表现在资本和劳动的收入差别。一方面，西
方工人的收入低得可怜，"劳动者每天自早到晚，千辛万苦，才能得到那些少
的工钱，只能够一天的用度，虽说是可以吃饭穿衣，也不过是未冻死未饿死
罢了。倘若有一天被资本家斥逐了没有工做的时候，或者是害了病不能做工
的时候，就得不到工钱，非冻死非饿死不可了。"[3] 收入还有低到不能维持生活

---

①［意］卡洛·M.奇波拉主编：《欧洲经济史》（第5卷上册），北京：商务印书馆，
1988年版，第134页。

②《李大钊全集》第2卷，北京：人民出版社，2006年版，第53页。

③《李达文集》第1卷，北京：人民出版社，1980年版，第40页。

的，"20世纪初的英国工人阶级平均工资每周27先令，亦即年薪70英镑出头。技术工人与非技术工人的差别很大，技术工人每周40先令；非技术工人则只有这个数字的一半多一点。依靠这笔收入，一个四口之家很难维持像样的生活。"[①] 工人工资的标准被压抑到维持生存的最低限度。

与此相反，资本家的收入却远远超过工人。李大钊指出，"一个劳动者不过是一个资本家的千分之一，万分之一，和那资本家相比较，不相等势力的订约结果，都是把劳动者劳力的报酬减削下去，由几千元减至几角钱也有，还有减到不能维持生活的！"[②] 陈独秀揭露资本控制了社会收入的分配权，"全社会的财富差不多操诸少数资本家之手。"[③] 根据当时的有关资料统计，当时占人口1%的大资本家占据了全国财富的36%，而87%的美国人却只拥有全国财富的10%。[④] 资本主义社会的贫富差距为包括西方在内的许多学者所批评，把它看成是"每一个资本主义社会的特征"。[⑤] 工人的工资与资本家的利润成反比，资本主义社会分配贫富差距巨大极不公平。到了现代，西方收入差距的悬殊仍然没有改变，"把美国人的收入分成3份，我们就会发现那顶尖上的10%的人口得到了1/3，另外30%的人得到了另外的1/3，底层的60%的人得到最后的1/3……顶尖的1%现在估计拥有全国财富的40%—45%，比其余的下边的95%的人口拥有的总和还要多。"[⑥] 西方社会资本家和劳动者收入的状况，深刻反映了西方世界贫富之间的收入差距的扩大。

---

① 钱乘旦：《寻求社会的"公正"——20世纪英国贫富问题及福利制度演进》，《求是学刊》，1996年第4期，第92页。

②《李大钊全集》第4卷，北京：人民出版社，2006年版，第364页。

③ 任建树主编：《陈独秀著作选编》第3卷，上海：上海人民出版社，2009年版，第78页。

④ 全远林：《20世纪的世界经济》，北京：新时代出版社，1998年版，第99页。

⑤〔英〕锡维尼·维伯、比阿特里司·维伯合：《资本主义文明的衰亡》，秋水，译，上海：上海人民出版社，2005年版，第18页。

⑥〔美〕大卫·施韦卡特：《超越资本主义》，北京：社会科学文献出版社，2006年版，第136页。

（2）质的意义上考量

贫富差距除了量的考察，还需要质的考量。首先，导致贫富差距的条件。人的利益实现一般需要两大因素——先赋条件和后天努力。先赋条件是指人与生俱来的或环境赋予的人力无法改变的资源条件。如遗传素质、年龄、健康状况等自然条件，家庭出身，户籍类别，生活环境的气候、交通、资源状况及历史形成的经济基础、教育文化发展水平及其在总体经济格局中的地位，个人所处的具体的行业、职业、单位的经营状况和效益等等。后天努力是指经个人主观努力而获得的条件。如受教育的程度，发展意识，进取和创新精神以及由此所产生的素质和社会地位的差异等等。

在形成贫富差距的两大条件中，因个人的先赋条件不同所造成的差距往往被认为是不合理的，而因后天努力的不同所造成的差异往往被认为是合理的。早期共产主义知识分子从先天条件与后天努力两方面对西方贫富差距进行剖析。一方面，早期共产主义知识分子极力批判西方受教育机会的不公平。"资本主义的时代教育是专为少数富家子弟而设，多数贫民是没有分的。"[①] 李大钊指出儿童得不到受教育的机会，"儿童们为了要工作，失去读书的机会，失去预备将来的大事业的机会了。"[②] 劳动阶级既没有天赋条件，连后天努力的条件也不具备，这就形成了导致贫富差距的基础。另一方面，早期共产主义知识分子指出资本家努力工作，看起来是后天的努力，但实际上他们更多是依赖于天赋条件。李达指出资本家"利用自己的资本以增殖利益，旧机械的效用减少了，就弃掉旧的去改用新的，机械昼夜转动。"[③] 在早期共产主义知识分子看来，这种"资本—利润"只是维护了形式上的所有权的平等，这种形式平等带来的是事实上的分配不公、贫富悬殊。

其次，资产阶级获利的非法性。资本的生产过程是以劳动力市场的建立为前提的。资本家通过购买生产资料和劳动力，二者结合生产出新产品实现

---

① 任建树主编：《陈独秀著作选编》第 2 卷，上海：上海人民出版社，2009 年版，第 277 页。

②《李大钊全集》第 4 卷，北京：人民出版社，2006 年版，第 367 页。

③《李达文集》第 1 卷，北京：人民出版社，1980 年版，第 544 页。

价值增殖。马克思认为在资本主义生产方式内，资本的目的就是获取利润。仅就其目的而言，是合理的。但就资本剥削无偿劳动的事实而言，马克思持反对态度。同样，早期共产主义知识分子批判资本职能执行者的资本家不但掠夺、剥削剩余价值，而且采取不人道的方式。1919 年，陈独秀在《贫民的哭声》中提出："在欧美各国，他们贫富悬隔的原因，乃是有钱的人开设工厂，雇佣许多穷人替他做工。"①1920 年他又在回答知耻先生的信中详细分析了雇佣工人被资本家夺走的剩余价值，"工人劳力所生产的价值，远在他们每日所得的工资以上，这工资以上的剩余价值，都被资本家抢去，叫做'红利'分配了。所以工人所得工资就是能够衣食饱暖，就是衣服楚楚，而被抢的权利，仍然是绝大的损失，终久是要大声叫冤的。"②资本家拥有资本，开设工厂赚取高额剩余价值，陈独秀批判这种致富途径导致社会贫富悬殊。

陈独秀对资本家暴富的批判得到其他早期共产主义知识分子的积极呼应。1922 年，李大钊总结了资本家利用工人榨取剩余价值的行为，"若是集合的生产的结果仍归个人的私有，那么资本家必且贪得无厌，不惜牺牲工人的辛苦，多换取些剩余价值。"③1921 年，李达在《马克思还原》一文中说："资本家利用收集生产物的剩余价值，坐致巨富，劳动者仅赖工钱以谋生。"④此外，早期共产主义知识分子坚持劳动价值论批判资本主义获取财富的合理性。1921 年 5 月周恩来撰文批判"资本家嗜利太重"⑤。并以轮船公司为例揭露了资本家投机致富的非道义行为，"轮船公司，且藉煤料缺乏高长船票价格，此又为资本家乘机打劫之象现也。"⑥

最后，贫富发展趋势的反向性。即在富者更富的同时伴随着穷者更穷，

① 任建树主编：《陈独秀著作选编》第 2 卷，上海：上海人民出版社，2009 年版，第 87 页。

② 任建树主编：《陈独秀著作选编》第 2 卷，上海：上海人民出版社，2009 年版，第 234 页。

③《李大钊全集》第 4 卷，北京：人民出版社，2006 年版，第 71 页。

④《李达文集》第 1 卷，北京：人民出版社，1980 年版，第 30 页。

⑤《周恩来早期文集》下，北京：中央文献出版社，1998 年版，第 129 页。

⑥《周恩来早期文集》下，北京：中央文献出版社，1998 年版，第 101 页。

这在西方20世纪初表现特别突出。社会总产品在扣除必要劳动后的剩余劳动被资本获取。资本使资本家以利润的形式吸纳榨取的部分剩余价值，土地所有者以地租形式吸取剩余价值的一部分，劳动以工资的形式使工人得到价值，从表面上看，资本家、土地所有者、工人三者各取所得，处于完全合理的状态。但是，早期共产主义知识分子却指出工人与资本家的对抗状态。陈独秀说："工厂越大越多，那少数开工厂的资本家越富，那无数做工的穷人仍旧是穷。"[①] 李达认为，"财富恒集中于少数人，贫困恒集中于多数人。富者愈富，贫者愈贫。"[②] 对于西方贫富发展的趋势，梁启超也有相同的看法，"科学愈昌，工厂愈多，社会偏枯也愈甚。富者益富，贫者益贫。"[③] 工人无法养家糊口，资本家却富过王侯，劳资贫富发展趋势犹如敌国对立。陈独秀和梁启超论述了西方贫富发展趋势的反向性，财富集中在少数人手里，社会大多数人陷入贫困。工人获取的价值和资本家所得是完全不同的范畴，二者处于对立状态。

2.西方的社会贫困

20世纪初，第一次世界大战及各工业国家的工人运动使人们质疑资本主义的合理性，而新型的国家（社会主义苏联）与资本主义严重的贫富分化形成鲜明对比。随着资本积累的不断增长，一方面，社会财富越来越集中在资产阶级手中，另一方面，社会财富的创造者——无产阶级生活却没有保障，陷于依靠救济的贫困境地。为了缓解危机，资产阶级国家纷纷加强了政府对经济生活的宏观干预，进行了旨在平衡收入的制度变革，这就是西方资本主义国家的福利制度，在一定程度上抑制了两极分化。但资本主义收入分配政策的任何有利于雇佣劳动者的调整都是有限度的，它被局限在不损害资产阶级根本利益的框架内，垄断资本家仍然占有财富的大部分。

贫富差距超出了合理范围就会引发一系列社会问题。正如李达在《社会

---

① 任建树主编：《陈独秀著作选编》第2卷，上海：上海人民出版社，2009年版，第87-88页。

②《李达文集》第1卷，北京：人民出版社，1980年版，第275页。

③《梁启超全集》第10集，北京：中国人民大学出版社，2018年版，第60页。

之基础知识》中所言:"多数人民的生活问题越发不能解决。这是社会问题的由来。"① 西方城市中存在大量的贫民窟就是贫富悬殊引发的最突出问题之一。1920 年陈独秀先后分别在《马尔塞斯人口论与中国人口问题》和《关于社会主义的讨论》中讨论西方社会贫困现象与贫富悬殊之间的关系。他说:"社会上贫困的现象,不是因为生产物不足,乃是因为分配不均"。②"资本生产制一面固然增加财富,一面却增加贫乏。"③ 在业工人为减少贫困因而劳动受折磨;失业工人不受劳动折磨却要受贫困的威胁。"伦敦、神户底贫民窟,正是资本生产制的必然现象。"④ 资本主义生产制下导致的两极分化引发了贫困问题。

西方社会的分化日益加剧,对立愈发尖锐。少数亿万富翁、千万富翁处在恒富状态之中,而广大人民群众的相对贫困化却在加深。市场不但不能解决这个问题,反而会加剧这种"马太效应"。贫富分化会引起罢工、犯罪率上升、社会动荡、政治动乱等一系列社会问题,最终阻碍经济发展。关于贫富分化与社会贫困问题,梁启超有相似的感慨。他在游历纽约观察贫民窟后发出了"天下最繁盛者莫如纽约,天下最黑暗者亦莫如纽约"⑤ 的呼声,并由此慨叹:"吾观于纽约之贫民窟,而深叹社会主义之万不可以已也。"⑥ 鉴于对西方社会贫富悬殊的现实,梁启超认为在中国应特别注重分配问题。他说:"有的人说现在中国应注重的是生产问题不是分配问题,这句话我却不敢完全同意。我的主张是,一面用全力奖励生产,同时眼光并须顾及分配。"⑦

---

① 《李达文集》第 1 卷,北京:人民出版社,1980 年版,第 544 页。

② 任建树主编:《陈独秀著作选编》第 2 卷,上海:上海人民出版社,2009 年版,第 205 页。

③ 任建树主编:《陈独秀著作选编》第 2 卷,上海:上海人民出版社,2009 年版,第 304 页。

④ 任建树主编:《陈独秀著作选编》第 2 卷,上海:上海人民出版社,2009 年版,第 304 页。

⑤ 《梁启超全集》第 5 册《欧游心影录》,北京:北京出版社,1999 年版,第 2986 页。

⑥ 《梁启超全集》第 5 册《欧游心影录》,北京:北京出版社,1999 年版,第 2978 页。

⑦ 《梁启超全集》第 5 册《欧游心影录》,北京:北京出版社,1999 年版,第 2984 页。

（三）西方失业问题批判

失业是一直困扰西方发达国家的全球性难题，不仅是个经济问题而且是社会问题。根据国际劳工组织的定义："所谓失业是指处于工作年龄、有工作意愿和能力，但是在统计时间段里没有工作的人。"[①] 失业直接影响资本主义社会经济的正常发展。失业人员的大量增加，带来社会经济生活的不稳定性，对于资本主义经济的发展必然构成巨大的威胁，正如周恩来所说："工人愈失业，社会愈恐慌。"[②]

1.西方失业境况

日益严重的失业问题成为困扰西方国家经济、政治和社会发展的巨大难题。失业对个人和家庭来说是悲剧，对整个社会来说是生产资源的浪费。随着工业生产在全球范围内的逐渐扩展，工人失业问题成了西方各国的忧患。在英国，饥饿的人群在街上随处可见，领取津贴维持生活的失业队伍犹如长龙，拿着报纸到处寻求工作的浩荡大军，构成了一幅恐怖的社会场景，有人形象地称之为"漫长的周末"。江春指出，"日本经济兴旺的时候，罢工的运动，非常流行，到今年经济恐慌的时候，工厂倒闭的非常之多，劳动界失业的不下数十百万。"[③]1921年周恩来在《英国矿工罢工风潮之影响》中说："英国失业人数本较各国为多，据劳动交易所报告，本月初失业登记人数已增至一百九十二万零五百人，视昔日数少时仅一百万者已将倍之。而一百二十万之矿工犹未计入，且未失业之工人受减资之苦者，亦咸勃兴于此时。"[④]杨匏安在《西洋史要》中对战后的资本主义的失业状况进行了专门分析，"1921年，美国失业工人已近500万，英国则达于200余万人"。[⑤]

与失业人数相比，失业率更能直观地反映当时英国的失业状况。英国在

---

① 涂勤:《统计资料》,《世界经济》,2000 年第 1 期, 第 76 页。

②《周恩来早期文集》下, 北京:中央文献出版社, 1998 年版, 第 253 页。

③ 江春:《社会革命底商榷》,《共产党》第 2 号, 1920 年 12 月, 第 8 页。

④《周恩来早期文集》下, 北京:中央文献出版社, 1998 年版, 第 130 页。

⑤《杨匏安文集》, 北京:中央文献出版社, 1996 年版, 第 559 页。

"20 年代失业率为 8%—10% 左右"①。将这一数据与英国其他历史时期和同期欧洲其他国家比较起来，能看出当时英国失业问题的严重程度。就英国本身历史来看，1914 年以前的平均失业率大约为 4%—5%。与同时期欧洲其他国家相比，1920—1929 年间，欧洲主要国家的平均失业率为 3.3%。② 无论与本国的纵向比较，还是与同一时期欧洲其他国家横向相比，此时期英国的失业数据表明了当时社会失业的严峻情况。

工人失业后罢工风潮也随之而来。失业不仅使失业者没有收入来源，而且也强烈地打击了他们的自尊心，罢工是劳动者对付资本家的唯一武器。在俄国学习的瞿秋白大量披露了失业引起的罢工潮。1920 年，瞿秋白在《远东统一与日俄商务》谈到失业引起罢工风潮，"日本工业大受恐慌，数百万工人因此失业，罢工风潮亦因而起。"③ 德国的情况也不容乐观，1923 年瞿秋白在《世界革命中之德国》中这样描述德国的情况："柏林宣布总罢工后，市政局工人一部分亦罢工，故柏林数区夜无煤气电气之供给"。④ 根据欧洲经济史的记载，以人来计算，1923 年德国损失的工作日是 12478 千个工作日。⑤ 同样，英国的罢工更为糟糕，1920—1925 年是"因罢工而损失很多工作日的年份"。⑥1926 年英国将被削减工资的矿工与职工大会合作举行了总罢工，当时"除 100 万矿工响应号召外，还有 150 万其他行业的工人参加罢工，其中包括

---

① C.H.Feinstein, statistical.TblesofNationalIncome, ExpenditureandOutoftheUnitedKingdom1855–1965［M］.Cambridge, 1972.T128，转引自：贾永梅：《1919—1939 年间英国高失业问题及其影响》，《聊城大学学报（社会科学版）》，2006 年第 1 期，第 46 页。

② ［意］卡洛·M．奇波拉：《欧洲经济史》（第 5 卷下册）：北京：商务印书馆，1988年版，第 44 页。

③《瞿秋白文集（政治理论篇）》第 1 卷，北京：人民出版社，1987 年版，第 133 页。

④《瞿秋白文集（政治理论篇）》第 2 卷，北京：人民出版社，1988 年版，第 176 页。

⑤［意］卡洛·M．奇波拉主编：《欧洲经济史》（第 5 卷上册），北京：商务印书馆，1988 年版，第 143 页。

⑥［意］卡洛·M．奇波拉主编：《欧洲经济史》（第 5 卷上册），北京：商务印书馆，1988 年版，第 141 页。

大多数运输工人"。① 因此 1926 年邓中夏在《欢迎英国帝国主义进攻中国的十万大兵》中说："英国现在失业工人，日日增加，而且日日觉得危险可怕。商务很受滋扰。减薪的工人又时时暴动，罢工相继。"② 瞿秋白和邓中夏的描述反映了 20 世纪早期西方国家庞大的失业规模和漫长的失业周期。大规模失业的最直接后果是工人生活的恶化。西方国家由于失业引发的罢工逐渐增多导致社会危机蔓延。

2.西方失业成因

失业是世界各国普遍存在的一种经济现象，也是影响国家发展和稳定的一个重要因素。西方世界严重的失业问题将长期成为西方国家经济困难加剧、阶级矛盾激化和政局动荡的重大因素。西方社会失业的原因成为早期共产主义知识分子关注的焦点。

（1）资本家利用失业控制工人

信息经济学认为，雇主与雇员的信息具有不对称的特征，雇主若要对雇员工作行为进行监督必须付出相应的成本。社会如果充分就业，雇员会选择懒惰，如果因偷懒而被解雇，他们可以立即找到其他工作，这样充分就业因不具有激励作用而使社会滋生懒惰行为。如果社会的失业率越高，因偷懒被解雇所遭受的惩罚就越大，这样激励雇员努力工作的动力就越大。

资本主义生产的动机和目的是尽可能多地生产剩余价值。为了榨取劳动者更多的剩余价值，垄断资产阶级不惜牺牲劳动者的就业权和实际利益，总是希望出现劳动力供过于求的状况。资本家希望得到更多的剩余价值，雇佣更多的工人是最好的方法。如果资本家都为雇佣工人而相互竞争的话，就会把工人的工资哄抬到超过维持其生计的水平，从而减少剩余价值。于是资本家采用了另一种方法就是利用机器代替工人。采用机器会引起因技术发展所致的失业，造成工业失业后备大军，致使工资下降。如果工人要求提高工资，

---

① ［意］卡洛·M.奇波拉主编:《欧洲经济史》(第 5 卷上册)，北京:商务印书馆，1988 年版，第 134 页。

②《邓中夏全集》(中)，北京:人民出版社，2014 年版，第 921 页。

资本家则以庞大的失业队伍威胁令其收入仅能维持基本生存需求。

社会周期性的失业成为资本家"激励"和控制工人的必要武器。根据刘仁静在《英国船港工人罢工的失败》中阐述资本家对工人的控制：自1921年以来，各国资本家的气焰冲天，对于劳动阶级变守为攻。或封锁工厂，几百万工人失业；或减少工时，减少工资；或废除八小时制而代以十小时。[①] 邓中夏在《一九二六年之广州工潮》中认为，"资本家只为各自增高利润而竞争所引起来的恐慌，工人阶级实拜受其赐，到处看见企业倒闭，成千成万的工人被丢在道路上，失业无限的增加起来。"[②] 在资本主义生产中，生产出来的商品或服务为资本家拥有，而工人为了保住饭碗必需的工作，唯有失业的威胁会让他们担忧。

（2）生产下降导致失业

马克思主义认为，由于资本主义制度的内在矛盾及其对抗性和资本主义经济发展的非均衡性，资本和劳动、生产和消费、供给和需求、部门比例失调的矛盾等，归根到底会在积累过程中通过人口过剩、失业等形式表现出来。

失业人口可以随时调节劳动力的供给。资本主义社会存在失业人口是资本主义生产方式存在和发展的必要条件。在资本主义社会，失业人口有三种形式：第一种为流动形式的失业人口，主要存在于现代的工业中心城市。第二种是潜在形式的失业人口，指农业中的过剩人口。第三种为停滞形式的失业人口。主要指没有固定社会职业，只能干点零活的劳动人口。他们的劳动条件最恶劣，收入也最低。周恩来1921年连续撰写四篇文章阐述西方由于产出下降导致的失业。1921年1月5日周恩来前往伦敦开始对英国作社会实况考察。1921年2月周恩来在《欧战后之欧洲危机》中对欧洲各国失业原因作出综合分析："失业者之所以增多，由于商务之停滞，生货之缺乏，资财之不足，税则之重敛，物价之腾贵，工厂之倒闭。凡此种种，均互为因果，以至于产业不能振兴，而工人失业也。是种现状，不仅英法为然，欧洲各国莫不

---

① 仁静：《英国船港工人罢工的失败》，《向导》，1923年第35期，第266页。
②《邓中夏全集》（中），北京：人民出版社，2014年版，第1228页。

然也，而尤以战败国为尤甚。"①1921 年 4 月他在《英国矿工之罢工风潮续志》中特别提及煤场情况："各地工场，因煤产之停止，供给之不足，工人有失业者。"②1921 年 5 月在《英国矿工罢工风潮之再志》指出："各地工场因煤额之减少缺乏，作工时间有缩短者，工人有失业者。"③1921 年 9 月在《欧洲之救济事业》中陈言："欧洲之生产减少，商务停滞，而工人之失业，中产阶级之衰落实蒙其大害，因是无产阶级之人日以加多，不能生活之人日趋死境。"④

　　英国的失业人口属于资本主义社会中的流动过剩人口，他们主要存在于现代工业中心城市，失业工人由于企业生产规模的扩大与缩小，时而被吸收到生产过程中去，时而又被解雇回到失业队伍中。关于英国失业原因的分析，在《共产党》杂志上刊登的《美国共产党宣言》一文也有类似论述："在欧洲的大部分，资本家经营已经不再能行使机能，甚至连生活的必需品也产不出了。现在有几百万的人正在饿死；半饿呢，更久矣算是欧亚两处劳工们的标准命运。"⑤这些失业的描述反映了马克思指出的资本主义制度的内在矛盾是供给和需求矛盾。

　　（3）资本主义私有制所致

　　从工业革命以来，失业就一直缠绕着资本主义。资本主义的衰退和失业对经济造成的损伤代价非常大，资本主义国家不但耗费了大量经济成本，还付出了巨大的社会成本。马克思将造成庞大的失业后备军和工人悲惨境况的根源归咎于资本主义基本制度："社会的财富即执行职能的资本越大，它的增长的规模和能力越大，从而无产阶级的绝对数量和他们的劳动生产力越大，产业后备军也就越大。可供支配的劳动力同资本的膨胀力一样，是由同一些原因发展起来的。"⑥在资本主义经济中完全就业的情况几乎很少发生。长期失

---

　　①《周恩来早期文集》下，北京：中央文献出版社，1998 年版，第 13 页。

　　②《周恩来早期文集》下，北京：中央文献出版社，1998 年版，第 84 页。

　　③《周恩来早期文集》下，北京：中央文献出版社，1998 年版，第 101 页。

　　④《周恩来早期文集》下，北京：中央文献出版社，1998 年版，第 239 页。

　　⑤《美国共产党宣言》，《共产党》第 2 号，第 30 页。

　　⑥《马克思恩格斯选集》第 2 卷，北京：人民出版社，1995 年版，第 258 页。

业群体或者产业"后备军"的存在，对于资本主义来说是必要的。产业后备军主要由工人阶级组成，他们扮演了稳定工资的角色。在劳动力需求增大时部分后备军加入到劳动大军而降低了工资。在经济不景气的时候成为廉价劳动力的来源，从而阻碍工人阶级改变命运的任何可能。

早期共产主义知识分子认为，失业是资本主义私有制的显著现象。瞿秋白说："几十万民众在这私有制度之下，找不到衣穿，找不着饭吃，并且找不到工作做。"①李达也认为："多数的家庭工业手工业和农业的生产人，现在受了资本主义生产的商品的压迫，都变为失业的人，非饿死非冻死不可的了。"②所以他说"失业问题，是资本主义国家最难解决的问题。"③早期共产主义知识分子把失业与资本主义的基本制度联系起来，突出资本与雇佣劳动的对立，揭示了资本主义失业的经济根源。马克思认为，随着资本积累的进行，劳动力的供给日益增加，必然出现两种完全对立的趋势：一方面，资本对劳动力的需求日益相对地甚至是绝对地减少；另一方面，劳动力对资本的供给却迅速增加。结果造成大批工人失业，产生相对过剩人口。相对过剩人口对资本主义生产具有重要作用，具有劳动力蓄水池及有利于资本家控制工人的功能。

三、五四时期中国制度话语的初步建构

制度竞争力是一个国家核心竞争力的必备要素。国与国之间的竞争归根结底是国家制度的竞争，制度强则国强，制度弱则国弱。相比于资本主义制度，社会主义制度是一种全新的制度。

（一）早期共产主义知识分子对"社会主义"的多元解读

"社会主义"一词最早并非出自中国，而是在引进西方思潮的舶来词。在西方，这一概念历经早期社会主义、中世纪社会主义、空想社会主义、经典社会主义、列宁社会主义等阶段，逐渐发展成为马克思主义理论的核心词汇。

---

① 《瞿秋白文集（政治理论篇）》第3卷，北京：人民出版社，1989年版，第371页。
② 《李达文集》第1卷，北京：人民出版社，1980年版，第48页。
③ 《李达文集》第1卷，北京：人民出版社，1980年版，第542页。

"社会主义"概念产生于19世纪。不同派别、不同时代的学者都从不同立场、不同角度对"社会主义"概念作出了多元、动态、立体的解释，认为"社会主义"分别是一种社会运动、一种社会状态、一种社会制度及动态发展。五四时期共产主义知识分子分别从信仰、方法及"知情意"三方面诠释社会主义。

1.作为信仰的社会主义

早期共产主义知识分子心中的社会主义是一种信仰，是公平、自由、富裕的。人类对理想社会的憧憬、对美好生活的向往是千百年来的夙愿，社会主义就是"人类将来的理想"。[①]李大钊认为人类的社会主义理想需要通过运动去实现，他阐述了"主义"与"运动"的关系："一个社会问题的解决，必须靠着社会上多数人共同的运动"[②]，由此必须"先有一个共同趋向的理想、主义"。[③]

第一，社会主义是公平、正义的。首先，李大钊认为社会主义的分配是公平的，"社会主义是使生产品为有计划的增殖，为极公平的分配，要整理生产的方法。"[④]"社会主义不是破坏生产，是求进步的、适合的生产，即整理生产，使归统一，免呈纷乱之象。分配平均，使生产不致过度，社会上遂现一种新的秩序。此实是整理，非为破坏。"[⑤]其次，生产目的决定于生产资料所有制的性质。生产目的是社会主义经济与资本主义经济相区别的一个重要标志，李大钊认为，社会主义是生产、消费、分配的协调发展，"是使生产、消费、分配适合的发展，人人均能享受平均的供给，得最大的幸福。"[⑥]陈独秀则认为资本主页社会是牺牲劳动者扶助资本家、牺牲妇女扶助男子，而社会主义是

---

① 任建树主编:《陈独秀著作选编》第2卷，上海：上海人民出版社，2009年版，第368页。

②《李大钊全集》第3卷，北京：人民出版社，2006年版，第1页。

③《李大钊全集》第3卷，北京：人民出版社，2006年版，第1页。

④《李大钊全集》第4卷，北京：人民出版社，2006年版，第354页。

⑤《李大钊全集》第4卷，北京：人民出版社，2006年版，第196页。

⑥《李大钊全集》第4卷，北京：人民出版社，2006年版，第196页。

扶助"这两种弱者，抵抗这两种强者而发生的"^①正义。社会主义和资本主义制度都追求社会公平理念，资本主义对社会公平的追求是建立在个人主义基础之上追求起点和规则的公平，社会主义以集体主义为准则尽量达到结果的公平。第二，社会主义是自由的。李达认为，"自由主义既成了经济组织的原则，旧日一切拘束就完全打破，有产者取得产业的自由，劳动者是取得饥饿的自由。在所谓自由契约上协定的工钱和别的劳动条件完全给劳动者以不利，他们劳动所得的收入，不能维持动物的生活。"^②李大钊说："社会主义是保护自由、增加自由者，使农工等人均多得自由。"^③第三，社会主义是富裕的。早期共产主义知识分子把能否实现多数人的幸福作为评判社会主义和资本主义价值标准之一。在李大钊看来，社会主义就是人人都能富裕的理想社会，"社会主义是要富的"，^④这是关于社会主义共同富裕本质的最初表达，这样的认识在当时的历史条件下非常可贵，这也成为以后社会主义本质概括的思想源头。

2.作为方法的社会主义

中国人对社会主义的认识在五四运动前后有着明显差别。不管是五四运动前还是五四运动后，中国人都将社会主义作为解决中国问题的方法来探求。

首先，社会主义是生产方法。陈独秀认为必须采用社会主义这种生产方法才能解决女子等弱势劳动者的问题，"吾人生产方法除资本主义及社会主义外，别无他途。资本主义在欧美已经由发达而倾于崩坏了，在中国才开始发达，而他的性质上必然的罪恶也照例扮演出来了。代他而起的自然是社会主义的生产方法"。^⑤"除了社会主义，更没有别的方法。我以为不论男女，都要

---

① 任建树主编：《陈独秀著作选编》第2卷，上海：上海人民出版社，2009年版，第368页。

②《李达文集》第1卷，北京：人民出版社，1980年版，第545页。

③《李大钊全集》第4卷，北京：人民出版社，2006年版，第196页。

④《李大钊全集》第4卷，北京：人民出版社，2006年版，第354页。

⑤ 任建树主编：《陈独秀著作选编》第2卷，上海：上海人民出版社，2009年版，第298页。

研究社会主义，而女子比男子更要奋斗才好。……必要把社会主义作唯一的方针才好。这不单是女子的事，而男子也是这样。所以希望男女要全部努力于社会主义。"① 其次，社会主义是分配方法。在个人消费品分配领域，占主体地位的不同形成了社会主义和资本主义分配方式的不同，"社会主义的生产分配方法，才能免剩余价值、剩余生产等弊"。② 再次，社会主义是根本方法。李达指出劳动者要获得足够的生存资料必须依靠社会主义的方法，"要怎样才能够不受资本家的压迫呢？……这里有一个最大的根本解决方法，就是社会主义。"③ 五四时期的中国人正是依据对社会公平理念的理解和追求将社会主义作为解决中国问题的方法来选择的，这是马克思主义关于人类社会发展规律理论中从方法论视角认识社会主义的思想在中国的呈现。

3."知情意"的社会主义

社会主义既是愿景，也是一种理论和计划。李大钊从知情意三方面去解读社会主义，"（一）知的方面，社会主义是对于现存秩序的批评主义。（二）情的方面，社会主义是一种使我们能以较良的新秩序代替现存的秩序的情感；（三）意的方面，社会主义是在客观的事实界创造吾人在知的和情的意象中所已经认识的东西的努力，就是以工人的行政代替所有权统治的最后形体的资本主义的秩序的努力。"④

作为"知"的社会主义。社会主义是一种知识和理论。李大钊认为，"社会主义就是应运而生的起来改造这样社会，……能够使我们人人都能安逸享福，过那一种很好的精神和物质的生活。"⑤ 李达指出，"社会主义有两面最鲜

---

① 任建树主编:《陈独秀著作选编》第 2 卷，上海：上海人民出版社，2009 年版，第 361 页。

② 任建树主编:《陈独秀著作选编》第 2 卷，上海：上海人民出版社，2009 年版，第 344 页。

③《李达文集》第 1 卷，北京：人民出版社，1980 年版，第 41 页。

④《李大钊全集》第 4 卷，北京：人民出版社，2006 年版，第 88 页。

⑤《李大钊全集》第 4 卷，北京：人民出版社，2006 年版，第 354 页。

明的旗帜，一面是救济经济上的不平均，一面是恢复人类真正平等的状态。"①
陈独秀认为近代文明有三件事情能使人心社会焕然一新，"一曰人权说，一曰
生物进化论，一曰社会主义"。②

作为"情"的社会主义。社会主义是有感情、有温度的。李达认为，"社
会主义确是要改掉十九世纪的文明弊病，是一帖对症的良药。"③恽代英认为，
"社会主义不是从学理上产生的，是从事实上产生的；不是从知识上产生的，
是从感情上产生的。"④陈独秀认为社会主义是"帮助弱者抵抗强者"。⑤

作为"意"的社会主义，就是制度层面的建构。李大钊认为社会主义就
是要建立一种新的制度，"真正的德谟克拉西，其目的在废除统治与屈服的关
系，在打破擅用他人一如器物的制度。而社会主义的目的，亦是这样。"⑥这种
制度特别重要，"主义制度好比行船底方向……改造社会和行船一样，定方向
与努力二者缺一不可。"⑦陈独秀指出在马克思主义之前的社会主义皆是均贫富
的理想化的社会主义，而马克思之后的社会主义"完全是社会经济制度——
即生产和分配方法"，⑧聪明的人类会修正缺点，"废除束缚生产力的私有财产
制，以国家计划的生产代替私人自由竞争，使社会的生产力有更进一步的发
展，这便是社会主义制度的根本意义"。⑨周恩来赴法留学，亲历西方国家的

---

① 《李达文集》第1卷，北京：人民出版社，1980年版，第5页。

② 任建树主编：《陈独秀著作选编》第1卷，上海：上海人民出版社，2009年版，第
164页。

③ 《李达文集》第1卷，北京：人民出版社，1980年版，第4页。

④ 《恽代英文集》，北京：人民出版社，1984年版，第250页。

⑤ 任建树主编：《陈独秀著作选编》第2卷，上海：上海人民出版社，2009年版，第
359页。

⑥ 《李大钊全集》第4卷，北京：人民出版社，2006年版，第88页。

⑦ 任建树主编：《陈独秀著作选编》第2卷，上海：上海人民出版社，2009年版，第
312页。

⑧ 任建树主编：《陈独秀著作选编》第2卷，上海：上海人民出版社，2009年版，第
338页。

⑨ 任建树主编：《陈独秀著作选编》第5卷，上海：上海人民出版社，2009年版，第
279页。

各种现实，认为共产主义者的主张在于建立共产制。从以上论述可见，在他们看来，社会主义是一种制度。

（二）以平等分配为价值核心建构经济制度

有比较才有鉴别，正是通过马克思主义理论与其他理论的比较，中国的先进分子才更清晰地认识了马克思主义的科学性。社会主义在与资本主义的竞争和比较中进入中国民众的视野中。

马克思对资本主义经济中的平等观念进行了批判。马克思从生产关系的三个维度即从生产资料所有制、生产中的地位关系、产品的分配三个方面详尽地阐述了资产阶级平等观的虚假性，揭露了资产阶级平等观实质上并不平等、是资产阶级特权的一面。在生产资料所有制方面，生产资料私有制本身已经决定了工人在社会生产中的不平等地位，因为，资本家占有生产资料，那么工人只能充当被剥削、被压迫的对象。人们在生产中的地位关系是工人既没有自己劳动力的所有权，也没有使用劳动力的平等权。关于社会产品的分配，工人不占有生产资料，在生产出的产品分配上工人与资本家之间是不平等的。工人没有产品的拥有权，产品如何分配、分配多少是由资本家起决定作用的，工人只能处于被支配地位。早期共产主义知识分子认为只有社会主义才能解决工人的地位问题，必须运用马克思的阶级斗争说来开展工人运动，组织共产党并建立无产阶级政权。

对中国而言，社会主义制度是新鲜事物。社会主义制度如何建构？这成为中国早期共产主义知识分子思考的重要任务。马克思恩格斯侧重从资本主义的对立面来认识理想经济制度。"力求锚定陌生的思想，将它们纳入普通的类别和表象中，并将其置于熟悉的背景中。……具体化，即使抽象的事物变得具体，将头脑中的概念变成物质世界的客观存在"。① 陈独秀指出，"我

_____

① ［法］塞尔日·莫斯科维奇：《社会表征》，管健、高文珺，译，北京：中国人民大学出版社，2011年版，第46页。

们改造社会应当首先从改造经济制度入手"。① 根据金观涛、刘青峰的统计，五四知识精英的思考以经济方面的反思最多，《新青年》杂志在 1919 年 1 月至 1921 年 4 月使用"经济"一词时"有 308 次是在讨论历史唯物论时使用的，其中用于批判资本主义经济有 105 次，谈社会主义经济有 100 次。"② 马克思主义认为，未来社会主义的所有制是实施社会直接占有生产资料的公有制，社会生产是与无政府状态的市场经济截然不同的计划经济，产品分配是与剥削的按资分配不同的公平的按劳分配等，这些关于社会主义制度的具体设想成为中国早期共产主义知识分子经济制度建构的起源。

1. 生产资料公有制

生产资料的公有制是马克思主义制度话语的基本原则，是社会主义的重要标志。马克思主义认为，在社会主义制度下一切重要的生产资料和经济机构都应收归国有，劳动人民真正成为生产资料的主人。早期共产主义知识分子把社会主义看作资本主义的对立物，在制度上的反映就是资本公有制。恽代英分析："政治革命后必须由革命政府进行国有的大生产事业，既以安戢游民，复可抵制外资压迫，挽回国际贸易之出超。"③ 恽代英指出社会主义生产目的是为中国大多数人服务。要为劳兵农乃至一切被压迫阶级谋利益，必须使矿山、土地、工厂、银行逐渐收归国有，必须使不劳而获者担负大量的租税。恽代英要求废除各种税制，主张"必须使国家的收入，一大半用于人民的教化与其他利便生活的事业"。④ 为求得社会主义生产力的适度均衡发展，他还提议要在产业不发达的地方发展产业。恽代英在此提出国家要掌握大工业即国民经济的命脉。他提出的"国有"二字，是他对公有制实现形式的一种表述。蔡和森明确指出："'一切生产手段收归社会公有'，这就是劳动运动根本

---

① 任建树主编:《陈独秀著作选编》第 2 卷，上海:上海人民出版社，2009 年版，第 411 页。

② 金观涛、刘青峰:《观念史研究:中国现代重要政治术语的形成》，北京:法律出版社，2009 年版，第 317 页。

③《恽代英文集》上，北京:人民出版社，1984 年版，第 409 页。

④《恽代英文集》上，北京:人民出版社，1984 年版，第 443 页。

的目的"。①陈独秀认为社会主义制度的特点之一是公有制:"社会主义的制度,简单说是:(一)资本集中,(二)财产公有。所以社会主义者对于资本制度的资本集中,并不反对。所反对者,就是财产私有。"②他具体指出要把资本家拥有的生产工具收归公有,"财产公有私有制度,……到了工业社会,家庭的手工的独立生产制已不能存在,成千成万的人组织在一个通力合作的机关之内,大家无工做便无饭吃,无工具便不能做工,大家都没有生产工具,生产工具已为少数资本家私有了,非将生产工具收归公有,大家只好卖力给资本家,公有财产观念,是如此发生的。"③陈独秀、恽代英及蔡和森都提出了建立社会主义公有制的构想,但对社会主义经济组织的设立比较少涉及。

李大钊初步建构社会主义经济组织形式——国有经济。他通过伊利博士对左阿村的研究介绍公有制的优势,一八八六年的时候,左阿村平均每人有五千元美金的财产,是美利坚人均千元美金的五倍。可见在公有制下,富力不但不减,且增加数倍④。把"凡大资本的企业:铁路、矿山、轮船公司、承办运输事业、大规模的制造工业、大商店,收归国有"⑤,以及"自国家银行以下所有的银行,均收归公有"。⑥李大钊已勾画了建立国营经济较为清晰的轮廓。

2.公平分配

按劳分配是马克思主义制度话语的重点之一。早期共产主义知识分子在批判资本主义制度的基础上,摒弃资本主义模式探索社会主义的分配形式。资本主义分配不公平,具体体现在哪里?这种不平等体现在资本主义社会,资本家组织生产的根本目的是获得超额利润而不能实现公平分配。李大钊指

---

①《蔡和森文集》(上),北京:人民出版社,2013 年版,第 85-86 页。

② 任建树主编:《陈独秀著作选编》第 3 卷,上海:上海人民出版社,2009 年版,第79 页。

③ 任建树主编:《陈独秀著作选编》第 3 卷,上海:上海人民出版社,2009 年版,第143 页。

④《李大钊全集》第 3 卷,北京:人民出版社,2006 年版,第 157 页。

⑤《李大钊全集》第 4 卷,北京:人民出版社,2006 年版,第 135 页。

⑥《李大钊全集》第 4 卷,北京:人民出版社,2006 年版,第 135 页。

出："资本主义的产业组织分配的方法极不平均，"①"遂至社会上生产力和消费力失其均衡"② 这样的结果 "使贫富悬隔；社会上各种不调和罪恶"③ 出现。蔡和森认为，私有制下分配的不公导致工人的悲惨命运，"工人阶级的命运，果真只有'卖力'与'饿死'两条路吗？这两条路是谁命定的，是八字，或'上帝'命定的吗？不是的，是资本主义的私有财产制命定的"。④

资本主义制度的生产、分配和人类的精神发展极不相容。资本主义分配导致社会生产和消费失衡，陈独秀指出，"资本主义分配方法的缺点：这个缺点是从财产私有产生出来的。资本制度时代社会的财富，比较农业手工业时代增加得多了。但以财产私有之故，全社会的财富差不多操诸少数资本家之手，多数人则日益减少其购买力，其结果遂至社会上生产力和消费力失其均衡。"⑤ 据此，他提出公平分配的初步设想。陈独秀指出，"在生产方面废除了资本私有和生产过剩，在分配方面废除了剩余价值，才可以救济现代经济的危机及社会不安的状况。"⑥

社会主义公平分配和生产资料公有制是社会主义经济的两大特征。早期共产主义知识分子对社会主义公平分配的把握非常清晰。李大钊认为社会主义的分配应是公平的，"社会主义是使生产品为有计划的增殖，为极公平的分配，要整理生产的方法。"⑦ 马克思认为社会主义制度应实行按劳分配，社会根据劳动者提供的劳动数量和质量分配个人消费品，等量劳动领取等量产品，这种分配方式只有在公有制经济中才能实现。李大钊把生产资料公有制

---

① 《李大钊全集》第 3 卷，北京：人民出版社，2006 年版，第 112 页。

② 任建树主编：《陈独秀著作选编》第 3 卷，上海：上海人民出版社，2009 年版，第 78 页。

③ 《杨匏安文集》，北京：中央文献出版社，1996 年版，第 194 页。

④ 《蔡和森文集》（上），北京：人民出版社，2013 年版，第 85 页。

⑤ 任建树主编：《陈独秀著作选编》第 2 卷，上海：上海人民出版社，2009 年版，第 78 页。

⑥ 任建树主编：《陈独秀著作选编》第 2 卷，上海：上海人民出版社，2009 年版，第 339 页。

⑦ 《李大钊全集》第 4 卷，北京：人民出版社，2006 年版，第 354 页。

与公平分配的原则作为社会主义经济的主要特征：资本主义"崩坏之后，经济上生大变动，生产的方法由私据的变为公有的，分配的方法由独占的变为公平的"。①

3.计划经济

马克思主义认为，公有制和按劳分配的实行必须要求计划经济与之相辅。生产资料公有制建立后必须实行计划经济组织生产以实现供需平衡，避免资本主义"生产过剩"的社会之祸。陈独秀认为资本主义的生产过剩是由于无政府生产，一旦供过于求就会出现生产过剩发生经济危机，只有由公有机关调节才能解决这一问题。他说："一切生产品底产额及交换都由公的机关统计调节或直接经营，务使供求相应，不许私人投机营业，这样才可以救济第二个缺点。"② 瞿秋白认为社会主义"是有规划的经济组织"，③并论述了计划经济是到达国家消灭状态中的必然阶段，"只有这种国家能实行规划的经济生产计划，——逐步取消资本主义之经济的无政府状态，逐步消灭阶级的差别的时候，——国家才能完全消灭。"④ 也就是在社会主义制度下，实行科学、合理、有计划的生产。

计划经济能协调生产与消费。周恩来指出，"共产主义者之直接管理之主张，而其生产者与消费者之划分权限。"⑤ 李大钊与周恩来都主张由国家统一管理。李大钊认为，社会主义社会尽管以计划经济为主体，但仍然存在货币和商品经济："生产品不就是为消费的，有直接分配于消费者，有分配于他业者。后者不过记一记账，前者则须代价。金银纸币流行，可以抚'换'取所

---

①《李大钊全集》第 3 卷，北京：人民出版社，2006 年版，第 112 页。

② 任建树主编：《陈独秀著作选编》第 2 卷，上海：上海人民出版社，2009 年版，第 339 页。

③《瞿秋白文集（政治理论篇）》政治理论篇第 2 卷，北京：人民出版社，1988 年版，第 244 页。

④《瞿秋白文集（政治理论篇）》第 2 卷，北京：人民出版社，1988 年版，第 516 页。

⑤《周恩来早期文集》下，北京：中央文献出版社，1998 年版，第 72 页。

需的物品。"① 他还进一步强调："现在社会主义已到实行之地步，人咸以为实行社会主义之后，决不发生竞争。盖社会由竞争而进步，良好的竞争，是愉快而有味，无不可以行之。"② 他认为传统的计划经济只注重计划机械执行而忽略消费者的实际需要，这必然导致一方面是消费者不需要的产品滞销，而另一方面消费者急需的产品却短缺。可见，李大钊对计划经济的弊端已有一定认识，他的计划经济思想蕴藏着进步的意识，尽管探讨粗略，但对马克思主义经济理论中国化仍然具有启迪作用。计划经济与生产资料公有制、公平分配是社会主义制度优越性的突出标志。发展实业绝对不能采用资本主义发展模式，社会主义是"使生产品为有计划的增殖，为极公平的分配，要整理生产的方法。这样一来，能够使我们人人都能安逸享福，过那一种很好的精神和物质的生活"。③ 李大钊提倡国家管理，"社会主义者主张统统合而为一，由国家管理的"。④ 这些说明李大钊对社会主义制度在经济上的优越性及其特征的认识是很清楚的。

中国的社会主义是共性与特性相结合的制度。早期共产主义知识分子运用马克思主义理论分析中国社会经济问题，并以此为指导构建了未来中国特色社会主义经济的初步模式。尽管他们没能真正实践社会主义经济设想，但是他们尝试将理论、观念形态的马克思主义应用于中国实际，这是马克思主义中国化过程中不可缺少的。李大钊对中国当时政治经济情况作了初步研究，1919 年他在《再论问题与主义》中说："大凡一个主义，都有理想与实用两面……把这个理想适用到实际的政治上去，那就因时、因所、因事的性质情形，有些不同。社会主义，亦复如是"。⑤ 他倡导把社会主义理论应用于中国到确立马克思主义的普遍真理与中国革命的具体实践相结合的原则，后来这一原则成为马克思主义中国化的思维逻辑，成为中国共产党宝贵的精神遗产。

---

① 《李大钊全集》第 4 卷，北京：人民出版社，2006 年版，第 138 页。

② 《李大钊全集》第 4 卷，北京：人民出版社，2006 年版，第 196 页。

③ 《李大钊全集》第 4 卷，北京：人民出版社，2006 年版，第 354 页。

④ 《李大钊全集》第 4 卷，北京：人民出版社，2006 年版，第 365 页。

⑤ 《李大钊全集》第 3 卷，北京：人民出版社，2006 年版，第 3 页。

他强调社会主义的模式需具有本国特性："因各地，各时之情形不同，务求其适合者行之，遂发生共性与特性结合的一种新制度（共性是普遍者，特性是随时随地不同者），故中国将来发生之时，必与英、德、俄……有异。"① 这是中国马克思主义者必须遵循的一条根本原则，他在中国社会主义运动史上第一次建构中国的社会主义制度应兼具科学社会主义的共性及中国本土特色。

（三）建构与经济制度相匹配的政治制度

在国家制度体系中，政治制度处于关键环节。在社会主义的历史进程中，制度体系的建构具有极为重要的意义。社会主义要真正显现出优越性，不能仅仅停留在对资本主义批判的理论层面，而必须在实践中展示其独特的魅力。

马克思主义认为，资本主义私有制决定了工人在政治地位上的不平等。资产阶级的所谓平等只是体现在政治上公民拥有参与政治的自由和平等权利。在资产阶级掌控的国家，平等只是形式上、表面上的，实质上是资产阶级的特权。在资本主义发展初期，形式上承认每个人拥有平等参与政治与国家事务的权利，相对于封建的专制政治、人身依附的等级制度来说确有进步的一面，但平等不应只在政治领域中执行，它还应当在社会、经济的领域中实行。

合理的政治制度能解决一切包括劳工、妇女等社会问题。五四时期中国国内资产阶级与无产阶级的矛盾已十分尖锐，解决社会问题的物质条件和社会力量已日渐成熟。李大钊指出，"我们想解决他，非靠政治的力量不可！"② 早期共产主义知识分子把希望寄托在政治的变革上，"一般知识分子似乎认为只有政治变好了，中国的文化、社会、经济各方面才能跟着起变化……透出对政治力量抱有无限的信任。"③ 蔡和森强调指出，经济制度的根本转变是用政

---

① 《李大钊全集》第 4 卷，北京：人民出版社，2006 年版，第 197 页。
② 《李大钊全集》第 4 卷，北京：人民出版社，2006 年版，第 111 页。
③ 余英时：《文史传统与文化重建》，上海：三联书店 1995 年版，第 434 页。

权的力量来实现的："无产阶级不获得政权，万不能得到经济的解放"。① 他举例说明："专门经济的职业的工团运动"，② 即只主张经济斗争，而不主张政治斗争的工团运动，虽然它也在"现政治下"进行"运动"，但"充其量不过是运动到产业国有，由资本家的'公司'里运动到资本家的'国'里去，这不但于工人无益，而且反巩固'资本家国'的产业组织，以后工人愈难解放"。③ 李达指出无产阶级要谋求自身的解放："要解决社会问题，自身若不取得政权，是不能达到目的的。"④

实行社会主义最重要的是劳动者要取得政权并用政权改建社会经济制度。早期共产主义知识分子认为，劳动者取得政权后必须建立无产阶级专政，在政治上保证中国建立新民主主义社会并向社会主义过渡。瞿秋白认为，"工人阶级，必须取得政权方能将生产资料归之于社会公有，达到他最高的目的。"⑤ 1927 年邓中夏在《一九二六年之广州工潮》中指出："革命的胜利，必然建立一个工人农民小资产阶级联合业的民主主义的专政。这个专政是将一切被压迫阶级——工人农民和小资产阶级联合在一块，一方面要消灭一切封建残余，另一方面继续反帝国主义的奋斗，成一个革命的反帝国主义联合战线的政权。"⑥ 早期共产主义知识分子认为需要利用政权的力量打破资本经济制度。蔡和森认为革命唯一制胜的方法及使命是："打破资本经济制度；其方法在无产阶级专政，以政权来改建社会经济制度。"⑦ 周恩来也指出，"革命成功后，生产的劳动阶级建立了强有力的政府，消灭了私有制度，集中了资本，公有了农田。"⑧

---

① 《蔡和森文集》（上），北京：人民出版社，2013 年版，第 69 页。

② 《蔡和森文集》（上），北京：人民出版社，2013 年版，第 69 页。

③ 《蔡和森文集》（上），北京：人民出版社，2013 年版，第 69 页。

④ 《李达文集》第 1 卷，北京：人民出版社，1980 年版，第 549 页。

⑤ 《瞿秋白文集（政治理论篇）》第 2 卷，北京：人民出版社，1988 年版，第 118 页。

⑥ 《邓中夏全集》（中），北京：人民出版社，2014 年版，第 1260 页。

⑦ 《蔡和森文集》（上），北京：人民出版社，2013 年版，第 56-57 页。

⑧ 《周恩来早期文集》（下），北京：中央文献出版社，1998 年版，第 462 页。

1.建立无产阶级政党

随着近代国家民主政治和政党的发展，政党政治成了世界上普遍的政治现象。从世界范围看，近现代意义上的两个基本政党类型分别是资产阶级政党和工人阶级政党。各个国家的政党制度应由该国特定的历史沉淀和现实条件决定。李大钊认为，资产阶级政党并非服务大众："政党的运用，总每每要拿着别人，供自己利用。"① 陈独秀认为资产阶级的政党政治不适合中国，"利权分配，或可相容；专利自恣，相攻无已。故曰，政党政治，不适用于今日之中国也。"② 美国学者史华慈也谈及毛泽东对政治力量的理解，"毛泽东可能是这些早期党员中少数几个凭借经验意识到列宁主义是一种组织方法，而不单纯是另一种学说的人中的一个。虽然他与李大钊和陈独秀的接触使他了解了马克思主义学说，但是他在湖南组织活动的经验使他认识到'只有在群众行动中产生的群众的政治力量才能实现革命性变革'。当然，这个见解是列宁主义方法的重要内容之一 ——不单纯为实现革命性变革——而是为获得权力。"③

（1）无产阶级政党理论的诠释

马克思把组织无产阶级的革命政党作为自己的终生事业，他用毕生精力深刻阐明了建立无产阶级政党的理论。早期共产主义知识分子对中国政党政治的发展予以特别关注，在政党建设上作了一系列论述。陈独秀"把组织劳工看作党的最重要的任务。因为共产党是工人阶级政党，因为工人阶级是实现社会主义的工具，所以其他所有的都是次要的。"④

第一，中国无产阶级政党的性质。各政党的斗争都围绕着国家政权问题

---

① 《李大钊全集》第 3 卷，北京：人民出版社，2006 年版，第 262 页。

② 任建树主编：《陈独秀著作选编》第 1 卷，上海：上海人民出版社，2009 年版，第 199 页。

③ ［美］本杰明·史华慈：《中国的共产主义与毛泽东的崛起》，陈玮，译，北京：中国人民大学出版社，2006 年版，第 29-30 页。

④ ［美］本杰明·史华慈：《中国的共产主义与毛泽东的崛起》，陈玮，译，北京：中国人民大学出版社，2006 年版，第 30 页。

展开。在资本主义制度下，无产阶级同资产阶级之间的斗争集中表现为资产阶级政党同工人阶级政党之间的斗争，"阶级之别，各树其党"，[1] 在辛亥革命宣传民主共和的浪潮中，中国先后建立了 300 多个大小政派和团体，经过分化组合，形成了 30 多个有一定力量的政党。而中国共产党一成立就表明了阶级性质，党的奋斗目标是"推翻资本阶级的政权"，"承认无产阶级专政"，"消灭资本家私有制"，使生产资料"归社会公有。"[2] 瞿秋白指出，"资产阶级是要法律上的平等，无产阶级是要事实上的平等——最彻底的民权主义，所以中国有无产阶级政党自有其独立的政治主张，"[3] 并指出真正为工人争取利益的"只有共产党。"[4] 在早期共产主义知识分子看来，政党不可能在和平的议会斗争中实现政纲，而只能在领导革命夺取政权后实现纲领。中国共产党深入农村、厂矿、学校宣传马克思主义，发展党员壮大组织力量，组织工人学生参加政治运动。

第二，无产阶级政党要利用资产阶级政党制度提供的空间发展壮大自身。西方政党制度是适应资产阶级管控的需要，为资本主义的政治经济制度服务。同时也为工人阶级政党提供了活动场所，使其成为公开的、合法的政党。马克思恩格斯极力支持工人运动，积极倡议工人阶级充分利用资产阶级政治制度范围内的权利进行合法斗争，壮大发展自身力量。李大钊在《各国的妇女参政运动——在北京大学政治学系的演讲》中运用英国保守党利用女子参政帮助选举的例子说明可以借助资产阶级政党制度来发展自身，具体的做法是"采取平和的手段的，大抵由宪法上、议会上着手。"[5]

第三，无产阶级政党被摒弃。工人阶级政党是以推翻资产阶级制度来实现共产主义为目标的革命政党，必然会受到旧势力的仇视。瞿秋白指出："共

---

① 任建树主编：《陈独秀著作选编》第 1 卷，上海：上海人民出版社，2009 年版，第 222 页。

②《中共中央文件选集》第 1 册，北京：中共中央党校出版社，1982 年版，第 5 页。

③《瞿秋白文集（政治理论篇）》第 2 卷，北京：人民出版社，1988 年版，第 220 页。

④《瞿秋白文集（政治理论篇）》第 1 卷，北京：人民出版社，1987 年版，第 477 页。

⑤《李大钊全集》第 4 卷，北京：人民出版社，2006 年版，第 135 页。

产党不但反对资本家的战争，并且认定要实行工人阶级反抗资本家阶级的战争。"[①] 他进一步分析共产党的国际主义发展下去，资本主义便会挤压，因为"他们都是资本家派到工人阶级里的奸细，所以要这样害怕。他们因为害怕，所以竭力排斥共产党，开除工会里的共产党党员。"[②] 李大钊认为，"商人反动派及政府，均能与此运动以莫大的障碍，任你社会主义者如何宣传，终不能使选民及代议士都变成社会主义者。"[③] 工人阶级政党在资本主义政党下必然受到排斥，工人阶级需要团结起来反抗。

（2）中国无产阶级政党的创建

无产阶级政党是马克思主义者运用科学社会主义理论指导革命实践的介体。在宣传社会主义理论的过程中，早期共产主义知识分子意识到理论可以提高人们的认知，但同时更需要一个以理论为指导的强有力的团体——无产阶级政党，来联合一切可以团结的力量，领导中国革命取得胜利。

世界范围内无产阶级政党产生的时间要比资产阶级政党稍晚。随着资本主义的不断发展，无产阶级和资产阶级的矛盾和冲突日趋激烈，在无产阶级逐步由自在阶级成长为自为阶级时，成立代表无产阶级政治利益的政党进行阶级斗争成为必然要求。早期共产主义知识分子很早就对创建无产阶级政党进行了探索。1920 年蔡和森在给毛泽东的信中指出："我以为先有组织党——共产党。因为他是革命运动的发动者、宣传者、先锋队、作战部，以中国现在的情形看来，须先组织他，然后工团、合作社，才能发生有力的组织。"[④] 1921 年 3 月李大钊发表《团体的训练与革新的事业》一文，从世界及中国的政党作用及发展实际阐明了在中国建立无产阶级性质政党势在必行。他指出："最近时代的劳动团体，以及各种社会党，组织更精密，势力更强大。试看各国罢工风潮及群众运动之壮烈，不难想见。俄罗斯共产党，党员六十万人，以六十万人之大活跃，而建设了一个赤色国家。这种团体的组织

---

① 《瞿秋白文集（政治理论篇）》第 3 卷，北京：人民出版社，1989 年版，第 177 页。

② 《瞿秋白文集（政治理论篇）》第 3 卷，北京：人民出版社，1989 年版，第 177 页。

③ 《李大钊全集》第 4 卷，北京：人民出版社，2006 年版，第 135 页。

④ 《蔡和森文集》（上），北京：人民出版社，2013 年版，第 57 页。

与训练，真正可骇。"①1922年陈独秀在《答黄凌霜》一文中指出，要解决当时的现实问题"只有集中全国民主主义的分子组织强大的政党，对内倾覆封建的军阀，建设民主政治的全国统一政府。"②瞿秋白更明确指出，"中国现在唯一的革命党，便是无产阶级的政党——共产党。"③可见早期共产主义知识分子对政党建设的高度重视。

中国要建设怎样的新型政党？李大钊认为中国建立的政党必须有三个突出的地方，一是具有无产阶级性质，坚持社会主义目标，"这个团体不是政客组织的政党，也不是中产阶级的民主党，乃是平民的劳动家的政党，即是社会主义团体。"④二是具有"强固精密的组织"，并注重团体的训练。李大钊等具有共产主义思想的先进知识分子发出建党的号召："C（Communism）派的朋友若能成立一个强固精密的组织，并注意促进其分子之团体的训练，那么中国彻底的大改革，或者有所依托！"⑤三是各国无产阶级政党团结一致。李大钊分析了国际共产主义发展的新形势，希望中国建设无产阶级政党与各国的无产阶级政党相互支持，他说："中国C派的朋友，那好不赶快组织一个大团体以与各国C派的朋友相呼应呢？"⑥1920年各地已经开始组建共产主义小组。1920年6月，中国上海发起组建立，主要成员有陈独秀、李汉俊、李达等。早期共产主义知识分子较为清晰的阐述了建党的性质、目标、任务和革命方法，在中国组建无产阶级政党的条件逐步成熟。

2.选择马克思主义为指导思想

马克思主义由中国先进的知识分子引入，并在与各种思潮的较量中逐渐被中国社会所认同，继而成为中国共产党的指导思想。早期共产主义知识分

---

① 《李大钊全集》第3卷，北京：人民出版社，2006年版，第269页。

② 任建树主编：《陈独秀著作选编》第2卷，上海：上海人民出版社，2009年版，第470页。

③ 《瞿秋白文集（政治理论篇）》第5卷，北京：人民出版社，1995年版，第32页。

④ 《李大钊全集》第3卷，北京：人民出版社，2006年版，第271页。

⑤ 《李大钊全集》第3卷，北京：人民出版社，2006年版，第271页。

⑥ 《李大钊全集》第3卷，北京：人民出版社，2006年版，第271页。

子对马克思主义的认同及传播，对于中国共产党确立以马克思主义为指导具有极为重要的意义。

（1）坚守马克思主义话语灵魂

《新青年》是早期共产主义知识分子建构马克思主义话语的主阵地。他们在其中发表的文章中贯穿着马克思主义话语灵魂。李大钊于第七卷第六号刊登的《"五一" MayDay 运动史》介绍美国、加拿大等资本主义国家劳工八小时运动的血泪史，倡议"劳工神圣"，呼吁勤苦的工人要起来维护工人阶级的权益。恽代英在 1915 年 10 月发表《为甚么要私产制度？》一文对资本主义私有制度进行质疑及谴责。恽代英十分重视社团的作用，他创办的利群书社在 1920 年正式开始营业，书社不仅直接销售《共产党宣言》《共产主义 ABC》《马格斯资本论入门》等马克思主义经典著作，而且还出版《互助》等多种刊物。1920 年 10 月他在《互助》上发表《未来之梦》一文论述工人应如何与资本阶级斗争问题。1921 年陈独秀先后于第九卷第三号、第九卷第六号刊登的《社会主义批评——在广州公立法政学校演讲》《马克思学说》，对剩余价值说、唯物史观、阶级斗争和劳工专政展开了详细论述。蔡和森 1921 年在《新青年》中发表文章《马克思学说与中国无产阶级》表明"和森为极端马克思派，极端主张：唯物史观，阶级战争，无产阶级专政"。[1] 此外，《马克思派社会主义》《马克思的共产主义》等文章成为指引中国人民逐步走上马克思主义道路的思想明灯。

马克思一生中最重要的两大发现是唯物史观和剩余价值理论。五四时期共产主义知识分子从中国的实际出发，学习、运用马克思主义的理论，主要集中在马克思主义理论以下几个方面。

第一，马克思主义的唯物史观。李大钊把唯物史观列为科学社会主义的重要原则，"社会上层，全随经济的基址的变动而变动，故历史非从经济关系上说明不可。这是马克思的历史观的大体。"[2] 阐述生产力与生产关系的关系，"马克思则以'物质的生产力'为最高动因：由家庭经济变为资本家的经济，

①《蔡和森文集》（上），北京：人民出版社，2013 年版，第 78 页。

②《李大钊全集》第 4 卷，北京：人民出版社，2006 年版，第 401 页。

由小产业制变为工场组织制，就是由生产力的变动而决定的。"① 并阐述经济与精神的相互作用，"不改造经济组织，单求改造人类精神，必致没有效果。不改造人类精神，单改造经济组织，也怕不能成功。"② 李达初步介绍了马克思主义关于上层基础与经济基础的关系："国家之成立，以阶级之对抗为前提；而阶级之发生，又以经济的进化为前提。"③ 1926 年李达在《现代社会学》中对历史唯物主义国家观的基本原理作进一步的阐述，"国家随阶级之对立以俱生，亦将随阶级对立之消灭以俱死。"④

第二，马克思主义的阶级斗争学说。早期共产主义知识分子认为阶级斗争理论对中国的政治变革具有直接的指导意义，并期望通过阶级斗争进行社会革命。陈独秀认为，"国内的资本阶级虽尚幼稚，而国外资本主义底压迫是人人都知道的，因此阶级战争的观念确是中国人应该发达的了"。⑤ 解决办法是"我们只有用阶级战争的手段，打倒一切资本阶级，从他们手抢夺来政权"。⑥ 瞿秋白认为从短期来看，工人对抗资本家的斗争形式是联合城市贫民，"努力实行对于中外资本家的猛烈的阶级斗争，联合一般城市贫民，反对一切税捐，一直到武装暴动。"⑦ 从长远看，中国社会主义前途的实现"必须要无产阶级的阶级斗争，达到高度的发展，建立苏维埃的政权，进于社会主义的建设。"⑧ 针对当时国内有人对阶级斗争的困惑，毛泽东指出是不了解人类进化史的缘故，"人类由原始社会进化为家长社会、封建社会以至于今日之国家，无

①《李大钊全集》第 3 卷，北京：人民出版社，2006 年版，第 21 页。

②《李大钊全集》第 3 卷，北京：人民出版社，2006 年版，第 35 页。

③《李达文集》第 1 卷，北京：人民出版社，1980 年版，第 330 页。

④《李达文集》第 1 卷，北京：人民出版社，1980 年版，第 342 页。

⑤ 任建树主编：《陈独秀著作选编》第 2 卷，上海：上海人民出版社，2009 年版，第 350 页。

⑥ 任建树主编：《陈独秀著作选编》第 2 卷，上海：上海人民出版社，2009 年版，第 298 页。

⑦《瞿秋白文集（政治理论篇）》第 5 卷，北京：人民出版社，1995 年版，第 32 页。

⑧《瞿秋白文集（政治理论篇）》第 5 卷，北京：人民出版社，1995 年版，第 212 页。

不是统治阶级与被统治阶级之阶级斗争的演进。"[1]

第三，马克思主义的剩余价值学说。早期共产主义知识分子对马克思主义剩余价值理论有比较深入的认识。瞿秋白指出资本家赚取剩余价值的过程，"资本家所注意的有两件事：（一）他要制造出有交易价值之消费价值，就是可以出卖的商品；（二）他想使所制造的商品比制造时所费的生产资料及工力的价值（本钱）高些。他不但想制造出消费价值来，他还制造出余剩价值来。"[2]陈独秀痛斥资本家夺去工人工资外的剩余价值，"三角两角以外的剩余工值，都被资本家——股东——用红利底名义抢夺去了，工人丝毫分不着"。[3]瞿秋白和陈独秀都从资本家和工人的具体利益关系诠释剩余价值，李达却从社会层面考察剩余价值产生的结果，"资本家利用收集生产物的剩余价值，坐致巨富，劳动者仅赖工钱以谋生。富者愈富，贫者愈贫，遂划分社会为有产者无产者两大阶级。"[4]

（2）以马克思主义为现实导向

十月革命之后，选择马克思主义成为当时的潮流。经过早期共产主义知识分子的思想动员和社会实践，马克思主义在中国的地位举足轻重。

第一，马克思主义理论的研究倡导。

马克思主义在中国广泛传播后，以马克思主义为指导研究中国状况成为中国思想发展的重要趋势。1921 年 1 月 21 日毛泽东在《给蔡和森的信》中明确指出"唯物史观是吾党哲学的根据，这是事实"。[5]1921 年 11 月 25 日毛泽东在给罗章龙的信中说，制造中国的新空气"要有一种为大家共同信守的'主义'"，"主义譬如一面旗子，旗子立起了，大家才有所指望，才知所趋赴"[6]，这里所讲的"主义"便是马克思主义，表明他对以马克思主义指导中国

---

①《毛泽东文集》第 1 卷，北京：人民出版社，1993 年版，第 34 页。

②《瞿秋白文集（政治理论篇）》第 2 卷，北京：人民出版社，1988 年版，第 374 页。

③ 任建树主编：《陈独秀著作选编》第 2 卷，上海：上海人民出版社，2009 年版，第 231 页。

④《李达文集》第 1 卷，北京：人民出版社，1980 年版，第 30 页。

⑤《毛泽东文集》第 1 卷，北京：人民出版社，1993 年版，第 4 页。

⑥《毛泽东年谱（1893—1949）》，北京：中央文献出版社，2013 年版，第 70 页。

社会改造和发展的认可。

同时，早期共产主义知识分子运用马克思主义研究中国的政治经济。1922年4月陈独秀来到广州。同年5月中国社会主义青年团在广州召开第一次全国代表大会，在会上陈独秀演讲《马克思的两大精神》：第一是"实际研究的精神，"第二是"马克思是实际活动的精神"，号召青年们，尤其是社会主义青年团"须发挥马克思实际活动的精神，把马克思主义学说当做社会革命的原动力"。① 陈独秀认为，我们对于马克思主义"不能仅仅研究其学说，还须将其学说实际去活动，干社会的革命"，② 更需要重视马克思主义在变革社会革命实践活动的具体运用。由此，陈独秀希望中国的先进知识分子能够"以马克思实际研究的精神研究社会上各种情形，最重要的是现社会的政治及经济状况，不要单单研究马克思的学理"。③

第二，马克思主义理论的实践交融。

中国共产党一成立就具有马克思主义的理论基础和无产阶级的阶级基础，这对于中国共产党以马克思主义为指导开展工作，以及形成中国共产党坚守马克思主义的思想传统具有重要意义。

马克思主义指导中国社会变革的一个极为重要的方面是关于中国半殖民地半封建社会性质的判断以及在此基础上对革命对象的认识和把握。"半封建"④ 是恩格斯最早提出的。列宁沿用了"半封建"概念并指出中国是"半封建国家"，⑤ 后来他又提出"半殖民地"概念，并认为波斯、中国和土耳其是3个半殖民地国家，⑥ 但他并没有提出"半殖民地半封建"概念。在探索中国革

---

① 任建树主编：《陈独秀著作选编》第2卷，上海：上海人民出版社，2009年版，第454页。

② 任建树主编：《陈独秀著作选编》第2卷，上海：上海人民出版社，2009年版，第454页。

③ 任建树主编：《陈独秀著作选编》第2卷，上海：上海人民出版社，2009年版，第453页。

④《马克思恩格斯选集》第1卷，北京：人民出版社，2012年版，第574页。

⑤《列宁选集》第2卷，北京：人民出版社，2012年版，第293页。

⑥《列宁选集》第2卷，北京：人民出版社，2012年版，第643页。

命道路的过程中，早期共产主义知识分子运用马克思主义分析中国社会的特殊性质，创造性地提出了"半殖民地半封建"概念，认清近代中国社会走向半殖民地半封建性这一最基本国情。1926年9月1日在《国民革命与农民运动》中毛泽东反复提到"经济落后之半殖民地"。[①] 尽管此时毛泽东没有使用"半殖民地半封建"概念，但他运用"半殖民地""半封建"概念描述中国社会性质，表明他是以马列主义关于"半殖民地""半封建"的论述为指导，为他后来提出近代中国是半殖民地半封建社会的结论作了理论准备。此后毛泽东把中国社会的性质与中国革命联系起来："只有认清中国社会的性质，才能认清中国革命的对象、任务、动力、性质、前途和转变等革命的基本问题。"[②] 并以此为基点和基础制定党的路线方针政策，这是早期共产主义知识分子在近代中国社会性质问题上的创造。

1921年7月23日，中国共产党第一次全国代表大会在上海召开，大会制定了《中国共产党的第一个纲领》，明确了党的奋斗目标——消灭阶级，消灭资本家私有制度。

"①革命军队必须与无产阶级一起推翻资本家阶级的政权，必须支援工人阶级，直到社会的阶级区分消除为止；②承认无产阶级专政直到阶级斗争结束为止，即直到消灭社会的阶级区分；③消灭资本家私有制，没收机器、土地、厂房和半成品等生产资料归社会公有；④联合第三国际。"[③]

从中共"一大"纲领中可以看出，中共把推翻资产阶级和消灭资本家私有制作为自己的首要目标，是早期共产主义知识分子以马克思主义理论为指导对资本主义无情批判产生的重要影响。

中共"二大"把反对帝国主义作为革命的目标之一，早期共产主义知识分子等对帝国主义的批判也起了一定作用。1921年陈独秀指出巴黎和会上英法帝国主义侵略的意图在转嫁经济危机，"他们的国家组织都立在资本主义上面，若是放弃了侵略主义军国主义，他们国里的大批剩余生产如何销纳，如

---

① 《毛泽东文集》第1卷，北京：人民出版社，1993年版，第37页。

② 毛泽东：《中国革命与中国共产党》，《共产党人》，1940年第5期。

③ 《建党以来重要文献选编》第1册，北京：中央文献出版社，2011年版，第1页。

何救济经济危机，如何维持他们资本阶级底地位呢？"[1]并指出帝国主义列强是中国的第一罪魁："帝国主义的列强，在中国经济的政治的侵略双管齐下，直弄得中国民穷财尽兵匪满地，又复扶助军阀，抑压革新进步的人民……断绝中国维新自强的一切道路。"[2]毛泽东认为对帝国主义的认识可归纳为感性和理性认识："第一阶段是表面的感性的认识阶段……第二阶段才进到理性的认识阶段，看出了帝国主义内部和外部的各种矛盾，并看出了帝国主义联合中国买办阶级和封建阶级以压榨中国人民大众的实质，这种认识是从一九一九年五四运动前后才开始的"。[3]

此外，列宁认为，人民群众是革命中的重要力量。没有群众基础就难以完成革命事业。早期共产主义知识分子逐渐在实践中推动中国工人运动逐步走向高潮。1922年5月在广州先后分别召开了第一次全国劳动大会和中国社会主义青年团第一次代表大会，两个大会促进了中国工运的第一次高潮。

3.建构社会主义具体制度

社会制度作为对人的行为以及人与人之间关系进行调节和规约的外在规范，最初是通过风俗习惯等形式表征出来的，之后道德、法律逐渐成为重要的制度载体。从根本上说，一定社会制度的本质特征和表现形式总是与一定历史阶段的生产方式、分工水平和社会关系状况相适应。社会主义不仅是一种理论、一种学说，还是一种现实的社会制度，发挥着改造世界的强大功能。

（1）组建社会主义人民代表制

第一个无产阶级专政政权——巴黎公社为中国的无产阶级政权建设提供了经验。马克思主义认为，无产阶级国家形式应该是共和国，在政体上应当是共和制，但不能照搬资产阶级的议会制共和国的形式。社会主义人民代表

---

① 任建树主编：《陈独秀著作选编》第2卷，上海：上海人民出版社，2009年版，第343页。

② 任建树主编：《陈独秀著作选编》第3卷，上海：上海人民出版社，2009年版，第57页。

③《毛泽东选集》第1卷，北京：人民出版社，1991年版，第289页。

制是在继承马克思主义国家学说的基础上，把马克思主义国家学说与中国的具体国情相结合而产生的具有中国特色的政治制度，是马克思主义中国化的重要成果。

在中国无产阶级政党的具体实践中，从开始建立苏维埃政权之日起，中国共产党就开始思考建立一种什么样的新型政治制度。中国共产党自第一次全国代表大会时就旗帜鲜明地提出用革命的手段实现社会主义和共产主义的奋斗目标，明确规定"党采取苏维埃的形式，把工农劳动者和士兵组织起来……"① 在第二次全国代表大会上提出了最低纲领和最高纲领，打倒军阀；推翻国际帝国主义的压迫；统一中国使它成为真正的民主共和国。由此可以看出，中国共产党根据马克思列宁主义的国家学说，自成立开始就为中国人民指出一条争取解放、当家作主的正确道路。至1927年初，共产党人已经基本明确革命后的政权性质即国体，而对政体问题也进行了一些探索。1916年李大钊在《省制与宪法》一文中提倡适应国情的政治体制，"盖政制之规定宜本特定之事实，无需抽象之名称，因乎国情制为适应之制度。"② 而在《辟伪调和》一文中，李大钊进一步指出政体必须与国体相适应，否则"政治与国体不适，则其政治必无良象。"③ 这表明李大钊深入理解马克思主义无产阶级国家形式问题，致力于建立一种适宜于发展无产阶级专政与无产阶级民主的国家形式。

中国共产党在建立苏维埃政权的基础上结合中国的实际制定未来国家蓝图。1926年10月到1927年3月，中国共产党领导上海工人阶级，在北伐胜利进军的形势下连续举行三次武装起义，推翻军阀统治并组织以工农小资产阶级为主体的联合政府——上海市民政府，实践了早期共产主义知识分子在这一时期对未来国家政权的设想。这是中国共产党在学习法国巴黎公社和俄国十月革命及建立苏维埃政权的基础上制定的未来国家轮廓。它在局部地区

---

① 中共中央党校党史教研室资料组：《中国共产党历次重要会议集（上）》，上海：上海人民出版社，1982年版，第16页。

②《李大钊全集》第1卷，北京：人民出版社，2006年版，第222页。

③《李大钊全集》第2卷，北京：人民出版社，2006年版，第164页。

初步提出一套关于国家政权理论而成为新民主主义政权的萌芽形式，为后来无产阶级领导的、以工农联盟为基础的人民民主专政国家政权的诞生提供了宝贵经验。

（2）倡导民主选举

民主选举的基础是无产阶级的选举民主实践。巴黎公社首先开创了无产阶级选举民主的先例，产生公社委员、法官和一切公职人员。俄国十月革命刚刚胜利，列宁就立即着手建立和健全选举制，制订选举章程，实行比例选举制等。早期共产主义知识分子在批判西方社会的金钱选举基础上阐释和倡导民主选举制度。

第一，关于普选权。

在19世纪90年代以前，无论是马克思还是恩格斯都对普选制持批判态度。在他们看来，普选制不过是每隔几年决定一次究竟由统治阶级中的什么人在议会里镇压人民和压迫人民，这就是资产阶级议会制的真正本质。19世纪90年代以后，形势发生了根本性变化，普选制在欧洲一些主要国家得到了一定程度的发展，特别是在德国和法国，工人阶级利用普选权获得了很大的成功。

早期共产主义知识分子开始思考在中国实行普选权问题。陈独秀提出，"由团体全员投票选举；选举权和被选举权都不应当有教育、财产、男女、地位的限制。"[1] 同时，他认为选举更不能为强权所左右，"吾人主张用普通选举法选举而不为军阀势力所支配的新国会。"[2] 李大钊认为普选权是共和国中最基本的体现："没有普通选举，还称得起是个共和国么？"[3] 他还描绘了一幅美好的在农村实现普遍选举权的图景，"只要农村里有了现代青年的足迹，作现代文明的导线，那些农民们自然不会放弃他们的选举权，不会滥用他们的选举

---

① 任建树主编：《陈独秀著作选编》第2卷，上海：上海人民出版社，2009年版，第124页。

② 任建树主编：《陈独秀著作选编》第2卷，上海：上海人民出版社，2009年版，第489页。

③《李大钊全集》第2卷，北京：人民出版社，2006年版，第310页。

权，不会受那都市中流氓的欺、地方上绅董的骗，每人投的清清楚楚的一票，必能集中到一个勤苦工作、满腹和劳工阶级表同情的人身上。"① 普选权原则虽是选举制度最根本的原则，但西方国家在资产阶级革命后的相当长的时期里，选举权曾受到各种严格限制，直至20世纪才在法律上逐步规定了普遍选举权原则。早期共产主义知识分子能在当时提出普选权的实施，意识是非常超前的。尽管目前普选权在各国得到承认，但在具体实践中仍然面临许多具体问题，很难全部实现。这既有政治上的因素，也有操作上的技术问题，还与人们的认识有关。

第二，直接民主与间接民主。

民主具有两种实现形式：直接民主与间接民主。所谓直接民主是指公民不借助于中介或代表，自己对自己的事务进行直接管理的一种制度与形式；所谓间接民主指的是公民通过选举出来的代表来进行公共事务的管理。直接选举，就是所有法定选民都参加大选并直接推举国家领导人。而间接选举，是指具有选举权的所有公民，先选出可以代表自己政治主张的选举人（或代表），然后再由选举人（或代表）参加大选并选出国家元首。

从理论上看，直接选举能更公正、准确地表达选民的意愿，实现选民的意志。李大钊认为直接选举更能直接地体现民主，比间接选举具有更高的公开性，更容易防止选举被操纵。1919年2月，他在《劳动教育问题》一文中指出，"因为Democracy的精神，不但在政治上要求普通选举。"② 同时，李大钊又认为选举制度的选择应该根据国情而决定，他在《欧洲各国选举制考》中指出："选举制，究当何取，国情先例，两相鉴衡。"③ 他还考察了五四时期中国农村及选民的情况，"无论所行的是限制选举，抑是普通选举，那选民的生活本据，大多数都在农村"。④ 李大钊认为直接选举不适宜在当时的中国实行："吾虽主张一院制，而与选举法殊有关联之处，以吾民今日之普通程度，

①《李大钊全集》第2卷，北京：人民出版社，2006年版，第306页。
②《李大钊全集》第2卷，北京：人民出版社，2006年版，第292页。
③《李大钊全集》第1卷，北京：人民出版社，2006年版，第72页。
④《李大钊全集》第2卷，北京：人民出版社，2006年版，第306页。

决不足与图共和之治，故一院制之初行，必与选举制度之间接选举、限制选举相佐辅，若贪企共和国之公例，骤欲行直接普通选举，则吾愿宁牺牲所主张之一院制，转取二院制，庶于国体前途尚减多少之危险也。"① 由于我国人口众多，以及当时我国民众受教育的机会不太多，公民的文化水平普遍不高，农村中大量存在文盲现象，这些都限制了直接选举的实施。

---

① 《李大钊全集》第 1 卷，北京：人民出版社，2006 年版，第 53-54 页。

第五章　早期共产主义知识分子
批判西方社会建构马克思主义话语的分析

马克思主义自创立之初便始终秉持着意识形态批判的革命理路和学术传统，构成了其独特的资本主义批判话语。马克思、恩格斯首创了用一种政治话语来批判另一种政治话语的话语建构方法，一方面批判资产阶级政治话语，另一方面建构无产阶级政治话语。

一、早期共产主义知识分子批判西方社会建构的特征与影响

对资本主义的批判历来是马克思主义十分关注的理论问题。马克思对资本主义的批判摒弃了以往资本主义批判的局限，从哲学和政治经济学两个维度切入并通过批判实现了理论的革命性建构，在唯心主义哲学批判中建构了历史唯物主义哲学，在资本主义经济学批判中建构了剩余价值理论。

（一）早期共产主义知识分子批判西方社会建构的背景及特征

以马克思主义资本主义批判话语为榜样，早期共产主义知识分子同样以批判话语驱散资本主义意识形态的迷雾。他们一方面沿袭马克思的批判精神继承了马克思主义对资本主义的某些批判，同时建构了五四时期马克思主义话语。中国马克思主义话语建构绝不是俄国的简单复制，而是其内在思想与意义的延展和重塑。马克思主义话语在与其他的话语体系相互交锋的交往实践之中，形成了独具中国特色的特征。

1.批判建构的逻辑理路

五四时期马克思主义话语建构有着清晰的逻辑思维，围绕为什么要批判和建构、如何开展批判建构、批判建构涉及哪些内容等问题进行了深入思考并逐步推进，展现了早期共产主义知识分子的深刻认识和逻辑理路。

马克思主义理论是早期共产主义知识分子建构马克思主义话语的源头。马克思恩格斯提出废除生产资料私有制，是以当时最发达的英国为原型剖析，并以资本主义生产危机为依据："自从1825年第一次普遍危机爆发以来，整个工商业世界，……差不多每隔十年就要出轨一次。交易停顿，市场盈溢，产品大量滞销，银根奇紧，信用停止，工厂停工，工人群众因为他们生产的生活资料过多而缺乏生活资料，破产相继发生，拍卖纷纷沓来"。① 这种生产力和产品大量浪费或破坏需一个较长的周期逐渐恢复然后又周而复始。依据这一矛盾，马克思指出生产资料社会化必将代替资本主义生产资料的私有化。早期共产主义知识分子从中国的革命及新道德建设的现实需要出发提出废除生产资料私有制，1920年12月陈独秀在《复东荪先生底信》中谈道："若果资本主义能使中国人都得着人的生活，大家既然不以抬轿为苦，反以不得抬轿为忧，便是外国的资本主义也应该欢迎的"。② 这促使人们放弃资本主义经济模式、思考与构建社会主义经济模式。

五四启蒙作为中国从西方话语向马克思主义话语转变中中国话语构建不可缺少的重要关节点。批判资本主义最终是为了建构自己的话语体系，五四时期马克思主义话语建构沿着"启蒙话语——革命话语——制度话语"的逻辑理路推进。首先，建构启蒙话语。思想启蒙主张个体的独立、自由、平等，倡导五四新文化运动为中国近现代启蒙思想奠定了理论基础，是五四启蒙理念的思想根源。五四时期国家危亡、东西方文化激烈碰撞，早期共产主义知识分子以思想启蒙去对抗传统专制，主张个人的权利和自由。随着救亡的迫切要求，民主科学理念的传播推动知识分子不断探索解决中国实际问题的可

---

① 《马克思恩格斯选集》第3卷，北京：人民出版社，1995年版，第749-750页。

② 任建树主编：《陈独秀著作选编》第2卷，上海：上海人民出版社，2009年版，第305页。

行方案。早期共产主义知识分子在中西文化和价值理念的磨合中逐渐认识到西方资产阶级文明以及共和国的方案不能解决中国的实际问题。俄国十月革命的爆发和马克思主义的传入为摸索中的知识分子带来了新希望，马克思主义的理念启蒙逐渐超越西方资本主义文明启蒙。五四运动后马克思主义的无产阶级革命理念逐渐从理论走向工农实践，多种报刊杂志的出版、各地青年社团及平民教育讲演团的成立等都为实现以工人阶级领导的民主主义革命提供新的契机。其次，建构革命话语。在民主科学思想的启蒙下，以个人自由为核心的人的解放和人权意识、无产阶级和劳动人民的革命观念也在成熟。马克思主义高度重视革命在人类社会发展进程中的重大作用。建党初期，中国共产党明确用"国民革命"代指中国革命的性质。随着革命实践的发展，中国共产党逐渐认识到直接开展无产阶级社会主义革命不符合中国革命现实，中国革命必须分两步走，首先完成资产阶级民主革命任务，再进行社会主义革命。最后，建构制度话语。早期共产主义知识分子认为生产资料私有制是导致社会贫富分化的根源，只有以社会主义公有制代替资本主义私有制，从根本上废除人剥削人的社会经济基础，用社会主义制度取代资本主义制度，实行生产资料公有制，有计划地组织生产实行按劳分配，在政治上以革命手段推翻有产阶级的社会，建立无产阶级专政，才能实现社会平等的理想社会。

五四时期马克思主义启蒙话语、革命话语、制度话语三者层层递进、相辅相成。启蒙话语是思想理论基础，为革命话语提供指导，革命话语是具体行动，制度话语是革命的成果。

2.差异批判

话语是意识形态彰显与表达的外在形式。话语是由冲突推动的，意识形态是在对立关系中建立起来的，话语的意义是通过不同事物彼此之间否定的关系才表明出来的。这种关系"不包含与锚定无关的思想或知觉概念，这也把存在于思想或知觉中的所谓的偏见排除在外。每个分类系统和系统间的关系都预设了某一特定的立场，即基于共性的一种观点。如果系统存在一个适

合所有客体的基本意义，那么我们就不可能再获得比它更普遍和公正的系统
了。经常被描述的偏见未能说明个体层面的、社会的或认知上的不足和局限
性，而是准确地说明了社会中异类的个体或群体间的、最普遍的差异性。"①近
代以来，社会主义以平等的经济理想、公正的社会秩序和超越资本主义现代
性弊端而成为社会各阶层向往的目标。

为了让国人对社会主义有更深入的认知，早期共产主义知识分子通过比
照阐述社会主义与资本主义劳动的差异。在资本主义制度下，"资本"是真正
的主人，资本逻辑是社会的主导逻辑，资产阶级制度除了代表"资本"利益，
没有别的选择。"劳工神圣"与"罢工"，"为资本家做工是奴隶事业，为社
会做工是神圣事业，头脑清楚的人应该懂得这个区别。……我盼望社会上要
把这个道理弄清楚，免得思想新的资本家又来假劳工神圣的名义欺骗劳动者，
替他拼命做工。"②在资本主义制度的"资本"逻辑下，呈现极少数资本家和绝
大多数平民的利益牵扯，经济发展和生命健康的利益冲突，人民形式上有权
实际上无权的状态。而在社会主义制度下工作"是很愉快的，很舒服的，并
不像现在资本主义制度下的工作，非常劳苦，同那牛马一样，得不到一点人
生的乐趣。"③1921年陈独秀在广东女界联合会发表关于妇女问题与社会主义
的演说中，针对有人认为"不必社会主义，女子也可独立"④提出反驳"这句
话初看来，很有道理，但很错了"，⑤事实上，女子离开家庭谋求独立生活，去

---

① ［法］塞尔日·莫斯科维奇：《社会表征》，管健、高文珺，译，北京：中国人民大
学出版社，2011年版，第54-55页。

② 任建树主编：《陈独秀著作选编》第2卷，上海：上海人民出版社，2009年版，第
311页。

③《李大钊全集》第4卷，北京：人民出版社，2006年版，第355页。

④ 任建树主编：《陈独秀著作选编》第2卷，上海：上海人民出版社，2009年版，第
360页。

⑤ 任建树主编：《陈独秀著作选编》第2卷，上海：上海人民出版社，2009年版，第
361页。

什么地方生活"都在资本主义制度之下……都是奴隶"。①

社会主义与资本主义还存在其他差异。"不能被识别的事物被赋予了社会同一性——科学概念变成了日常谈话的一部分，个体或症状只不过是熟悉的科技术语。原先在交互世界中没有任何意义的事物被赋予了意义。我们几乎可以说这种对名字的复制和再生对应了一种名义主义倾向，即通过将人或物归入一个普遍的社会表征中来识别它们的需要。……通过这种方法，那些谈论和被谈论的人就被强行纳入一个同一性矩阵中，他们没有选择权，也没有控制权。"② 社会主义与资本主义的差异表现在意识形态目标、政权形式及前途发展上。第一，意识形态目标的差异非常明显，"意识形态目标应该是高于民族国家利益的，这就是反对西方帝国主义和建立不同于资本主义的新社会。"③ 第二，革命的政权实行的无产阶级专政是本国独有的，"中国革命的政权问题，并不是土耳其的资产阶级政权，也不是俄罗斯的无产阶级政权，而有中国自己的第三种形式。"④ 第三，中国革命的前途并非发展资本主义，"如中国建立资产阶级政权使资本主义发展，这不是革命的前途，而是反革命的前途。"⑤

公有制与私有制下的人生动力存在差异。针对有人提出私有财产废止后人类就缺失努力进步的动机了，一方面，胡适曾为此以医生发明新医术造福人类为类比作出辨析，"许多科学家把他们的大发现送给人类，他们自己何尝因此发大财？近年英国医生发现了一种医肺病的药方，试验起来，有百分之八十五的成绩；但他不肯把药方告人，所以英国医学会会说他玷辱科学家的资格，所以把他的会员资格取消了。试问，难道今日的医生因为科学的尊严不许他谋私利，就不肯努力去发明新医术或新方子吗？……无论在共产制或私

---

① 任建树主编：《陈独秀著作选编》第 2 卷，上海：上海人民出版社，2009 年版，第361 页。

② ［法］塞尔日·莫斯科维奇：《社会表征》，管健、高文珺，译，北京：中国人民大学出版社，2011 年版，第 53 页。

③ 金观涛：《历史的巨镜》，北京：法律出版社，2015 年版，第 143 页。

④《邓中夏全集》（中），北京：人民出版社，2014 年版，第 1259–1260 页。

⑤《邓中夏全集》（中），北京：人民出版社，2014 年版，第 1260 页。

产制之下，有天才的人总是要努力向上走的。"① 积极的社会令人们充满希望、动力十足，跟是否实行公有制还是私有制没有关系。但另一方面，胡适认为资本主义与"自由、平等、博爱"背道而驰，"向资本家手里要求公道的待遇，等于'与虎谋皮'。救济的方法只有两条大路：一是国家利用其权力，实行裁制资本家，保障被压迫的阶级；一是被压迫的阶级团结起来，直接抵抗资本阶级的压迫与掠夺。"②

3.辩证批判

所谓辩证性是指不割裂话语与它所依赖的各种社会历史条件之间的相互影响、相互制约的联系。新文化运动初期，陈独秀看到了资本主义文明中民主、科学的先进因素，"新文化运动要注重创造的精神。创造就是进化，世界上不断的进化只是不断的创造，离开创造便没有进化了……新文化运动影响到政治上，是要创造新的政治理想，不要受现实政治底羁绊。"③ 而他反对在中国实行西方的政治制度，"按照我们中国的历史、习惯、民情、风俗，都不必勉强学他"。④ 陈独秀一方面认为西方文明制度优于中国，"单就经济能力而言，我们中国人此时万万赶不上。倘不急起直追，真是无法可以救亡"。⑤ 但另一方面认为资本主义的缺陷也很突出，"西洋民族，自古迄今，彻头彻尾，个人主义之民族也。"⑥

中国的政治传统有瑕疵，西方政治的缺陷也十分突出。陈独秀提倡辩证

---

① 《胡适全集：书信（1907—1928）》第 23 卷，合肥：安徽教育出版社，2003 年版，第 504–505 页。

② 《胡适全集》第 3 卷，合肥：安徽教育出版社，2003 年版，第 11 页。

③ 任建树主编：《陈独秀著作选编》第 2 卷，上海：上海人民出版社，2009 年版，第 221 页。

④ 任建树主编：《陈独秀著作选编》第 2 卷，上海：上海人民出版社，2009 年版，第 38 页。

⑤ 任建树主编：《陈独秀著作选编》第 1 卷，上海：上海人民出版社，2009 年版，第 358 页。

⑥ 任建树主编：《陈独秀著作选编》第 1 卷，上海：上海人民出版社，2009 年版，第 194 页。

看待当时中国的民主政治，"一方面既采用立宪共和政体，一方面又采唱尊君的孔教，梦想大权政治，反对民权"。① 他认为不能再沿袭中国的政治传统但也不能效仿西方，因为"以欧美资产阶级所标榜之民主国家而论，所谓民主，虽实际只限于狭小范围，而其统治者亦不敢公然躬自撕毁其民主之假面，不得不以普选议会之名，掩饰其专政"。② 怎么解决此两难问题？陈独秀回复罗素，"仍旧用资本主义发达教育及工业，或是用社会主义？……幸而我们中国此时才创造教育工业在资本制度还未发达的时候，正好用社会主义来发展教育及工业，免得走欧、美、日本底错路"。③

在文化及价值观层面的分歧。胡适从文明形态角度看待资本主义，认为西方社会的科学方法及法治制度等现代化因素是值得中国学习的。他针对商品生产和资本集中被认为是资本主义弊端的观念进行理性分析，"资本主义为商品而生产，然而间接直接地抬高了无数人的欲望，增加了无数人的需求，所以有人说商业是文明的传播者。所以为商品而生产并不是资本主义的罪状，也可以说是他的一大功绩呵！"④ 资本主义资本集中的优势体现在生产和分配方面，"'从生产的方面说，资本集中而未尝不可以同时所有权分散在无数人，生产力增加而未必减少工人，增加工作时间，更未必增加物价。故凡种种劳工保障法，如八小时工作，如最低工资保障，皆是资本主义的国家里的现行制度。从分配的方面说，私有财产的国家里，未尝没有级进的所得税，级进的遗产税，未尝不根本推翻'财产权神圣'的观念。故在资本主义国家之中，

---

① 任建树主编：《陈独秀著作选编》第 1 卷，上海：上海人民出版社，2009 年版，第419 页。

② 任建树主编：《陈独秀著作选编》第 5 卷，上海：上海人民出版社，2009 年版，第67 页。

③ 任建树主编：《陈独秀著作选编》第 2 卷，上海：上海人民出版社，2009 年版，第303 页。

④《胡适全集：时论（一）》第 21 卷，合肥：安徽教育出版社，2003 年版，第 420-421 页。

所得税有超过百分之五十的，遗产税有超过百分之五十五的。"①胡适曾对社会主义也有思考和赞赏，但从文化取向和价值观上他更倾向西化。

4.开放建构

人类生存的世界是由多元复杂系统组成的彼此联结、主客交融互为因果的有机整体。开放性建构思维建立在反机械主义的本体论和认识论基础之上，"处理开放式话语的分析者就会发现，他们能够在自己的支配下，相对容易地从资料中建构出有关事件、过程和观念的一致性的叙事。与他们偏爱的叙事相一致的版本，就会被实体化，而与它相冲突的版本，则予以反讽。实体化和反讽可能是非常隐晦的，但我们可以通过对分析者使用参与者的话语的方式，予以仔细和批判性地考察，从而把它们揭示出来。"②《新青年》杂志就以一种开放包容的姿态吸收借鉴国外先进思想，促进马克思主义在中国传播，进而推动中国革命的历史进程。

开放性建构认为世界的本质是建构、交互、联系、动态和复杂的，而非物化、机械、单向、静态的。陈独秀赞赏西方致力生产力提升、崇尚法治精神及先进的教育理念，1916年陈独秀对西方国家重视人力资源发展十分推崇，"今日西洋各国国力之发展，无不视经济力为标准……人力应视为最重大之生产要素"。③"西洋所谓法治国者，其最大精神，乃为法律之前，人人平等，绝无尊卑贵贱之殊。"④"我们中国教育，若真要取法西洋，应该弃神而重人，弃神圣的经典与幻想而重自然科学的知识和日常生活的技能。"⑤虽然西方国家

---

① 《胡适全集：时论（一）》第21卷，合肥：安徽教育出版社，2003年版，第421-422页。

② ［英］乔纳森·波特、玛格丽特·韦斯雷尔：《话语和社会心理学》，肖文明、吴新利，等译，北京：中国人民大学出版社，2006年版，第37页。

③ 任建树主编：《陈独秀著作选编》第1卷，上海：上海人民出版社，2009年版，第232页。

④ 任建树主编：《陈独秀著作选编》第1卷，上海：上海人民出版社，2009年版，第250页。

⑤ 任建树主编：《陈独秀著作选编》第1卷，上海：上海人民出版社，2009年版，第359页。

有可借鉴的地方，但陈独秀认为，与资本主义相比，社会主义制度的特点是
"聪明的人类，乃企图设法再修改自己的缺点，即是废除束缚生产力的私有财
产制，以国家计划的生产代替私人自由竞争，使社会的生产力有更进一步的
发展，这便是社会主义制的根本意义"。① 陈独秀虽然极力推崇社会主义制度，
但并不自以为是。他在《答蔡和森（马克思学说与中国无产阶级）》中对革命
与类似于自然进化的唯物史观的不同作出解释，同时还表示"很盼望赞成或
反对马克思主义的人加以详细的讨论"。②

　　开放性与封闭、隔离、自我中心及自我利益、狭隘、专横、排斥、被动
等概念相对应。五四时期，在宽松开明的氛围中资本主义被猛力批判，但胡
适针对资本主义资本管理权集中所有权分散提出了自己的思考，"一方面资本
一天比一天集中于少数人手里，别方面小资本家渐变成贫穷的，贫穷的一天
一天变成无产者。……这是所谓'资本集中'的现象。但是这又是马克思的
梦想，和五六十年代来的事实完全不对。马克思只看见资本集中，而不看见
资本的管理权虽集中，而资本的所有权仍可以分散普及，如一个一万万元的
公司，不妨分作一万股，也可分作十万股，也可分作一百万股。"③ 他还从不同
视角看待资本及资本家，反对有人认为资本家千方百计制造贫乏的观点，"资
本家欲在世界上占势力，互相竞争，便不得不设法产生贫乏。欲产生贫乏，
便不得不压迫劳动者，增加工作时间，减少工银。这种话给现代的资本家听
见了，真要笑掉牙齿，现代的资本家的第一要义是'设法产生富裕'，人民越
富裕，越有剩余资本可以买股票、买债券、保寿险、做储蓄；人民越富裕，购
买力越大，才能多买资本家所造出的商品。故说资本家不得不设法产生贫乏，
竟是梦话。"④ "至于'增加工作时间，减少工银'的方法，也是一种已渐渐成

---

① 任建树主编:《陈独秀著作选编》第5卷，上海:上海人民出版社，2009年版，第
279页。

② 任建树主编:《陈独秀著作选编》第2卷，上海:上海人民出版社，2009年版，第
412页。

③《胡适全集:时论（一）》第21卷，合肥:安徽教育出版社，2003年版，第420页。

④《胡适全集:时论（一）》第21卷，合肥:安徽教育出版社，2003年版，第419页。

为过去的方法。现在的资本主义，早已明白工作时间的减少和工银的增加都是增加效率的法子，效率愈增加，得利更大。"①这些见解在当时普遍认为资本家靠增加工时减少工银产生剩余价值的洪流中更显独特思考的魅力。

社会主义文化建设要与现实相结合。对于社会主义文化建设，早期共产主义知识分子不但提出了"艺术文明"的未来愿景及开放性等原则，还具体指出文化建设不能仅仅只停留在理论上，还要与现实相结合。李大钊明确指出："要想把现代的文明，从根底输入到社会里面，非把知识阶级与劳工阶级打成一气不可"。②为此，他号召知识青年深入工厂农村，为广大工农群众传授文化知识。1924年邓中夏在《论劳动运动》中指出，"劳动运动，应视文化之提高和政治之宣传为唯一的工作。"③邓中夏说的劳动运动即工人运动，在实践中提高他们的文化水平和进行政治宣传。这样早期共产主义知识分子摆脱了新文化运动初期只在知识界作宣传、脱离民众的弱点，指出了中国文化建设的实践性，他们注重群众、注重实践的主张，对以后中国新民主主义和社会主义文化运动的实际进程发生重要影响。

（二）早期共产主义知识分子批判西方社会建构对马克思主义话语的影响

五四时期中国完成了一次思想领域的精神重塑，通过既与中国传统彻底决裂又超越西方的批判实践来彰显马克思主义话语的主导权。马克思主义话语在中国产生了巨大的影响，直接推动了中国共产党的建立，成为中国人民解释世界并改造世界的强大思想武器。

1.提升社会认同

认同问题曾在不同的领域展开研究。如在心理学角度，从个体的情感、态度、意识等心理机制角度研究个体如何形成认同；在社会学角度，从身份、文化、族群等角度研究个体认同对社会关系的影响和意义。认同在社会学领

---

①《胡适全集：时论（一）》第21卷，合肥：安徽教育出版社，2003年版，第419页。
②《李大钊全集》第2卷，北京：人民出版社，2006年版，第304页。
③《邓中夏全集》（上），北京：人民出版社，2014年版，第426页。

域研究的本质都是关于身份的问题，文化、族群、政治等身份的具体化，是关系个体归属到不同社会共同体中的参照和标签，个体对身份的认知关系到社会关系的建立、维系及其与社会关联的意义。在个体划归时，人们常常"把思想不符合当前流行的意识形态的某人称作'公敌'时，这个术语就按照那种意识形态创造了一个明确的表象，将那个人排除在他所在的社会之外。因而很显然，命名并不是一个以清晰性和逻辑一致性为原则的纯智力操作，而是一项关于社会态度的工作。这个发现的提出取决于社会共识，并且从来都不应该被忽略的，因为它不仅在我所给出的特殊实例中成立，而且在任何情况下都是正确的。"①

马克思主义话语构建是为无产阶级一步一步争夺话语权的过程。五四时期，先进知识分子以引进西方理性主义的方式批判中国传统文化感性的、直觉的思维方式并促使以青年学生为主要群体的思想解放。思想解放的热潮逐渐影响了包括工农群体在内的广大人民群众，无产阶级的登场以及马克思主义的传播促使中国共产党成立，逐步实现了马克思主义中国化的启蒙理念。同时无产阶级话语权进一步扩大了马克思主义话语的社会影响力，增强了马克思主义话语在国际工人运动中的凝聚力。"我们必须经常地重新设定'常识'以及理解构成表象和意义基础的方式，没有这些就没有任何一个集体能够产生影响。同样的，社会表征借由理论和意识形态的积累而转化为共享的现实，因与人际互动有关而构成了单独的一类现象。……马克思主义承认思想一旦在公众间传播就成了物质力量。"②马克思主义认同是人们通过马克思主义的倾向性共识和个体认可确认自己的身份，并形成对马克思主义的归属意识，不仅以马克思主义作为认识世界的基础，更以马克思主义作为改造世界的指导，支持马克思主义、发展马克思主义，以马克思主义的理想和信念规范自己的行为。五四时期宣传社会主义思潮的人员繁多，既有李大钊、陈望道、李达

---

① ［法］塞尔日·莫斯科维奇：《社会表征》，管健、高文珺，译，北京：中国人民大学出版社，2011 年版，第 53 页。

② ［法］塞尔日·莫斯科维奇：《社会表征》，管健、高文珺，译，北京：中国人民大学出版社，2011 年版，第 36—37 页。

等早期共产主义知识分子，也有戴季陶、朱执信等的国民党员，还有梁启超、张东荪等的研究系人士。各种社会主义思潮展开辩论，以检验自己在中国探求社会主义前途的适用性。早期共产主义知识分子通过社会实践等进行有效传承，使个体回忆成为中国人民共同的记忆，提升中国人对马克思主义的认同。

2.创设问题域

政治记忆是对政治生活产生影响的社会集体记忆。它形成于特定政治环境中，以语言文字、交往行为和政治仪式等对特定价值理念的表达内容和方式的总和，通过回溯和重构过去表达政治主体的价值理念来巩固政治合法性。

在和谐的集体中人们分享共同的记忆。所有个体记忆都存在于既定边界内，决定着某些特定记忆会被回忆及以何种方式被回忆，记忆因社会价值观的不同具有选择性，契合当下社会价值观的记忆将成为集体记忆，背离当下社会价值观的记忆会被忽略甚至遗忘。"社会表征必须被看做是关于个体或者集体的一种'环境'"。[①]人们需要思考事物和现象的意义，寻求合理性的解释。"意识形态是一系列系统关联的信念、看法和主张的集合，它的基本功能是解释。当然，意识形态不仅仅是'解释'，它也决定某种东西是什么，或应该是什么，也就是说，它设定了一个问题域，意识形态所提供的一套参照术语限定了人们的思考方式，使'打破'它设定的框架、以另一种不同的方式感知事物变得几乎不可能。意识形态会将一些矛盾和话题遮蔽起来（人们看不到它们的存在），原因就是这些矛盾和话题没有进入意识形态的具体范围。意识形态实质上是某种'思想体系'，具有正统共识的特征，因为意识形态设定了狭窄的解释框架，所以它阻碍了认知替代物存在的可能。……所以，资本主义意识形态与马克思主义意识形态以完全不同的眼光来看待世界。每种意识形态都有自己的一套概念工具，它们适用于自身的问题域。对于两种对立的意识形态的支持者来说，他们之间的充分交流是异常困难的，不说其他，单

①［法］塞尔日·莫斯科维奇：《社会表征》，管健、高文珺，译，北京：中国人民大学出版社，2011年版，第41页。

是下面这两点就足以对交流构成障碍：对于要解释的现象没有一套共享的假设，双方有完全不同的话语体系（术语、概念等）。意识形态本质上是封闭的系统，意识形态也界定社会群体，这样一来它就在某种程度上与群体资格紧密相连。"①每种意识形态都由一系列信念、观念及概念组成，都有完全不同的话语体系。不同意识形态看待世界的视角并不相同，因此，早期共产主义知识分子需要对资本主义和社会主义之间的本质作出厘清。

"'批判'之最简要、最基本的含义是：澄清前提，划定界限"。②先进的知识分子首先对私有制在资本主义和社会主义的地位作甄别，"资产阶级在私有制度中是主人，在发财自由主义之下是主动力……无产阶级却与之相反，……在私有制度中是对象，在发财自由制度之下是受动者"。③其次，金钱因素在艺术品中的含量在两种社会之间截然不同。李大钊认为，"在现今资本制度之下，固然有许多人，亦有尊重美术品之能力，然自大体言之，终含有金钱主义之气味。……在社会主义制度以下，使公众有认识鉴赏能力，消除一切观念。"④再次，资产阶级的矛盾民族主义与无产阶级的平等民族主义有明显差异。"一是资产阶级的民族主义，主张自求解放，同时却不主张解放隶属自己的民族，这可称做矛盾的民族主义；一是无产阶级的民族主义，主张一切民族皆有自决权，主张自求解放，不受他族压制，同时也主张解放隶属自己的弱小民族，不去压制他，这可称做平等的民族主义"。⑤最后，资产阶级忽视劳动人民的利益，"所有的国家政府国会，都是贵族资本家中等社会为他们自己阶级的利益组织的，与劳动平民没有关系，所以劳动平民的困苦，他

---

① ［澳］迈克尔·豪格、［英］多米尼克·阿布拉姆斯：《社会认同过程》，高明华，译，方文审校，北京：中国人民大学出版社，2011 年版，第 103 页。

② 吴晓明：《论当代中国学术话语体系的自主建构》，《中国社会科学》2011 年第 2 期，第 12 页。

③ 《瞿秋白文集（政治理论篇）》第 1 卷，北京：人民出版社，1987 年版，第 427 页。

④ 《李大钊全集》第 4 卷，北京：人民出版社，2006 年版，第 202 页。

⑤ 任建树主编：《陈独秀著作选编》第 3 卷，上海：上海人民出版社，2009 年版，第 359 页。

们向来不闻不问。"① 以上四方面虽未囊括社会主义社会和资本主义社会的所有区分，但早期共产主义知识分子已为它们初步划定边界，社会主义思想更易于被标记、被识别、被理解、被相信。

3.促进话语实践

话语是在特定历史环境中，由一个或多个人为特定目的采取特定方式、手段和策略向特定对象的表达，包含产生和扩散的历史过程、相关的认知过程、社会关系特点及思想形式、一系列社会力量及其相互争斗与联结。"话语不仅是表现世界的实践，而且是在意义方面说明世界、组成世界、建构世界。"② 在建构主义的视野中，话语、知识、历史、科学等等就是建构着意义、社会主体、社会现实、社会关系及社会行动。

从宏观上看，话语是建立在现实生活语言的基础上承载着一定价值观和权力关系的社会交往方式，同时也连接着上层阶级与下层阶级的沟通。"下层阶级倾于反思生成过程，而上层阶级则倾向于反思存在。……上层阶级总是倾向于把新近不断生成的东西从已经生成的东西中推导出来，而下层阶级则总是倾向于把已经生成的东西从正在生成的东西中推导出来，也就是说，从各种动态的可能性之'辩证'冲突中推导出来。"③ 马克思在对资本主义的批判中壮大自己的话语力量，并以此建构起了旗帜鲜明、影响全球的无产阶级革命理论和实践话语体系，为全世界广大落后国家的民族解放指明了方向。"下层阶级倾向于机械地看待世界上的所有事件的观点，深刻的、必然如此的根源存在于下列事实之中，即每一种（与那些关于原因和结果的、自觉提出的、理性的、自然而然的问题形成鲜明对照的）暗中引入自身的、提问'为什么'的需要，都越来越多地在那些被人们判断为具有直接的、'大概是'否定性价

---

① 任建树主编:《陈独秀著作选编》第 2 卷, 上海: 上海人民出版社, 2009 年版, 第 385 页。

② ［英］诺曼·费尔克拉夫:《话语与社会变迁》, 殷晓蓉, 译, 北京: 华夏出版社, 2003 年版, 第 60 页。

③ ［德］马克斯·舍勒:《知识社会学问题》, 艾彦, 译, 北京: 译林出版社, 2012 年版, 第 235-236 页。

值的变化中出现，而不是在那些被人们判断为具有肯定性价值的变化中出现。所有各种自发性的'为什么？'的问题，都来源于关怀，来源于通过主动地剖析事物移动事物以及重新安排事物而引导这些事物的实践性需要。"①资本主义社会中的劳动人民虽然对社会深感不满，但由于自身局限未能深入反思资本主义社会的弊端。马克思主义话语在资本主义批判中建构，为全世界人民的革命实践带来希望和力量。

从微观来看，话语是由文本、实践等相互建构而成的话语结构整体。其生成路径包括话语生产、传播、接受、反馈、再生产等构成的话语互动，整个话语生产环节的交互作用共同构成了话语体系的动态运作。首先，话语诠释。知识分子生产话语是以恰当的阐释、有效的传播对受众产生影响的过程。其中话语权首先来自话语内容的科学性及其具备充分的解释力和说服力。"建构暗示着一种积极的筛选，有的素材被选进来了，有的素材被遗漏了；其三，建构强调陈述是具有力量且能产生后果这一性质。许多社会互动涉及对事情和人的处理，我们只有借助具体的语言样式才能做到非常熟练。从更深层的意义上说，陈述'建构'现实……说出这番陈述的这个人并不是有意去建构，但是，当他们仅仅是力图理解一个现象，或者是进行诸如谴责、合理化等不自觉的活动时，建构便产生了。我们应该注意到，在这些情况下同样也会出现陈述的变异性，因为不同形式的描述适合于不同的语境，但是，这个人可能仅仅是'自然而然地去做他该做的事情'，而不是有意识地去判断究竟这种语言还是那种语言是恰当的。……所有语言，即使是做出简单描述的语言，都是建构性的，会产生后果的。总之，话语分析家认为，相比于广为流传的'实在论的'描述性语言模型——它认为话语是走向行动、观念和具体事件的毫不含糊的通道——人们对语言的使用是更具变异性的。"②在工人运动中捍卫无产阶级话语权，构建无产阶级的话语体系是马克思主义者在无产阶级革命

---

①［德］马克斯·舍勒：《知识社会学问题》，艾彦，译，北京：译林出版社，2012 年版，第 236 页。

②［英］乔纳森·波特、玛格丽特·韦斯雷尔：《话语和社会心理学》，肖文明、吴新利，等译，北京：中国人民大学出版社，2006 年版，第 28-29 页。

实践中的重要工作。

其次，话语再理解。文本的内容形式不是自发地生成意义，必然要依赖文本阅读者头脑中的认知资源对其进行整合才能形成意义。话语接受者在对文本形成理解之后产生的心理活动构成话语接受者全部的思维活动。一方面，作为心理活动，理解通常会在接受文本之后即时产生或者有一定延迟，再理解从时间上来看并不一定具有即时性，而且过程的时间跨度比较大。另一方面，再理解过程和人的行为更加紧密联系，经过再理解后人们接受话语进而采取行动。在再理解的过程中把人们接受文本的话语实践和其他的社会实践关联在一起，话语的接受者不是被动的接受者，而是主动的创造者。再理解的过程其实是显示主体主观能动性、创造力和差异性的重要环节。早期共产主义知识分子把马克思主义思想和政治自觉灌输到无产阶级群众中去，群众在接受马克思主义话语的过程与再理解过程及革命实践相融汇，在政治参与过程中完成了话语传播。

（三）早期共产主义知识分子批判西方社会建构马克思主义话语的局限

马克思主义博大精深，相较于以往任何理论都具有彻底的革命性。马克思主义话语在中国的初期，因对其内涵的不完全理解以致在五四运动及之后的一段时间内，早期共产主义知识分子将阶级斗争理论作为解释世界、改造世界的武器。

1.显性对抗

话语作为一种斗争手段，话语的"从属"程序"控制"和分配在什么言说的限度内谁可以说或谈的范围。"西方政治文明和政治话语逐步确立了在全球知识界的统治地位，主导了全球政治议题的话语权。"①西方国家一直意图在全球建构同质化世界，而"同质化理想"无助于建设全球美好世界。中国需要形成一套与综合国力相匹配的、与自我文化身份相适应的、与西方政治话

---

① 陈曙光：《政治话语的西方霸权：生成与解构》，《政治学研究》，2020 年第 6 期，第 45 页。

语平起平坐的具有全球感染力的话语体系。如在"批判"和"革命"的话语中，话语通过控制或抵制的手段展现，其从属作用更加突出。以"革命"为主题的阶级话语一方面削弱占主导地位的资产阶级政府的权力，另一方面抵制资产阶级话语的运用。

马克思在《〈政治经济学批判〉序言》中写道："资产阶级的生产关系是社会生产过程的最后一个对抗形式"。[①] 这标志着马克思对资本主义的认识上升到一个新高度。毛泽东曾说："在矛盾斗争性的问题中，包含着对抗是什么的问题……对抗是矛盾斗争的一种形式"。[②] 俄国十月革命推翻了资产阶级统治，建立无产阶级政权消灭了资产阶级，引起了资本主义世界的恐慌和仇视，因而苏联同资本主义世界相互抗衡，都想消灭和取代对方。早期共产主义知识分子也在一定程度上受到苏联的影响，对社会主义资本主义的认识带有浓重的伦理色彩，认为资本主义是残酷、不平等、不幸福的，"在资本主义帝国主义的大海中，没有一滴水是带着正义人道色彩的呵！"[③] 他们从伦理视角出发将社会主义描述为自由、平等、幸福、人道的理想社会，这样的解读既有资本主义制度非人道的一面，又有用社会主义改造中国社会的美好愿望。

第一，阶级对抗。陈独秀认为资本家与劳动阶级利益永远是对立的，"各行业的雇主资本家是一个阶级，各行业被雇佣的劳动是一个阶级，这两个阶级的利害是永不相同的。"[④] 毛泽东指出政党之间利益的对抗，"不论那一国的政治，若没有在野党与在位党相对，或劳动的社会与政治的社会相对，或有了在野党和劳动社会而其力量不足与在位党或政治社会相抗，那一国的政治十有九是办不好的。"[⑤] 瞿秋白更进一步指出了资本主义宣传的虚伪性，"在资本主义国家里所传播的反对你们的敌对性谣传和'报道'都是虚伪的和毫无

---

① 《马克思恩格斯选集》第 2 卷，北京：人民出版社，2012 年版，第 3 页。

② 《毛泽东选集》第 1 卷，北京：人民出版社，1991 年版，第 334 页。

③ 任建树主编：《陈独秀著作选编》第 2 卷，上海：上海人民出版社，2009 年版，第 417 页。

④ 任建树主编：《陈独秀著作选编》第 2 卷，上海：上海人民出版社，2009 年版，第 384 页。

⑤ 《毛泽东早期文稿》，长沙：湖南人民出版社，2008 年版，第 469 页。

根据的"。①

第二，国际关系对抗。社会主义国家与资本主义国家之间的经济合作、各国文化和价值观本应朝着某种大融合的趋势发展，相互借鉴、相互吸收优秀理念和人类智慧。而瞿秋白指出事实上正相反，"资本主义与社会主义的不相容是俄国外交关系苦难的唯一原因"，②"俄国实行社会主义之后，世界各国都当他一个怪物，他的国际关系非常之奇特、复杂而且困难。各国资本家都害怕，想着种种方法，行经济的封锁绝他的粮，施政治的阴谋，暗助旧党"。③李大钊更是把资本主义和社会主义看成侵略与否的对立物，"现在世界各国都是资本主义侵略主义的国家……共产主义是非侵略主义的国家"，④可见，在早期共产主义知识分子的视野中，丰富的世界划分只有两类：社会主义和资本主义，社会主义一切都好，资本主义完全否定。泾渭分明中彰显着对抗。

第三，制度对抗。社会主义是在否定资本主义弊端的基础上吸收其优点，是既肯定又否定的扬弃关系。在瞿秋白看来，资本主义制度的危机必然出现，"资产主义的破产，经济的恐慌是不可免的。社会主义的胜利，不过是迟早及进行过程形式之不同的问题罢了。"⑤为了避免资本主义制度的弊端，"无产阶级的社会改造，决不在于他要不要，而在于他干不干。并不是无产阶级格外的喜欢革命，格外的喜欢'杀人流血'，格外的喜欢'强力'；而是为资产阶级固执的强力的手段所逼迫，不得不如此"。⑥这些无不反映了当时把社会主义国家与资本主义国家之间的关系视为阶级和阶级斗争关系的思维。

第四，文化对抗。如瞿秋白主张对资产阶级文化全部放弃，陈独秀在《法兰西人与近世文明》一文中对法兰西近世文明进行典型分析，将"东方文

---

① 《瞿秋白文集（政治理论篇）》第 1 卷，北京：人民出版社，1987 年版，第 177 页。
② 《瞿秋白文集（政治理论篇）》第 1 卷，北京：人民出版社，1987 年版，第 195 页。
③ 《瞿秋白文集（政治理论篇）》第 1 卷，北京：人民出版社，1987 年版，第 195 页。
④ 《李大钊全集》第 4 卷，北京：人民出版社，2006 年版，第 191 页。
⑤ 《瞿秋白文集（政治理论篇）》第 1 卷，北京：人民出版社，1987 年版，第 312 页。
⑥ 《瞿秋白文集（政治理论篇）》第 1 卷，北京：人民出版社，1987 年版，第 429 页。

化"和"西方文化"截然分开。陈独秀认为，"西洋教育所重的是世俗日用的知识，东方教育所重的是神圣无用的幻想；西洋学者重在直观自然界的现象，东方学者重在记忆先贤先圣的遗文"。①对社会主义文化和资产阶级文化关系抉择上的不足导致我国后来文化思想中出现一些缺陷。

重视阶级斗争理论是革命实践的需要，有其积极的现实意义，但当时未能全面系统地理解马克思主义。作为新事物的社会主义既是旧事物与资本主义的对立物，又是资本主义的继承物。五四时期人们把未来社会主义看成资本主义的完全对立物，机械割裂两者的历史联系，只看到它们之间的对立而忽视了社会主义对资本主义的继承。事实上，我们虽然反对西方的文化霸权和文化殖民，但仍需要吸纳西方一切有价值的文化成果，接受外来社会和文化的积极影响来为社会主义服务。对社会主义和资本主义意识形态领域斗争和对抗出现的情况，也许需转变观念、灵活运用斗争的方式，确保社会主义在意识形态斗争中占据优势地位从而促进世界社会主义运动不断发展。

2.对苏式话语的和应

"十月革命一声炮响，给我们送来了马克思列宁主义"，②毛泽东经典形象地描绘了俄国的十月革命对中国革命及中国近现代历史发展的影响。十月革命为五四知识界提供了论证中国无产阶级革命道路合理性的理论资源和话语逻辑。

话语体系的创新要求与时俱进。因此要求关注世情、国情、民情，特别要关注中国革命对十月革命的超越，也就是要打破苏式话语对十月革命的话语垄断，不被俄式话语牵着鼻子走成为俄国话语的附庸。中国受十月革命影响很大，这种影响既有积极的也有消极的。积极方面表现为：在十月革命的影响下，五四先进的知识分子从向西方学习转向向苏俄学习，开始重新思考中国道路继而开启了中国近现代历史的新时代。从理论维度来看，十月革命话

---

① 任建树主编：《陈独秀著作选编》第1卷，上海：上海人民出版社，2009年版，第359页。

②《毛泽东选集》第4卷，北京：人民出版社，1991年版，第1471页。

语是中国革命话语的重要组成部分。从历史维度看，十月革命是中国社会主义道路选择的重要关键点。共产国际将西方的无产阶级革命和东方的民族革命紧紧联系在一起汇成世界革命。中国革命在共产国际直接领导下一开始就被纳入世界无产阶级革命范畴进行考量，是中国革命的进步和重要特征。

消极方面表现为两方面：一方面共产国际长期基本上以俄国十月革命道路理论和经验为参照来指导中国革命。共产国际将俄国革命理论和实践模式作为普遍真理来指导中国革命，将中国革命置于苏联部署的世界革命战略中，推进了共产国际和苏联经验神圣化的错误发展倾向。蔡和森认为，中国革命的成功"必成为国际的问题而不是纯粹可由中国自己解决的'内政'问题"。[1]因此，在革命初期中国共产党特别强调争取苏俄和共产国际的指导和援助。共产国际在指导中国革命的过程中，从苏联利益出发制定中国革命的战略方针和计划实行国共的党内合作。中共贯彻执行苏俄与共产国际指示，曾在国共合作进程中对国民党本质认识产生一定偏差，"国民党虽然有许多缺点与错误，然终为中国唯一革命的民主派，自然算是民主的联合战线中重要分子，在国民党为民主政治及统一政策争斗时期，无产阶级不但要和他们合作参加此争斗，而且要在国民党中提出反对帝国主义及为工人阶级利益与自由的口号，以扩大其争斗"。[2]认识上的偏差在某种程度上导致国共合作中共革命的领导权处于被动状态。

另一方面早期共产主义知识分子对中国资本主义及资产阶级的谴责。五四时期的先进分子在研究和宣传社会主义理论时特别注重阶级斗争和社会革命，并对资本主义进行谴责和对社会主义进行合理论证。在他们看来，欧美和日本等资本主义发展的结果是把这些国家"弄成贪鄙欺诈刻薄没有良心了"。[3]他们把中国的资本主义和西方发达国家的资本主义画上等号，只看

---

① 《蔡和森文集》上，北京：人民出版社，2013年版，第285页。

② 任建树主编：《陈独秀著作选编》第2卷，上海：上海人民出版社，2009年版，第489页。

③ 任建树主编：《陈独秀著作选编》第2卷，上海：上海人民出版社，2009年版，第303页。

到资本主义在中国造成的罪恶而忽视了资本主义经济对封建社会的冲击。在五四先进知识分子看来，资本主义私有制与社会罪恶及不公等同，社会主义公有制等同于社会幸福与正义，只有实行全面的社会主义公有制才是中国振兴与发展的唯一正确途径。他们一方面提出用货币经济调节个人的收入和分配，但又主张社会主义条件下"商品生产可以全废"①。同时，他们笼统地把中国资产阶级视为反动的政治力量，认为"中国资本家都直接或间接是外国资本家底买办，只能够帮着外国资本家来掠夺中国人，只望他们发达起来能够抵制外国资本家，能够保全中国独立，再过一两世纪也没有希望"。②

　　早期共产主义知识分子对苏式话语的和应有以下原因：一是因为中国国内资产阶级的弱小，"国内的资本阶级虽尚幼稚，而国外资本主义底压迫的人人都知道的。"③"共产国际第三次第四次大会，依据世界经济状况发达的程度，为东方的无产阶级指示出目前争斗所需要的两个策略，即民主的联合战线及反对帝国主义的联合战线"。④ 二是出于反帝需要。陈独秀指出，"为什么要联络苏俄，自然建立在反帝国主义革命的同情上面，既然言此，为苏俄说几句公道话，也是中国革命党正正堂堂的应有态度"。⑤ 三是对俄国共产党的认同。陈独秀认为中国的马克思主义者"很知道俄国共产党是怎么一回事，由俄国共产党掌握政权的苏俄，是绝不会'侵略'的"。⑥ 所以，"要民族解放成功，是必须依照第三国际党所指示，亦即列宁主义所指示，联合世界被压迫的阶

---

　　①《李达文集》第1卷，北京：人民出版社，1980年版，第64页。

　　② 任建树主编：《陈独秀著作选编》第2卷，上海：上海人民出版社，2009年版，第307页。

　　③ 任建树主编：《陈独秀著作选编》第2卷，上海：上海人民出版社，2009年版，第350页。

　　④ 任建树主编：《陈独秀著作选编》第2卷，上海：上海人民出版社，2009年版，第488–489页。

　　⑤ 任建树主编：《陈独秀著作选编》第3卷，上海：上海人民出版社，2009年版，第363页。

　　⑥ 任建树主编：《陈独秀著作选编》第2卷，上海：上海人民出版社，2009年版，第493页。

级与被压迫的民族，共同打破帝国主义束缚全世界被压迫者的锁链"。①

五四时期共产主义知识分子批判西方社会建构马克思主义话语存在一定局限。但是也要看到，资本主义批判话语遭遇阐释力的困境和马克思主义话语初始建构的不足，在当时中国饱受西方国家欺凌的状态下是在所难免的。

二、早期共产主义知识分子批判西方社会建构马克思主义话语的路径

科学的理论需经过实践检验。五四前夕，社会主义还是一个空泛的概念。五四时期中国工人阶级逐渐成长壮大，表现出了最坚决最彻底的革命性和伟大力量。大批青年知识分子纷纷投身于工人群众中宣传马克思主义。各种非社会主义思潮风起云涌后日益衰落，科学社会主义逐渐深入人心。随着科学社会主义思想阵地的不断扩大，马克思主义和中国工人群众相结合的历程逐渐展开。五四时期马克思主义话语构建的方式包括：历史记忆、命题建构及群体建构。

（一）历史记忆

历史记忆，又叫集体记忆或社会记忆。是指一定的群体对该群体以及该群体先辈们在历史发展进程中发生过的事件的回忆和记载，其记载和回忆形式可以是文本的、图像的、身体的、语言的、仪式的等等。历史记忆是群体共同记忆和回忆的过程。"凡是成为某种普遍公共历史记忆的，必定是和某一人群（国家、民族、族群）共同经历的事件相关，特别是人们在普遍观念支配下参与的事件；另一方面，人的行动特别是社会行动一旦发生，会反过来改变（或强化）人们参与该行动时的初始观念；当某一重大事件成为某一群体刻骨铭心、难以忘怀的过去时，该记忆常常会导致人们对原有价值系统的重塑，形成新的普遍观念，从而影响到下一步的社会行动。也就是说，构成真实历史记忆核心的是由观念转化为社会行动，社会行动的结果反过来改变或强化

---

① 任建树主编：《陈独秀著作选编》第 3 卷，上海：上海人民出版社，2009 年版，第459-460 页。

某种观念的互为因果链（我们简称为'互动链'）。"①

历史记忆是一种共识，是历史事件的重构。它一方面被集体所不断建构和重构，另一方面又在建构中不断被历史所传承和延续。集体共识包括历史事实的知识共识和价值追求的精神共识在对历史记忆进行共享和回忆中建构。历史记忆在社会建构过程中被唤起和重构，并发挥其维持社会延续性、稳定性的功能。"对记忆的操纵——凸显、遗忘、修订和不断唤起、重构与嵌入——正是培养合法性信念的最关键途径之一。"②群体沟通交流互动中人们根据某些特定记忆片段形成共同记忆并影响整个历史记忆，"社会群体被社会表征或意识形态所形塑，它们同时也构成了社会群体存在的背景，社会表征和意识形态的出现和发展是为了满足解释事物本质的需要。大规模的复杂事件促生了服务于事件自身的社会解释或意识形态。它们可以是新形成的解释，或者是对既有解释的改变，也可能是那些长期被压制或者处于休眠状态的解释。"③大规模事件促成事件的诠释，为集体所建构或重构，五四时期大规模的事件包括第一次世界大战、五四运动等，促成马克思主义话语建构。

1.以第一次世界大战批判西方社会建构马克思主义话语

进行科学的批判是马克思恩格斯进行话语构建的重要手段之一。马克思恩格斯通过捍卫无产阶级话语权、科学批判以及报刊宣传等来推进马克思主义话语体系的构建。在《反杜林论》中恩格斯针对杜林经验主义观点进行批判，阐述了"世界的真正的统一性在于物质性"④等辩证唯物主义观点，并阐明了人类认识及相对真理与绝对真理的辩证关系，在批判中体现了马克思主义话语的科学性和真理性。《哥达纲领批判》是马克思为了帮助德国工人党清除拉萨尔主义的思想影响而写的科学社会主义的重要文献，文中马克思

---

① 金观涛、刘青峰:《观念史研究:中国现代重要政治术语的形成》，北京:法律出版社，2009年版，第450–451页。

② 周海燕:《记忆的政治》，北京:中国发展出版社，2013年版，第371页。

③［澳］迈克尔·豪格、［英］多米尼克·阿布拉姆斯:《社会认同过程》，高明华，译，北京:中国人民大学出版社，2011年版，第105页。

④《马克思恩格斯选集》第3卷，北京:人民出版社，2012年版，第419页。

严厉批判了德国工人党纲领草案中宣扬的"公平的分配"①"铁的工资规律"②"不折不扣的劳动所得"③以及"自由国家"④等拉萨尔主义的错误观点。在《哥达纲领批判》中，马克思第一次区分了共产主义社会发展的两个阶段，论述了"现代国家制度"⑤并指出在资本主义社会和共产主义社会之间有一个政治上的过渡时期，并且强调了这个过渡时期的国家只能是无产阶级的革命专政。马克思恩格斯通过不断批判错误思想建构马克思主义的科学话语，批判成为推进构建马克思主义话语体系的重要手段。

早期共产主义知识分子建构马克思主义话语同样也运用了批判武器。第一次世界大战是资本主义发展进程中资本主义生产方式发展引发的内部危机和国际冲突。这种源于自身性质和内在矛盾的国际战争正是资本主义自我否定的鲜明表现，由"德国激起此次大战争，毁坏人类自由，强制他国服从其命令"，⑥最终通过暴力毁灭的方式解决危机和冲突。失业问题一直是西方社会长期难以解决的问题。第一次世界大战后，欧洲国家普遍衰落，失业人口激增，人民背井离乡颠沛流离，资本主义世界面临了前所未有的社会问题。瞿秋白说："各国劳动群众受着欧战的影响，困迫到不可言状，失业的工人动辄几百万。"⑦李达指出失业问题日趋严重："自从前次大战以后，这个问题不但不能解决，而且更趋严重。"⑧战后英国出现严重的经济问题有力支持了早期共产主义知识分子的言论。在战争中，英国失去了海外市场、海外投资、大部分商船以及其他海外收入来源。它们必须出口，但工人和矿井闲置，失业率居高不下。1921年，100多万名工人，约占劳工总数的七分之一没有工作；在

---

① 《马克思恩格斯选集》第3卷，北京：人民出版社，2012年版，第365页。
② 《马克思恩格斯选集》第3卷，北京：人民出版社，2012年版，第369页。
③ 《马克思恩格斯选集》第3卷，北京：人民出版社，2012年版，第362页。
④ 《马克思恩格斯选集》第3卷，北京：人民出版社，2012年版，第372页。
⑤ 《马克思恩格斯选集》第3卷，北京：人民出版社，2012年版，第373页。
⑥ 任建树主编：《陈独秀著作选编》第1卷，上海：上海人民出版社，2009年版，第428页。
⑦ 《瞿秋白文集（政治理论篇）》第3卷，北京：人民出版社，1989年版，第372页。
⑧ 《李达文集》第1卷，北京：人民出版社，1980年版，第542页。

20世纪20年代，失业率鲜有低于10%的情况。在经济大萧条的最差时期达到了25%以上。[①]这种失业是西方政府最头疼的周期性失业，在战争时期失业情况更为明显，战争影响经济增长，而经济衰退减少了劳动需求导致失业率上升。

第一次世界大战是资本主义生产方式长期发展累积的总体性危机。第一次世界大战使欧洲工业发展大大倒退，失业不但影响西方国家还波及了中国工人。李大钊说："欧战期内，一时赴法赴俄的华工人数甚众，战后又用不着他们了，他们只得转回故土。"[②]陈独秀认为欧洲自开战以来"世界大均势，业已破坏，无可维持"。[③]第一次世界大战是欧洲资本主义的自我否定，以自身的新制度和新道路来否定和取代资本主义实现自我超越，这为五四时期马克思主义话语的建构提供空间。陈独秀在阐述第一次世界大战时，频繁使用带有强烈感情色彩的词汇或短语，"欧洲战争，无意识者恒少，故战后而不改革进步者亦恒少。此次大战争，乃旷古所未有"，[④]体现了他对战争的鲜明态度。

历史事件产生的集体记忆超越了个体经历的范围，能够让人回想共同的过去。集体记忆并不是过去经历的全部重现，而是当下社会的原型。第一次世界大战的爆发和巴黎和会上中国外交失败暴露了资本主义文明的掠夺性与弊端，部分留学的共产主义知识分子亲身经历了战争的残酷，目睹了战后欧洲劳苦大众的悲惨生活，因此早期共产主义知识分子借助第一次世界大战的集体记忆启蒙国民。瞿秋白认为最近九年来，发生了三件大事之一是"一九一四年的欧洲大战……其结果全都是破旧立新"。[⑤]第一次世界大战后各国的思想制度都要改变，中国应该怎样才能适应变动的潮流实现人类幸福

---

① 龙多·卡梅伦、拉里·尼尔：《世界经济简史》，潘宁，译，上海：上海译文出版社，2012年版，第427页。

②《李大钊全集》第3卷，北京：人民出版社，2006年版，第147页。

③ 任建树主编：《陈独秀著作选编》第1卷，上海：上海人民出版社，2009年版，第301页。

④ 任建树主编：《陈独秀著作选编》第1卷，上海：上海人民出版社，2009年版，第322页。

⑤《瞿秋白文集（政治理论篇）》第1卷，北京：人民出版社，1987年版，第167页。

的远景呢？陈独秀认为最要紧的是对外对内的觉悟，对外的要求是人类平等主义，"欧美人抛弃从来其实颜色人种的偏见"。[①] 陈独秀认为中国落后西方强盛的主要原因在于民族抵抗力强弱不同，"对于大战后世界的现势彻底觉悟，真能有精确的辨别力，实在的责任心，真能有坚毅的志向，明敏的智能，真能有爱惜光阴的心，慎重办事的心，那么，中国新社会的基础就建筑在这上面。这才能对得住为这次大战所牺牲的几百万生命几万万费用"。[②] 中国要强大，国民必须以奋斗抗争和创造精神才能使中国自立于世界民族之林，"欧战以后，全世界政治上、经济上、社会组织上的变动，一天紧似一天，中国人现在这种状况，如听其自然，能够赶得上人家吗？"[③] 瞿秋白认为中国人必须尽快觉悟并以世界视野追赶潮流，"大战后发生一个国际联盟——没有用处，一个国际劳动会——没有用处……所以中国人尤其应该觉悟得快一点。要有世界的眼光，知道新思潮是壅不住的，赶快想法子去适应世界的潮流，迎合世界的现势。"[④] 早期共产主义知识分子关于战后的认知启迪人们探寻社会的未来走向。

1918 年 11 月 14 日，为庆祝协约国在第一次世界大战中取得胜利，北京十余所大中小学校组织了盛大的集会游行。随后，北京大学在天安门举行群众集会，蔡元培、陈独秀、胡适、马寅初、李大钊、丁文江等发表演讲并陆续在《新青年》《北京大学日刊》等刊物发表文章，表现了新思想界对战后世界与中国发展趋向的思考，在当时知识分子中产生了极大影响。在这些演讲中，社会主义成为引人注目的新兴思潮。蔡元培欢呼欧战的胜利，他以几组对比作为例证："第一是黑暗的强权论消灭，光明的互助论发展"，"第二是阴谋派消灭，正义派发展"，"第三是武断主义消灭，平民主义发展"，"第四是黑暗的种族偏见消灭，大同主义发展"。他呼吁人们"都快快抛弃了这种黑暗

---

① 任建树主编：《陈独秀著作选编》第 1 卷，上海：上海人民出版社，2009 年版，第 456 页。

②《瞿秋白文集（政治理论篇）》第 1 卷，北京：人民出版社，1987 年版，第 8-9 页。

③《瞿秋白文集（政治理论篇）》第 1 卷，北京：人民出版社，1987 年版，第 20 页。

④《瞿秋白文集（政治理论篇）》第 1 卷，北京：人民出版社，1987 年版，第 8 页。

主义，向光明方面去呵！"①陈独秀认为，"我们所欢迎的新思潮，不是中国人闭门私造的新思潮，乃是全人类在欧战前后发生的精神上物质上根本改造的公同趋势。这是何等神圣事业！我们中国人腐败、堕落，精神上物质上都到了破产的运命。"②从蔡元培列举的"光明的互助论""平民主义""大同主义"到陈独秀欢迎的"新思潮"，可见他们对战后世界的社会主义趋向已有了初步的认识。

2.五四意义阐释与建构

历史记忆是一种过程，也是一种结果。"当一切就绪，我们创造的表征——关于一个科学理论、一个国家、一个人工制品等，都是我们不断努力使不相似的事物或给我们以不相似感的事物变得普通和真实的结果。借助于表征，我们克服了非相似性并将它融入了我们的精神与物质世界中，我们的世界也因此变得丰富多彩。经过这一连串的改变，遥远的看起来变得切近，抽象的变成了具体的和几乎正常的。但我们在创造它们的同时，多少也会注意到我们的目的，因为我们借以理解不寻常事物的表象和思想只能使我们回忆起我们已经知道的知识和早已熟悉的事物，于是带给我们一种可靠的和似曾相识的感觉，甚至是好像已经知道的印象。"③五四运动是具有政治性质和政治意义的群体运动。五四运动的导火线是"巴黎和会"上中国的外交失败，由于这一强烈的刺激，从一开始是学生群体表达政治诉求和政治愿望的抗议游行活动到后来演变为工人群体、市民群体等其他社会阶层的参与的全社会的政治抗争和政治运动，中国知识分子也由否定资本主义反对帝国主义转向社会主义。

历史记忆是被集体所共享的、共同回忆的关于共同历史发展的想象和认知，一方面被集体所不断建构和重构，另一方面又在建构中不断被历史地传

---

① 《蔡元培文集》第 3 卷，中华书局 1984 年版，第 218 页。

② 任建树主编：《陈独秀著作选编》第 2 卷，上海：上海人民出版社，2009 年版，第 173 页。

③ [法] 塞尔日·莫斯科维奇：《社会表征》，管健、高文珺，译，北京：中国人民大学出版社，2011 年版，第 45 页。

承和延续。"表征并不是由个体独立创造出来的。一旦这些表征出现，它们就有了自己的生命力，它们传播、融合、彼此吸引而又相互排斥，随着旧表征的消亡，它们又创造出新的表征。所以，为了理解和解释一种表征，我们必须追溯到那个或那些孕育它的旧表征中去。直接从这样或那样的行为或社会结构方面开始还远远不够。表征并不能反映行为或社会结构，而是以它们为条件，甚至于对它们做出反应。这并不是因为它有一个集体起源或者它指向一个集体客体，而是因为它被所有人共享，并且受到传统的强化，从而形成了一种独一无二的社会现实。它的起源和习俗化愈能够被遗忘和忽视，它就能愈加变得系统化，即由唯心逐渐向唯物转变。它不再是短暂的、变化的和终将消亡的。相反，它变得持久、稳定和不朽。"① 五四运动发生之后，人们便不断地对之进行阐释和重构，或讲述亲身经历、或阐发历史意义，不断丰富着"五四运动"的历史意义。

早期共产主义知识分子借助五四意义阐释建构启蒙话语。早期共产主义知识分子通过共同记忆来建构马克思主义话语，进而获得集体的认同和支持，集体中的成员也借助历史记忆来获得个人的政治身份认同。陈独秀认为军人、官僚和政客是中国的三害，"自从五四运动以来，我们中国一线光明的希望，就是许多明白有良心的人，想冲出这三害的重围，另造一种新世界；这新世界的指南针，就是唤醒老百姓"。② 把这三类人从集体中作出划分，使集体成员的身份得以确定。在对历史记忆进行共同共享和回忆时，通过政治记忆来建构对历史事实的知识性共识和对共同精神追求与价值观念的集体共识。陈独秀在《五四运动的精神是什么？——在中国公学第二次演讲会上的讲演》中以"（一）直接行动；（二）牺牲精神"③ 对"五四运动"的意义进行阐释，并从

---

① ［法］塞尔日·莫斯科维奇：《社会表征》，管健、高文珺，译，北京：中国人民大学出版社，2011 年版，第 31 页。

② 任建树主编：《陈独秀著作选编》第 2 卷，上海：上海人民出版社，2009 年版，第 125 页。

③ 任建树主编：《陈独秀著作选编》第 2 卷，上海：上海人民出版社，2009 年版，第 222 页。

五四运动前后的状况来辨别无政府主义和共产主义，"五四运动发生之前，各校各班的学生是否有组织，组织时是否人人同意？五四运动发生以后跟着有许多必然要做的事，是否都是用毫无组织的群众运动做出来的？"[①]而这些共识的达成最终促进现时代政治共识的构建。

早期共产主义知识分子通过五四意义阐释建构中国革命的领导力量。1926年恽代英在《组织群众与煽动群众》中说："五四运动的结果不好，便是由于彼时没有党的组织去指导群众运动的原故。"[②]这回答了中国共产党成为革命的领导力量的重要地位。"五四运动是在思想上和干部上准备了一九二一年中国共产党的成立"。[③]中国共产党人深入思考了五四运动与中国共产党的关系，为中国共产党的成立及其成为中国革命的领导者提供合理支撑。中国共产党在国共合作形成后借助"五四阐释"积极宣传革命优势，其政党形象日益被群众所知晓并认同。

早期共产主义知识分子通过五四意义阐释建构中国革命的对象。五四历史记忆通过各种途径回忆这一历史事件中的感悟，通过丰富的个体记忆充实这段补充集体记忆的细节空缺，"使一些不相似的事物，或者使自己本身的不相似性变得具有相似性。……关系的力量就是相似性的力量，我们通过以前的遭遇和范例来感知和理解当前的物体、个人和事件。结果，记忆战胜了推理，过去超越了现在，反应胜过了刺激，表象超过了现实。"[④]进而重构当代人的共同政治记忆，使得五四记忆成为一种集体共享的政治记忆符号。五四运动前中国知识分子对资本主义褒贬不一，而五四运动后则既反对帝国主义又反对资本主义，主张接受马克思主义走社会主义道路。早期共产主义知识分子在五四运动中看清了帝国主义和封建军阀的真面目。1924年4月19日，中共中央发表了由陈独秀和毛泽东联名发出的中共中央第十三号通告，要求各

① 任建树主编：《陈独秀著作选编》第2卷，上海：上海人民出版社，2009年版，第395页。

②《恽代英文集》下，北京：人民出版社，1984年版，第908页。

③《毛泽东选集》第2卷，北京：人民出版社，1991年版，第700页。

④［法］塞尔日·莫斯科维奇：《社会表征》，管健、高文珺，译，北京：中国人民大学出版社，2011年版，第42页。

地党和团的组织开展"五四""五一"等纪念和宣传活动，这是中共中央发表的第一个关于"五四"纪念的文件，指出"五四"纪念必须"发挥五四运动两个重要的意义：（一）恢复国权运动；（二）新文化运动"①。其中"恢复国权运动"即反对帝国主义，"新文化运动"即反对封建主义，借此强调中国革命的历史任务是反帝国主义和反封建主义。

（二）命题建构

在现代哲学、数学、逻辑学、语言学中，命题是指一个陈述的语义，这个概念是可以被定义并观察的现象。命题不是指陈述本身而是指所表达的语义。当不同的陈述具有相同语义的时候，他们表达相同的命题。

话语来自语言之中，原是指一个语言序列，交谈、对话、讲述以及论证都可以被视为话语的形式。福柯认为语言并不只是语言和言语上的划分。福柯认知的话语主要是各种知识领域的话语，② 他认为在每个社会"话语的制造是受到一定程序的选择、控制、组织的，这些程序的目的在于消除话语的危险，控制突发事件的发生。也就是说，话语从生成开始就已经是不自由的，社会对于话语的生成包含着一种戒备的心理，总是需要一些程序来对其进行驯化，以达到一种稳定性的功能。"③福柯抛弃了过去的话语自主性的观点，认为话语是被建构的，这种建构与真理、知识和权力密不可分。马克思主义话语体系是将语言和思想对接起来以实现对其基本理论的陈述，其话语体系是学术体系的反映，同样也是构成学科体系的纽结，包括概念、范畴、命题、判断等。"当一种集体无意识的假设刚刚出现的时候，人们认为它们是陌生而奇怪的，但是很快人们就会占有这种假设，并且把它们当做熟悉的概念来使用'。"④

---

① 《毛泽东年谱（1893—1949）》上册（修订本），北京：中央文献出版社，2013年版，第123页。

② ［法］福柯：《权力与话语》，武汉：华中科技大学出版社，2017年版，第28页。

③ ［法］福柯：《权力与话语》，武汉：华中科技大学出版社，2017年版，第33-34页。

④ ［澳］迈克尔·豪格、［英］多米尼克·阿布拉姆斯：《社会认同过程》，高明华，译，北京：中国人民大学出版社，2011年版，第101页。

1.论题分类命名

论题是指真实性需要证明的命题。分类是世界上认识事物的最基础、最有效的途径之一。分类是对相关资料进行搜集、排列、对比、结构化与逻辑化的判断和认定，世界上万事万物的区别是通过分类认识才出现的，分类"相当于从存储在我们记忆里的范例中择其一并与之建立一种积极的或消极的联系。"① 论题分类的实质是论题体系化的过程。

论题分类将论题限定于一套行为，一组语言、空间、行为的约束及特有的习惯之中和规则的范围内，从而规定什么样的事物能够获得认可而进入到这一类别中，什么样的事物不能。分类的价值在于它提供了一种能够表征某一类别的合适的原型，一方面它是那些重要特征的理想化的合成体，另一方面它是那些容易识别的特征的矩阵集合。"不能被分类和命名的事物是异质的、不存在的，同时也是危险的。当我们不能向自己或其他人对新事物做出评价和描述时，我们就遇到了阻力和分歧。为了克服这一阻力并使一个客体变得相容，我们所做的第一件事就是将它或他放进一个既定的类别中，并用一个熟悉的名字为它或他命名。一旦我们能谈论某事、能评价它并且能彼此交流意见，即便它是模糊的，如当我们谈及某人时说他'被抑制了'，我们仍旧能在我们平常的世界中表征那些不寻常的事物，把它变成一个相似的模型或相似的复制品。"②

分类和命名不仅是对论题物进行分级和标注的手段，更主要的目标是帮助人们解释各种特征，理解深藏在人们行为背后的目的及动机。我们"创造这些类别、名称和含义就是出于这个目的，当意义形成时，它们就变得真实、可见，并且看上去它们与那些已经结合在一起，并与我们熟悉的思想和生命相似。通过这种方法，先前存在的表征在某种程度上就被修改了，那些即将被表征的事物甚至得到了更大程度的修改，至此它们获得了一种新的存在形

---

① ［法］塞尔日·莫斯科维奇:《社会表征》，管健、高文珺，译，北京:中国人民大学出版社，2011 年版，第 49 页。

② ［法］塞尔日·莫斯科维奇:《社会表征》，管健、高文珺，译，北京:中国人民大学出版社，2011 年版，第 48 页。

式。"① 为了让人们深入认识社会主义，早期共产主义知识分子分别从文明形态、价值系统、生产力水平、理论基础、政党利益等方面对社会主义与资本主义作出大体范畴划分。从文明视角看，社会主义是高于资本主义的社会形态，是资本主义文明的延续。从价值系统而论，"社会主义和资本主义之争不仅是两种政治和经济制度的比赛，还是终极关怀和生活意义的抉择……社会主义既然是建立在批判现代价值系统的意识形态之上，也就坚持超越个人选择的普遍人生意义。"② 从生产力水平而言，社会主义在资本主义充分发展的基础上并能克服资本主义的弊病，因而具有比资本主义更高的生产力。从理论基础看，陈独秀认为"马格斯以后的社会主义是科学的是客观的是建设在经济上面的，和马格斯以前建设在伦理上面的空想的主观的社会主义完全不同"。③ 从政党利益来看，中国共产党与中国国民党的阶级基础差异明显。"中国国民党是一个代表国民运动的革命党，不是代表那一个阶级的政党；因为他的党纲所要求乃是国民的一般利益，不是那一个阶级的特殊利益；党员的分子中，代表资产阶级的知识者和无产阶级的工人几乎势均力敌。"④ "共产党是工人的政党，他的基础应该完全建筑在工人阶级上面，他的力量应该集中在工人宣传及组织上面"。⑤

分类和命名是两种截然不同的活动。社会表征的内在机制是把集体过程借由这种形式深入到个体的思想中，知识分子传播和创造社会表征，社会表征成功地影响集体中个体成员的行为。在社会中"命名或给某物、某人起名具有十分特别的，甚至近乎神圣的意义。在命名某件事的过程中，我们从一个令人困扰的匿名状态中抽取出它并将它囊括于一个特定语言的集合中，实

---

① ［法］塞尔日·莫斯科维奇：《社会表征》，管健、高文珺，译，北京：中国人民大学出版社，2011 年版，第 55 页。

② 金观涛：《历史的巨镜》，北京：法律出版社，2015 年版，第 148—149 页。

③ 任建树主编：《陈独秀著作选编》第 2 卷，上海：上海人民出版社，2009 年版，第 338 页。

④ 任建树主编：《陈独秀著作选编》第 2 卷，上海：上海人民出版社，2009 年版，第 483 页。

⑤ 任建树主编：《陈独秀著作选编》第 2 卷，上海：上海人民出版社，2009 年版，第 490 页。

际上，就是将它置于文化的同一性矩阵中。"①"匿名的、不可命名的事物不能成为可交流的表象或是很容易与其他表象联系起来。它被放入一个混淆的、不确定的和不可言喻的世界中，甚至当我们能够近似地点将它归为正常的或者异常的时也是这样。……给某人或某事命名是一个沉淀过程，这会产生三种结果：第一，一旦被命名，这个人或物就可以被描述并获得某些特征和倾向性；第二，因为这些特征和倾向性，他或它变得与众不同；第三，在那些采用和共享相同的习俗的人中间，他或它成为了某种习俗的对象。"②"五四"之后早期共产主义知识分子开始把"个人"整合进社会继而进入阶级，用阶级分析来分析中国问题，开始规定主体的位置与话语权力。马克思主义阶级学说的"革命"主题、"阶级斗争"的话语载体，一方面承担了制度再生产的任务，一方面承载了意识形态的个体教化功能。

2.主题重叠

主题是指作品中所表现的中心思想，是作品思想内容的核心。泛指谈话、文件、会议等的主要内容。资本主义意识形态作为一种总体性的范畴，存在于制度、道德、文化等诸多领域。在经济上占统治地位的资产阶级非常重视话语对自身剥削合法性的诠释，于是建构了哲学的、法律的、道德的、制度的一套话语体系。"在一个分层的社会中，支配群体总是试图将它自身的意识形态施加于其他群体，因为这样做可以巩固他们的地位。某些问题可以让附属群体敏锐地觉察到他们受压迫的境况，进而为改变社会而奋起抗争，为了维护现状，主导意识形态会竭力掩饰这类问题。例如，资本主义的意识形态遮蔽了这个事实：资本主义制度为了自身的兴盛，必须在经济上剥削社会中的大部分成员；相反，它强调通过个人努力来实现向上层社会流动的可能。"③

---

① ［法］塞尔日·莫斯科维奇：《社会表征》，管健、高文珺，译，北京：中国人民大学出版社，2011 年版，第 51-52 页。

② ［法］塞尔日·莫斯科维奇：《社会表征》，管健、高文珺，译，北京：中国人民大学出版社，2011 年版，第 52 页。

③ ［澳］迈克尔·豪格、［英］多米尼克·阿布拉姆斯：《社会认同过程》，高明华，译，北京：中国人民大学出版社，2011 年版，第 104 页。

马克思主义的核心要义在于资本主义批判。资本主义批判是对资本主义生产方式与生产关系之间矛盾的反思，马克思对资本主义的批判并不局限于某个单一领域，而是从哲学批判和政治经济学批判两大路径来展开。五四时期关于资本主义社会的不合理现象及其资本主义私有制根源的语篇反复出现、主题重叠。语篇重复"属于慢性药引子，开始时可能反应比较迟钝，一旦起作用便能产生持久的作用力"，[①]通过大量语篇的主题重复，五四时期先进的知识分子对资本主义进行多维批判来建构马克思主义话语。他们认为，马克思主义话语的核心是社会制度建构。

五四时期一度呈现自杀频发现象。早期共产主义知识分子通过大量分析西方自杀问题的成因来剖析资本主义社会制度缺陷。无论从诱发自杀行为发生的多重因素角度看，还是从自杀给社会造成的影响的角度看，自杀都不是简单的个体问题，而是一个严重的社会问题。早期共产主义知识分子认为，西方的自杀并非是由单一因素造成的社会现象。1919年赵世炎在《论青年自杀》中说："生命固然是绝对自由，可是自认无生存价值时，也必有环境的关系。"[②]他所说的"环境"是指除了生理、心理等因素之外的社会、历史、观念等的原因。

社会制度在社会生活中发挥重要作用。其主要功能包括满足社会需要、社会行为导向、社会整合及传递文化。其中社会整合是社会制度实行社会控制和社会管理的主要手段，是指社会结构的不同因素通过协调消除社会对制度的偏离行为而达到融合统一的过程。它促使社会成员的行为规范及价值观念大致趋同、彼此相互依赖和功能互补。社会整合与自杀率成反比例关系。整个社会的文化价值认同随着社会整合程度高而增高时，自杀率相对较低；而当整个社会的文化价值认同随社会整合程度低而降低时，自杀率却升高。当整个社会不和谐，民众对社会文化价值体系的认同偏低，自杀的人也会相应增多。

早期共产主义知识分子认为西方自杀问题的根本原因在社会制度。在西

---

① ［法］古斯塔夫·勒庞：《乌合之众：大众心理研究》，张波、杨忠谷，译，武汉：华中科技大学出版社，2015年版，第93页。

②《赵世炎选集》，成都：四川人民出版社，1984年版，第32页。

方人看来，人的生命具有某种社会价值，对人的任何伤害都像亵渎圣物一样，自杀也是这种伤害之一。基督教的十戒中不但禁止杀人，而且禁止自杀，"在西洋保存个性的积极的乐天的动的文明，多否认自杀""英国以前不许自杀者葬普通的坟墓"。① 英国法律规定一个心智正常的人蓄意自杀是重罪，意欲自杀也是犯罪。因此，在西方自杀者会遭受谴责，即使死后也要受到被禁止下葬普通坟墓的重罚。西方人在熟知宗教的戒律和法律的情形下还执意自杀，李大钊指出"与其说自杀的行为是罪恶的行为，不如说自杀流行的社会，是罪恶的社会。"②

　　资本主义制度如何引起自杀？首先，在资本主义制度下，人们不堪经济压迫而自杀。1920 年 1 月，陈独秀在《自杀论——思想变动与青年自杀》一文中说："物质文明越发达，富人兼并的力量越大，穷人所受经济压迫的痛苦越深，所以文明人自杀的比蛮族多。"③ 资本主义制度下的经济问题导致穷困而自杀的现象。1919 年，李大钊在《青年厌世自杀问题》中说："社会制度若是没有经济上的不平，不会发生因穷饿而自杀的人。"④ 其次，资本主义私有制导致了两极分化，人们因贫富悬殊心生不忿而自杀，"分配果然平均，那里会有贫的现象？生产物果然按劳力分配平均，无论生活如何困难，那里会有心怀不平愤而自杀的人呢？"⑤ 最后，即使是模仿的自杀也与资本主义制度有关。李大钊说："模仿的自杀，也多发生于自杀流行的社会。为自然诱引的自杀，也多发生于怀有隐痛的人。"⑥

　　早期共产主义知识分子以自杀讨论为契机揭露当时中国社会制度的缺陷。在李大钊看来，疾病、烦闷、救国、困境等都只是人们自杀的表面原因，其

---

① 《李大钊全集》第 3 卷，北京：人民出版社，2006 年版，第 123 页。

② 《李大钊全集》第 3 卷，北京：人民出版社，2006 年版，第 122 页。

③ 任建树主编：《陈独秀著作选编》第 2 卷，上海：上海人民出版社，2009 年版，第 149 页。

④ 《李大钊全集》第 3 卷，北京：人民出版社，2006 年版，第 121 页。

⑤ 任建树主编：《陈独秀著作选编》第 2 卷，上海：上海人民出版社，2009 年版，第 153–154 页。

⑥ 《李大钊全集》第 3 卷，北京：人民出版社，2006 年版，第 122 页。

实质是"社会制度的缺陷"①，众多妇女、恋爱青年自杀的重要原因在于婚姻制度的缺陷。李大钊认为因失恋徇情而自杀的现象是婚姻制度的弊病而造成，若是学校制度、教育制度没有缺陷，不会发生因考试落第或因课业过劳而自杀的青年。② 同时，他列举了潘宗礼、杨笃生、陈天华等人的相继自杀，揭露中国的黑暗"达于极点"③。自杀行为的增加折射出人们对政治、经济和婚姻等社会制度的绝望。即使是模仿的自杀，也与社会制度有关。

究竟是青年自杀还是社会杀青年？这在当时引起较大的争议。北大教授蒋梦麟指出自杀是杀了社会上一个人，不能把青年自杀的罪恶加在社会身上。共产主义知识分子却强调放弃生命之人不是自杀而是他杀，是被黑暗的社会制度所杀。李大钊在《青年厌世自杀问题》一文中说，"个别的原因虽然不同，而时代文明与社会制度的缺陷，实在是他们的根本原因，共同原因。"④陈独秀在1920年的《自杀论——思想变动与青年自杀》中谈到自杀的三个原因分别是智识信仰发达、情绪压迫、经济压迫，他把"智识信仰发达"及"情绪压迫"归结为主观原因，主要与自杀者的意志相关，经济压迫"受思想暗示底影响很小"，是"社会组织经济制度不良底结果"，而"社会压迫"是这三个原因的总原因。

自杀现象反映个人或社群对社会规范的反抗，是社会问题爆发的象征，当个体同社会团体或整个社会之间的联系发生障碍或产生离异便发生自杀现象。早期共产主义知识分子对社会实际问题高度敏感，寄望通过对自杀的研究与评论，思考社会制度的改造与建设带给人类深远影响，体现着他们寻求从根本上改造中国的思路，展现了他们接受马克思主义的思想基础。

3.议题持续

核心议题的设置是话语体系建设中十分重要的要素。在每一次话语实践中，话语的生产者生产文本时赋予文本"话语的潜力"，但是这种潜力并不一

①《李大钊全集》第3卷，北京：人民出版社，2006年版，第95页。
②《李大钊全集》第3卷，北京：人民出版社，2006年版，第121页。
③《李大钊全集》第3卷，北京：人民出版社，2006年版，第123页。
④《李大钊全集》第3卷，北京：人民出版社，2006年版，第121页。

定会对文本的接受者造成直接的、机械的因果效应，这是因为文本的接受者
接受文本的思维过程包括"理解"和"后理解"两个部分，在两个部分中都
需要动用接受主体的资源。这就使得同一个文本中"话语的潜力"在面对不
同的接受主体时会在不同程度上得以释放。这些原因使得结构性的改变不可
能通过某一次单独的话语实践就能改变，而必须通过同类的、持续的话语实
践才能改变。"无论是八卦绯闻还是新闻事件，都是人们建构故事的过程，都
是通过对以往事件的解读来适时地对当下情况进行解释。……不同的故事与
描述本身就反映了历史事件中特定的模式与时代背景，譬如，强调高层领导
者（伟人）或强调不同社会与经济阶层群众的描述。而特定的历史研究者提
出的问题也都取决于他的议题或目标。"①

　　马克思立足于人类的现实生活世界，历史唯物主义哲学指向对资本主义
意识形态话语体系赖以生存之哲学根基的颠覆式批判。早期共产主义知识分
子分别在不同的篇章阐述唯物史观。陈独秀在《答蔡和森（马克思学说与中
国无产阶级）》中回应有人因马克思主义的"人为的革命说"②与"唯物史观"
产生质疑，"唯物史观是研究过去历史之经济的说明，主张革命是我们创造将
来历史之最努力最有效的方法，二者似乎有点不同"。③李大钊认为文化的构
造比不上经济的构造，"经济组织没有改变，精神的改造很难成功。在从前
的经济组织里，何尝没有人讲过'博爱'、'互助'的道理，不过这表面构造
（就是一切文化的构造）的力量，到底比不上基础构造（就是经济构造）的力
量大。"④

　　当一个词或思想联系在一起被社会普遍接受的时候，它就被当作了一种
现实和一种惯例。"被表征的术语是那些最为熟知和广为应用的词汇。……一

---

　　①［美］理查德·保罗琳达·埃尔德:《批判性思维工具》，北京:机械工业出版社，
2014 年版，第 62 页。

　　② 任建树主编:《陈独秀著作选编》第 2 卷，上海:上海人民出版社，2009 年版，第
411 页。

　　③ 任建树主编:《陈独秀著作选编》第 2 卷，上海:上海人民出版社，2009 年版，第
411 页。

　　④《李大钊全集》第 3 卷，北京:人民出版社，2006 年版，第 12 页。

旦社会采纳了一种范例或象征核，就会发现无论谈论这种范例是何意义都会变得十分容易，并且正是因为这种易操作性，就连指代它的词汇也会更经常地被使用。紧接着，那些惯例和老规矩就会在概括那一范例的基础上形成，并将原先截然不同的那些表象联系起来。我们不仅仅在谈论范例，也在不同的社会情境中创造它，把它作为理解自己和别人选择及决策的手段。"① 生产资料所有制是生产关系的核心内容，社会的所有制结构从根本上决定着生产关系的性质。资本主义私有制通过市场经济创造了巨大的财富，追求经济发展使人类向前迈进了一大步。但它存在着剥削和压迫，经济自由造成了罪恶的一面。资本主义私有制有两大内容：一是资本归资本家私人所有；二是资本家使资本无限增殖。正是在这个意义上，马克思、恩格斯提出："共产党人可以把自己的理论概括为一句话：消灭私有制。"②

马克思、恩格斯认为，未来的社会主义革命要彻底变革资本主义社会的所有制关系。五四时期的共产主义知识分子反复论述他们对私有制的理解。1921 年 1 月，陈独秀在《社会主义批评——在广州公立法政学校演讲》中指出资本主义的弊端是资本私有，③ 他认为"资本是社会的劳动力所积而成，是社会上最重要的东西，没有人能反对资本的，我们所反对的乃是个人占有这资本利用这资本增加他私有财产的资本主义。"④ 李达主张废除私有财产："社会主义主张推倒资本主义，废止财产私有，把一切工厂一切机器一切原料都归劳动者手中管理，由劳动者自由组织联合会，共同制造货物。"⑤ 陈独秀和李达认为，资本主义私有制生产的目的是为拥有生产工具者出卖商品、增加其私有财富而生产，不是为直接供给一切人民食用品而生产，并提出解决的方

① ［法］塞尔日·莫斯科维奇：《社会表征》，管健、高文珺，译，北京：中国人民大学出版社，2011 年版，第 57 页。

②《马克思恩格斯选集》第 1 卷，北京：人民出版社，1995 年版，第 286 页。

③ 任建树主编：《陈独秀著作选编》第 2 卷，上海：上海人民出版社，2009 年版，第 338 页。

④ 任建树主编：《陈独秀著作选编》第 2 卷，上海：上海人民出版社，2009 年版，第 340 页。

⑤《李达文集》第 1 卷，北京：人民出版社，1980 年版，第 41 页。

法只有采用"资本归公"。①1922 年在《共产主义与中国》一文中，周恩来提出共产主义的主张，"资本主义的祸根在私有制，故共产主义者的主张乃为共产制。"②周恩来认为私有制占统治地位的时候，资产者和无产者的利益对立，整个社会缺乏实行统一计划所必要的共同利益基础。

推翻资本主义私有制度是实现新道德和实现改革的基础。"不论什么竞争制度，都有道德上的弱点"，③而资本主义私有制社会的问题在于把博取财利当作人类活动的最高目标，被看成判断人在生活中是否成功的终极标准。周恩来认为改革的成效与私有制的消灭有极大关系，"私有制不除，一切改革都归无效。"④1925 年瞿秋白在《世界职工运动状况》中指出，只有废除私有制，劳动者才能过上理想的生活，"工人既然有了力量，更加觉悟，便自然发生社会主义和共产主义的思想：要根本推翻资本制度，想把那些大工厂、大农场收归公有，人人都做工，人人都过极好的生活，不让少数资本家私人吸大家的汗血。"⑤从上述可知，周恩来和瞿秋白都把私有制的废除和改革的实施联系起来考察。

教育、女子、婚姻制度等问题的解决都在社会主义。"妇女问题发生于私有财产制度确立之后，这无论中国与外国都是相同的。"⑥陈独秀认为，"女子问题，实离不开社会主义"。⑦陈独秀认为必须采用社会主义才能解决女子和劳动者等弱者的问题，"所以希望男女要全部努力于社会主义，男女实行联合

---

① 任建树主编：《陈独秀著作选编》第 2 卷，上海：上海人民出版社，2009 年版，第 339 页。

②《周恩来早期文集》下，北京：中央文献出版社，1998 年版，第 461 页。

③［美］迈克尔·诺瓦克等，胡易木译：《利乎？义乎？——对资本主义道德的反思》，《当代思潮》，2001 年第 5 期，第 55 页。

④《周恩来早期文集》下，北京：中央文献出版社，1998 年版，第 461 页。

⑤《瞿秋白文集（政治理论篇）》第 3 卷，北京：人民出版社，1989 年版，第 103 页。

⑥《李达文集》第 1 卷，北京：人民出版社，1980 年版，第 148 页。

⑦ 任建树主编：《陈独秀著作选编》第 2 卷，上海：上海人民出版社，2009 年版，第 359 页。

弱者以抗强者，就是我今日社会主义的意见。"①"女子与劳动者全是弱者，所以我们要帮助弱者抵抗强者。除了社会主义，更没有别的方法。"②要使妇女有使用财产的自由权，"除了实行社会主义以外，没有旁的希望"。③"社会主义不止解决妇女的问题，且可以解决一切的问题"。④"因为 Democracy 的精神，不但在政治上要求普通选举，在经济上要求分配平均，在教育上、文学上也要求一个人人均等的机会。"⑤毛泽东在研究社会改造问题时就尝试从研究、解决问题入手，他在 1919 年 9 月创办"问题研究会"时首先从问题出发为社会改造事业详细罗列一个需要解决的关于教育、女子、婚姻、劳动等问题的清单。毛泽东认为"在各种问题研究之先，须为各种主义之研究"，⑥经过了由"问题"到"主义"的探索过程，最终实现了认识上的提升。

早期共产主义知识分子对唯物史观、"私有制""社会主义"等概念的不断持续使用，逐步建构马克思主义话语并扩大了马克思主义的影响力。

4.论争界定

五四时期各种社会主义思潮的流行，既体现出社会各阶层对社会现状的不满，又体现了各个阶级利益的不同，因而在各种思潮之间产生激烈争论。陈独秀以自利与利他作比较，"现今道德学说之在欧西，最要者有二派。其一为个人主义之自利派，其二为社会主义之利他派。此二派互为雄长于道德学

---

① 任建树主编：《陈独秀著作选编》第 2 卷，上海：上海人民出版社，2009 年版，第 361 页。

② 任建树主编：《陈独秀著作选编》第 2 卷，上海：上海人民出版社，2009 年版，第 361 页。

③ 任建树主编：《陈独秀著作选编》第 2 卷，上海：上海人民出版社，2009 年版，第 438 页。

④ 任建树主编：《陈独秀著作选编》第 2 卷，上海：上海人民出版社，2009 年版，第 361 页。

⑤《李大钊全集》第 2 卷，北京：人民出版社，2006 年版，第 292 页。

⑥《毛泽东早期文稿》，长沙：湖南人民出版社，2008 年版，第 366 页。

说界中。"① 通过争论，人们逐步认识和明确心目中的理想社会模式和民族解放的方向，"话语往往在与其他话语的共谋和争斗中得以界定，因此话语会随着社会中其他话语的出现或消亡而发生变化。"② 因此，五四时期的社会主义论争为科学社会主义在中国的确立创造了理论前提。

关于社会主义论争的焦点主要集中在三个方面：一是走资本主义道路还是社会主义道路；二是主张阶级调和还是阶级斗争；三是要不要建立无产阶级政党。论争双方是以梁启超、张东荪为代表的研究系分子和以李达、陈独秀、李大钊为代表的早期共产主义知识分子。

首先，关于走资本主义道路还是社会主义道路的论争。早期共产主义知识分子对社会主义的勾画大致为：社会主义是经济富裕、人人平等、生活和谐的幸福理想社会，这种社会蕴藏了中国传统社会平均公有的社会理想，与贫富分化、分配不公的资本主义形成鲜明对比，初步奠定了国人对社会主义的基本轮廓。李大钊认为，"无论富者统治贫者，贫者统治富者；男子统治女子，女子统治男子；强者统治弱者，弱者统治强者；老者统治幼者，幼者统治老者，凡此种种擅用与治服的体制，均为社会主义的精神所不许。"③ 陈独秀认为德国社会民主党的社会主义并非理想的社会主义，"不过多多加给腐败贪污的官僚政客以作恶的机会罢了"。④ 李大钊特别强调社会主义："不是要穷的，是整理生产的，不是破坏生产的。"⑤

梁启超对社会主义的态度在整体上是积极、肯定的。一方面，梁启超曾多次指明社会主义的必然性，但他又指出当时的中国不适合推行社会主义。当时的梁启超目睹了世界社会主义运动在欧洲的整个发展形势，他对社会主

---

① 任建树主编：《陈独秀著作选编》第 1 卷，上海：上海人民出版社，2009 年版，第 337 页。

② ［美］詹姆斯·保罗·吉：《话语分析导论：理论与方法》，杨炳钧，译，重庆：重庆大学出版社，2011 年版，第 32 页。

③《李大钊全集》第 4 卷，北京：人民出版社，2006 年版，第 89 页。

④ 任建树主编：《陈独秀著作选编》第 2 卷，上海：上海人民出版社，2009 年版，第 350 页。

⑤《李大钊全集》第 4 卷，北京：人民出版社，2006 年版，第 354 页。

义必然性的认识着重于从运动形态中分析，侧重于从社会结构层面解读社会主义的理想形态，认为当时的中国不适合推行社会主义，只有消灭了阶级才能够推行社会主义。只有先实行资本主义，等到中国经济发展到一定水平的时候，再实行社会主义。

其次，关于主张阶级调和还是阶级斗争的论争。早期共产主义知识分子普遍认同社会主义。陈望道说："无论谈哪种社会主义，彼底派别虽是不同，但总注意在劳动阶级；引劳动阶级一般人，去达到理想之境"，[①] 关于社会主义制度与生产力的关系，胡适指出"我们不能单靠我们的成见就武断社会主义制度之下不能有伟大的生产力。"[②] 但中国的社会和经济问题的解决上具体以哪种途径与方法实现却大相径庭。

关于阶级问题中国知识界论争的焦点在于如何实现社会主义，特别是否通过阶级斗争这种方式对中国社会实行彻底的革命。以张君劢为代表的民主社会主义主张不废除私有财产，通过法律手段和议会竞争选举逐步实现社会主义。张君劢赞同德国社会民主党人所奉行的民主社会主义，在他看来，德国渐进改良的社会主义道路"虽社会革命之理想，并未完全实现，然规模具在，循此轨道以行，则民意成熟，自然水到渠成矣。"[③] 他认为社会主义把生产收归国有由政府管理弊端甚多，资本主义私有化更具优势。张君劢的社会主义观与马克思主义者的存在较大差异，他主要是从财产归属来理解社会主义，消灭阶级差别等并没有提及。

最后，关于要不要建立无产阶级政党的论争。张东荪、梁启超一方面认为社会主义的最根本是土地归公、资本归公，"讲到国民生计上，社会主义自然是现代最有价值的学说"，[④] 另一方面反对建立党组织，认为当时的中国

---

① 《陈望道文集》第 1 卷，上海：上海人民出版社，1979 年版，第 43 页。

② 《胡适全集：书信（1907—1928）》第 23 卷，合肥：安徽教育出版社，2003 年版，第 505-506 页。

③ 君劢：《中国之前途：德国乎？俄国乎？》，《改造》，1920 年第 2 卷第 14 号，第 2-3 页。

④ 《梁启超全集》第 10 集，北京：中国人民大学出版社，2018 年版，第 80 页。

的急需发展实业，先发展资本主义再实行社会主义。1920年11月张东荪发表《由内地旅行而得之又一教训》文中指出救中国只有一条路就是开发实业，因为中国唯一病症就是贫乏。12月他又发表了长篇文章《现在与将来》，而梁启超在《复张东荪书论社会主义运动》中积极支持张东荪的观点。陈独秀指出："中国劳动者没有组织，没有阶级的觉悟，不能做阶级的争斗来抵抗资本家，所以生活极苦而工价极贱，造成外国资本家群来掠夺底好机会……除了中国劳动者联合起来，组织革命团体，改变生产制度，是无法挽救的。"①他认为，在没有取得独立自主权的条件下试图通过阶级调和的道路是行不通的，劳工阶层必须建立无产阶级的政党和夺取政权方能摆脱被资本家剥削的命运。

社会主义论争既是马克思主义初始建构阶段面临的考验，也是一场极为深刻的马克思主义教育，无数具有觉悟的先进青年在反复比较和思考后开始把共产主义作为终生的信仰。毛泽东、周恩来、邓小平等中国共产党早期领导人从《新青年》等刊物上深受启发，他们由接触社会主义，进而接受社会主义，为中国共产党的成立准备了思想上组织上的基础。

（三）群体建构

社会认同和群体是不可分割的。社会认同指个体对于所属群体的认识及作为该群体成员所获得的价值和情感意义。对群体认同感强烈的个体更愿意参与集体行动。"人类也许是所有生物当中最喜欢交际的：将拥有他人的陪伴视为人生的一件乐事。他们不仅在有他人在场的情况下度过清醒时的大部分时光，而且在更基本的层面上，他们也是历史、文化和社会的产物。他们是被社会性地建构的。他们的视角、观点、价值、行动和沟通手段都是从他人那里习得或获取的。他们的行为在很大程度上受到规范和人们之间达成的契约的管理，包括恰当的或可以接受的行事方式，以及在某种情况下所持有的观点。没有这样的契约，也就不可能有沟通，而沟通是人类存在的核心要素。

---

① 任建树主编：《陈独秀著作选编》第2卷，上海：上海人民出版社，2009年版，第307页。

沟通的实现有赖于一系列普遍认同的规则或语法。"①五四时期马克思主义的认同度及其影响力的扩大有一个较为清晰的轨迹：由个体而团体再群体。

1.情感渲染

历史记忆具有情感。群体的情感不仅仅在于群体记忆的情感体验，如对敌人的痛恨、对革命者的同情等，还在于借助纪念仪式、影像等形式得以展现。在进行记忆共享和回忆的情境和场所中借助情景渲染和场所布置等来实现所有成员的共情，群体成员会产生强烈的身份归属感和积极情感体验，最终提升群体情感。"虽然社会是由个体组成的，但社会被形塑为不同的社会群体和范畴，人们的视角、观点和实践都是从他们所归属的群体中获得的。"②

早期共产主义知识分子从劳苦人民的利益出发，首先表现对西方人民大众的深切关怀。李大钊对自杀者的境遇非常同情："由自杀者的个人方面看，他们是生活上的弱者、失败者、落伍者，是看见生存竞争的潮流过烈，而无路可寻的人。他们劣败的原因，虽有时由于个人的，这里亦有由于遗传的缺点的——而大部分则由于社会的缺陷。我们对于他们的境遇，不能不予以同情。"③瞿秋白也说，"工人劳动者是人类的大多数，然而他们在欧战场上被各'国家'驱杀屠宰，欧战后没有得丝毫红利，却只受着英、法、意、美等'国家'——尤其是美国——的非刑敲打，枉法裁判，剥夺自由。"④李达指出，"劳动者不仅感受物质上的痛苦，而且还不免于精神上的堕落。"⑤李大钊指出，"日本五口的人家，最小生活费，一年也要二千七十六元。有这样收入的，百户中不过二户，其余都是食不能充饥，衣不能御寒，老不能养赡，子弟不能

① [澳]迈克尔·豪格、[英]多米尼克·阿布拉姆斯：《社会认同过程》，高明华，译，方文审校，北京：中国人民大学出版社，2011年版，第2页。

② [澳]迈克尔·豪格、[英]多米尼克·阿布拉姆斯：《社会认同过程》，高明华，译，方文审校，北京：中国人民大学出版社，2011年第2页。

③《李大钊全集》第4卷，北京：人民出版社，2006年版，第35页。

④《瞿秋白文集（政治理论篇）》第2卷，北京：人民出版社，1988年版，第150页。

⑤《李达文集》第1卷，北京：人民出版社，1980年版，第545页。

教育。贫富的悬隔，一天甚似一天"。① 其次，早期共产主义知识分子对西方工人阶级的顽强战斗精神表示赞赏。1921 年 4 月，英国百万煤矿工人发起总罢工历时八十余日，周恩来格外重视这次罢工风潮，从 4 月 13 日到 6 月 20 日，为激励国民他先后在天津《益世报》发表了《英国矿工罢工风潮之始末》等九篇通讯，称赞英国工人阶级的顽强斗争意志及精神，赞扬他们在"饥饿困窘"② 的条件下，"内攻外逼，工人之搏战不可谓不勇且凶矣。"③

　　五四时期共产主义知识分子们通过调查走访了解工人阶级的真实生存状态、启发阶级意识、培育阶级情感。1919 年 3 月 9 日李大钊撰写《唐山煤厂的工人生活——工人不如骡马》一文，详细描述了唐山煤厂工人的悲惨生活：一是唐山煤矿工人工作环境十分恶劣，炭坑"仿佛是一座地狱"④，"炭坑颓塌，他们不幸就活活压死"⑤ 二是工人的生活费还不如骡马的生活费，骡马的生活费"一日还要五角"⑥，煤矿工人工作一天的"工银才有二角"。⑦ 三是抚恤金低，购买一匹骡马的价格在"百元上下"，⑧ 而死去工人的抚恤金"不过三四十元"。⑨ 可见得工人的生命在资本家眼中一文不值。

　　北京共产主义小组的何孟雄受组织委派在长辛店、唐山、南口等工人集聚地区开展田野调查。1922 年初何孟雄写的《京绥路六日游记》阐述了中国铁路工人的悲惨命运，他经常与工人们深切交流，为工人们读报纸讲解时事政治，讲解马克思主义理论，深入思考与工人的关系并组织发动工人运动。武汉共产主义小组已在成立前实地调查了武汉地区的工业与工厂，初步掌握工人工资及雇佣童工情况。此外，上海、山东等地的具有初步共产主义思想

---

①《李大钊全集》第 2 卷，北京：人民出版社，2006 年版，第 274 页。

②《周恩来早期文集》下，北京：中央文献出版社，1998 年版，第 100 页。

③《周恩来早期文集》下，北京：中央文献出版社，1998 年版，第 101 页。

④《李大钊全集》第 2 卷，北京：人民出版社，2006 年版，第 315 页。

⑤《李大钊全集》第 2 卷，北京：人民出版社，2006 年版，第 315 页。

⑥《李大钊全集》第 2 卷，北京：人民出版社，2006 年版，第 316 页。

⑦《李大钊全集》第 2 卷，北京：人民出版社，2006 年版，第 315 页。

⑧《李大钊全集》第 2 卷，北京：人民出版社，2006 年版，第 316 页。

⑨《李大钊全集》第 2 卷，北京：人民出版社，2006 年版，第 316 页。

的知识分子们也积极深入工人群体实地走访调研，与工人们促膝长谈打成一片建立起深厚情感，为之后开展工人运动准备了充足条件。

早期共产主义知识分子撰写了大量文章凸显对劳动人民的感情。陈独秀指出，"知识理性的冲动，我们固然不可看轻；自然情感的冲动，我们更当看重"，①"劳动界的痛苦自然很多，一时也说不尽"。② 为工作开展奠定情感基础增进工人间团结互助，陈独秀"希望有一种运动好唤起我们对于人类底同情心和对于同胞底感情，大家好来帮助贫苦的劳动者"。③ 毛泽东在《民众的大联合》中彰显出"同类"的意识，就是"和我们的同类结成一个联合"④。农民是"和我们种田的同类"⑤工人是"和我们做工的同类"，⑥要关注和维护"我们种田人的种种利益"，⑦ 着重了解"田主怎样待遇我们？租税是重是轻？我们的房子适不适？肚子饱不饱？田不少吗？村里没有没田作的人吗？"⑧ 不仅要思考上述问题，而且还要做好准备"时时去解答"⑨。"对于我们同类的弱者劳动与妇女，便应该发挥真挚的同情心去扶助他们"。⑩"妇女不是我们的同类吗？本是人类底母亲，反变了人类的奴隶；不寄食于父；得意者也等于珠围翠绕的娼家，失意者便是日暮无归的乞丐；至于一般受虐待的养媳婢女，更过的是极

---

① 任建树主编：《陈独秀著作选编》第 2 卷，上海：上海人民出版社，2009 年版，第 177 页。

② 任建树主编：《陈独秀著作选编》第 2 卷，上海：上海人民出版社，2009 年版，第 140 页。

③ 任建树主编：《陈独秀著作选编》第 2 卷，上海：上海人民出版社，2009 年版，第 266 页。

④《毛泽东早期文稿》，长沙：湖南人民出版社，2008 年版，第 342 页。

⑤《毛泽东早期文稿》，长沙：湖南人民出版社，2008 年版，第 342 页。

⑥《毛泽东早期文稿》，长沙：湖南人民出版社，2008 年版，第 343 页。

⑦《毛泽东早期文稿》，长沙：湖南人民出版社，2008 年版，第 342 页。

⑧《毛泽东早期文稿》，长沙：湖南人民出版社，2008 年版，第 342 页。

⑨《毛泽东早期文稿》，长沙：湖南人民出版社，2008 年版，第 343 页。

⑩ 任建树主编：《陈独秀著作选编》第 2 卷，上海：上海人民出版社，2009 年版，第 369 页。

人间悲惨生涯"。[①] 毛泽东、陈独秀讲的"同类"反映的就是与下层民众的阶级感情，融入普通民众的生活实际并具有共情力。

毛泽东在革命实践中自觉深入联系群众。他后来回忆对工人农民思想感情上的巨大变化，我"在学校养成了一种学生习惯，在一大群肩不能挑手不能提的学生面前做一点劳动的事，比如自己挑行李吧，也觉得不像样子。那时，我觉得世界上干净的人只有知识分子，工人农民总是比较脏的。知识分子的衣服，别人的我可以穿，以为是干净的；工人农民的衣服，我就不愿意穿，以为是脏的。革命了，同工人农民和革命军的战士在一起了，我逐渐熟悉他们，他们也逐渐熟悉了我。这时，只是在这时，我才根本地改变了资产阶级学校所教给我的那种资产阶级的和小资产阶级的感情。……这就叫做感情起了变化"。[②] 可以看出，毛泽东的民众本位理念及具有情感性的思想内容是其阶级意识升华的显著表征。

2.群体认同

群体情绪及群体效能是影响集群行为的主要心理因素，群体行为与群体情绪有很高的相关性。"社会表征就是通过对社会影响的沟通而支撑起日常生活的真实性，并建立起不同群体之间边界的原则和方式。"[③] 早期共产主义知识分子在马克思主义传播、组建社团、建立共产主义小组和中国共产党中发挥重要的作用。

五四时期的少年中国学会是中国共产党早期组织历时较久、会员最多、分布最广的一个社团。李大钊、恽代英、毛泽东、邓中夏、刘仁静、张闻天、杨贤江、沈泽民、高君宇、黄日葵等都是少年中国学会重要成员，后来均成为中国共产党早期党员。此外，五四时期在学生中建立了许多马克思主义研究小组，如瞿秋白所描述，"一九一九年五月四日发动的中国学生运动，多少

---

① 任建树主编：《陈独秀著作选编》第2卷，上海：上海人民出版社，2009年版，第369页。

②《毛泽东选集》第3卷，北京：人民出版社，1991年版，第851页。

③［法］塞尔日·莫斯科维奇：《社会表征》，管健、高文珺，译，北京：中国人民大学出版社，2011年版，第2页。

唤起了中国的精神力量。现代中国青年知道，新思潮已经波及到中国，未来的时代将是社会主义时代。中国青年将尽一切力量帮助无产阶级。目前，在中国的学生当中，建立了许多研究社会主义学说的小组"。① "在北京组织了'仁社'、'互助社'和'改造社'，在天津有'觉悟社'。……不久以前，上海成立了社会主义青年党，虽然成员人数不多，但这个党的组成毕竟是中国社会主义运动的萌芽"。② 陈独秀认为在五四时期，与国内大中学生群体相比，留学生的发挥作用更逊色，"这班留学生对于近来的新文化运动，他们的成绩，恐怕还要在国内大学学生、中学学生的底下"。③

人际网络。人际传播、沟通是人类最为普遍和重要的活动。"除非我们进行人际沟通，否则在社会中我们就不能生存。它们能使我们在社会中有效地发挥作用和维持我们生活中重要的相互关系"。④ 在早期共产主义知识分子中有四种比较典型的关系脉络，即师生、同乡、同学和亲属关系，这些关系脉络对加强群体内的沟通与合作、组建先进社团与活动，增强群体对马克思主义的认同等都起到十分重要的作用。五四时期马克思主义的传播中，高校是主要场所，高校师生是核心人群。高校传播唯物史观主要通过师生人际脉络及书籍销售网络。

高校的师生关系是具有深远影响的人际脉络。李大钊在马克思主义传播中师生关系广泛。李大钊曾在高校给邓中夏、何孟雄、高君宇、罗章龙、缪伯英、李梅羹、朱务善、张国焘、黄日葵、李骏、刘仁静、范鸿劫和瞿秋白等讲授课程，并在马克思学说研究会讨论中给予指导。从天津到北京的白坚武在"李守常（李大钊）家，谈论近局"。⑤ 李大钊对马克思主义理论的讲解通过联结点扩展，师生脉络加强了知识分子之间的联系和沟通。此外，他与

---

① 《瞿秋白文集（政治理论篇）》第 1 卷，北京：人民出版社，1987 年版，第 174 页。

② 《瞿秋白文集（政治理论篇）》第 1 卷，北京：人民出版社，1987 年版，第 174 页。

③ 任建树主编：《陈独秀著作选编》第 2 卷，上海：上海人民出版社，2009 年版，第 137 页。

④ ［美］桑德拉·黑贝尔斯、理查德·威沃尔二世：《有效沟通》第 7 版，李业昆，译，北京：华夏出版社，2014 年版，第 157 页。

⑤ 朱文通：《李大钊年谱长编》，北京：中国社会科学出版社，2009 年版，第 266 页。

蔡元培发起成立的北京大学学余俱乐部，由北京大学同人组织，以联络感情、交换学识为主旨。

书籍销售网络也是重要人际网络的方式之一。五四时期的中国还没有全国流通的书籍销售网络，学生只能通过学校内的书报贩卖部购买书籍。这些书报贩卖部不仅经销书籍，负责贩卖部的人（往往是有活动能力的学生）还通过书籍的订购情况把握学生的思想状况，并提供场所以加强学生之间的联系。当时在杭州的浙江第一师范学校执教的陈望道曾这样回忆书报贩卖部："'五四'后宣传工作一般通过报刊来进行。报刊影响很大，对青年有启发、教育作用。我们一面写文章，一面在许多地方组织书报贩卖部，挨门推销进步书报。通过推销书报，找订阅者谈话，发展组织。书报贩卖部这个方式，在学校里流行，贩卖书刊的都是较进步的青年。……那时候，介绍朋友，只要说他是搞新文化的，便是自己人。"[1]可见，五四时期的学生们通过书报贩卖部相互沟通联系的情景。在中国的最高学府，即后来产生了许多共产主义者的北京大学，校内的出版部书籍代售所（即书报贩卖部）还在《北京大学日刊》上登出了经销书籍、杂志的广告。[2]这些书报贩卖部销售杂志及其他城市出版的报纸，毛泽东于 1920 年在长沙创设的"文化书社"贩卖部销售《新青年》、上海的《时事新报》及北京的《晨报》。1920 年恽代英创办的利群书社正式开业。书社不但销售《共产党宣言》《马格斯资本论入门》《共产主义ABC》等马克思主义经典著作而且还出版刊物及借书。利群书社的主体是青年学生，他们后来大部分都加入了中国共产党。"萧楚女和施洋分别在书社打下坚实的马克思主义理论基础和接受马克思主义并最终成为坚定的共产主义战士"。[3]

---

① ［日］石川祯浩：《中国共产党成立史》，袁广泉，译，北京：中国社会科学出版社，2006 年版，第 5 页。

② ［日］石川祯浩：《中国共产党成立史》，袁广泉，译，北京：中国社会科学出版社，2006 年版，第 5 页。

③ 李良明、钟德涛：《恽代英年谱》，武汉：华中师范大学出版社，2008 年版，第 166页。

群体网络。群体传播是组织者通过媒介向广大公众进行一对多的信息沟通，受众在传播中的互动比大众传播效果好。

大学课堂是五四时期群体传播马克思主义理论的一个重要路径。十月革命后，以北京大学和上海大学为代表在全国高校里广泛开展马克思主义的课程及其讲座。李大钊是"唯物史观最彻底最先倡导的人，今日中国辩证法，唯物论，唯物史观的思潮这样澎湃，可说都是先生立其基，导其先河。"①1920年在北大授课时李大钊"至少在每个周一都有'唯物史观'课程"，②他还先后在北京女子高等师范、北京师范大学、复旦大学等多所著名大学开设课程和讲座。他通过大学课堂把唯物史观传播给学生，讲授的两门课程——《社会学》《女权运动史》"使我们初步接触到马列主义的理论"。③

讲演也是共产主义知识分子经常采用的一种方式。陈独秀的演讲一直备受各地人士推崇，深入工人群众中的讲演效果深受民众欢迎，1920年他到武汉上海等地宣传新思想，"每到一个地方，都有青年团体或教育机关邀他发表演说。"④1922年12月瞿秋白将从苏联回中国，他说回国的任务之一是"到工人中去巡回讲演，先到长辛店，再到汉口、上海、天津或唐山，并整理成讲演录，以便传播"。⑤

大众网络。五四时期共产主义知识分子借助出版物、报纸、杂志等传播媒介传播给社会大众。著作是五四时期马克思主义传播一个重要介体，当时出版的马克思主义著作包括四种，分别是：经典原著、海外中文诠释本、国内诠释本、马克思主义中国化。十月革命后共产主义知识分子开始陆续翻译出版马克思恩格斯列宁的经典著作有：《共产党宣言》《科学的社会主义》《帝国主义浅说》等；马列著作海外中文诠释本包括：恽代英编译的《阶级斗争》、

① 郭湛波：《近五十年中国思想史》，上海：上海古籍出版社，2010年版，第103页。
② 朱文通：《李大钊年谱详编》，北京：中国社会科学出版社，2009年版，第321页。
③ 朱文通：《李大钊年谱长编》，北京：中国社会科学出版社，2009年版，第305页。
④ 任建树：《陈独秀大传》，上海：上海人民出版社，1999年版，第206页。
⑤ 刘小中、丁言模：《瞿秋白年谱详编》，北京：中央文献出版社，2008年版，第108页。

李达编译的《唯物史观解说》等；马列著作国内诠释本有：瞿秋白的《社会科学讲义》（1-5集）、蔡和森的《社会进化论》；马克思主义中国化著作有：陈独秀的《社会主义讨论集》、瞿秋白的《中国革命中之争论问题——第三国际还是第零国际——对于中国革命中之孟赛维克主义》、恽代英的《国民革命》和《中国民族革命运动史》、毛泽东的《湖南农民革命》（一）等。

　　杂志发行在五四时期达到空前繁荣。五四运动后短短半年时间马克思主义在中国的传播达到高潮，全国各地出版了马克思主义报刊两百多种，关于唯物史观就有几十种。罗家伦1919年评论中国的杂志时就说："中国近年来杂志太多，不能全看。"[①]五四时期的期刊不仅是不同派别的知识分子充分交锋论辩的平台，还是知识界与政界、军界、商界等人士沟通的通道。此外，"小册子"传播也是当时的一大奇迹。"小册子"是知识分子以理论文章或时政评论为主的定期连续出版的版式、印刷简单的周刊或月刊，因其价格低廉甚为当时社会读者特别是学生的青睐。蔡和森在1920年5月28日在《蔡林彬给毛泽东》信中提及"另印有小册子，过日奉寄。"[②]《唯物史观浅释》（1923年）2.7万字的小册子，因通俗易懂而大受欢迎，分别由上海书店、国光书店、长江书店至少出版8版之多。[③]杂志的广泛发行成为沟通各群体的平台。

　　组织网络。五四时期的共产主义知识分子以社团为主体，在社团内部及对社团之外的民众进行信息交流和沟通。当时组建的社团主要有马克思主义研究会、大学生平民教育讲演团、工人夜校、宣讲员养成所等。1920年3月我国最早研究马克思主义的团体——"北京大学马克思学说研究会"在李大钊的指导下成立，同年12月"北京大学社会主义研究会"成立。陈独秀在1920年5月于上海发起成立了"马克思主义研究会"，主持出版了《劳动节纪念号》（《新青年》专刊）。邵力子、陈望道、李汉俊、戴季陶、俞秀松、沈玄庐、刘大白、沈仲九等人应陈独秀之邀参加"马克思主义研究会"。1921

---

　　① 罗家伦：《今日中国之杂志界》，《新潮》1卷4号，1919年4月。

　　②《蔡和森文集》（上），北京：人民出版社，2013年版，第35页。

　　③ 杨荣、田子渝：《马列主义著作文本在中国的早期传播》，《马克思主义研究》，2018年第6期，第38页。

年陈独秀以"宣传和普及马克思主义，造就将来开展群众工作的干部"① 为目的创办宣讲员养成所，其学生后来逐渐成长为广东地区党、团的骨干分子。

3.组织创建

政党是现代政治的主要组织原则，是沟通国家与社会、政府与社会团体及利益之间的桥梁纽带，具有利益表达、社会化和政治动员、组建政府等政治功能。"一个范式支配的首先是一群研究者而不是一个学科领域。不论是范式指导下的研究还是动摇了范式的研究，对它们的研究和把握都必须从确定从事这种研究的团体入手。……革命是一种特殊的、涉及团体承诺的某种重建的转变。"② 马克思和恩格斯在创建国际性无产阶级政党的历史进程中，进行了艰苦的理论研究和实践活动，推动工人运动的发展，为建立无产阶级政党作了思想上和组织上的准备。

一个国家的发展和稳定与实行适合国情的政治制度和政党制度具有密切联系。理论与组织是中国现代政党思想的两个核心元素。早期共产主义知识分子的共同理想是寻找先进的理论，然后在实践中组建强大的组织。李大钊、陈独秀对政党问题高度关注，认为政党政治在社会活动中发挥极为重要的作用，他们从介绍十月革命、宣传社会主义，到积极探索俄国布尔什维克的政党理念并以此指导中国的建党实践。胡适也赞同组建政党，"对于陈独秀'集中全国民主主义的分子组织强大的政党'的主张，是完全赞成的。我们对他反对联邦制的议论，是不能赞同的。"③ 然而，并非所有的理论都具有引领时代的能力，并非所有的组织都能成为政治舞台上的主角。只有将科学理论与严密组织有机结合起来才能唤醒民众奋发图强，这种科学理论就是马克思主义，能担当此重任的组织唯有中国共产党。

作为新型的无产阶级政党，中国共产党的创立是近代中国政党发展的重

---

① 任建树：《陈独秀大传》，上海：上海人民出版社，1999 年版，第 256 页。

②［美］托马斯·库恩著，伊安·哈金导读：《科学革命的结构》，金吾伦、胡新和，译，北京：北京大学出版社，2012 年版，第 151 页。

③《胡适全集：时论（一）》第 21 卷，合肥：安徽教育出版社，2003 年版，第 292 页。

要成果。政党活动是建立政党和政治制度的决定因素，中国共产党从建党一开始便以马克思主义作为指导思想来统一全党的认识和行动，并将社会主义和共产主义作为奋斗目标。"在历史上通过使人们对本质的理解功能化而形成自身的直观范畴体系、思维范畴体系以及评价范畴体系，都不是由人们根据它们那可能的起源和有效性而决定的，而是既通过选择和选择权而被决定的，也是由阶级决定的。……对于人们以一种形式或者另一种形式观察这个世界来说，它们都是受阶级制约的、潜意识的倾向。它们都不是阶级'偏见'，或者说它们并不仅仅是这些'偏见'：它们是与各种偏见的形成过程有关的形式法则。而且，作为有关当前流行的、构成各种偏见之诸倾向的法则，它们当然都完全植根于各种阶级层次之中。"①在中国近代反帝反封建的斗争中，中国工人阶级是中国新民主主义革命的领导力量，农民阶级是中国革命的基本力量，城市小资产阶级、民族资产阶级是中国无产阶级及其政党团结争取的重要力量。

群体需要促生组织创建。"人们不仅需要对世界进行分类和解释，而且通常以一种有利于自我感知的方式来解释世界和给世界划分范畴，这样就促生了一个异质性的社会：它包含许多社会群体，这些群体为争夺支配地位和承认而斗争。个体的范畴化认知过程会导致对群体的认同、群体在心理上的形成以及一种增强效应。在群体背景下，增强效应是一种刻板化的行为。之所以说它是刻板化的，是因为它极尽可能地增强或夸大内群的一致性和群体之间的差异性，这体现在信念、态度、价值、归因和行为等方面。整个过程在不同程度上都贯穿着这样一种需求：偏好于内群而不是外群，维持或获得一种社会支配地位（或者是相对于整个社会的支配地位，或者是相对于某些他群的支配地位）。每个群体自身的规范行为和信念，以及他们对内群和他群所持有的刻板印象，都植根于群际关系的动态变化当中，群际关系的变化是历史车

① ［德］马克斯·舍勒：《知识社会学问题》，艾彦，译，北京：译林出版社，2012年版，第233-233页。

轮前进的动力。"①1920年上海、北京、广州、武汉、长沙、济南等地分别开始筹建共产主义小组，1920年9月《新青年》的改版和同年11月《共产党》月刊的出版标志着中国共产党的创建工作已经展开。1921年7月中国共产党的成立既是群体认同的开始也是结果。1926年邓中夏就倡议"党要下一个一致动员令，要能够使全体党员都活动起来，都到群众中去活动"。②群体以共同的文化、目标、身份为基础而创建，五四时期共产主义知识分子具有年轻及留学背景、善于学习新思想、职业分布集中、侧重知识文化传播等特点，这些都有利于马克思主义的理论在中国的传播与实践探索。个体归属特定的群体，包括群体的身份、群体资格所赋予个体某种情感和价值意义，归属某种群体在某种程度上就获得了某种价值意义。中共建党之初的50多名党员正是以马克思主义为共同理想、共同信念而形成了马克思主义者群体。

---

① ［澳］迈克尔·豪格、［英］多米尼克·阿布拉姆斯：《社会认同过程》，高明华，译，方文审校，北京：中国人民大学出版社，2011年版，第105页。

② 《恽代英文集》下，北京：人民出版社，1984年版，第910页。

结　语

　　五四时期是中国社会转型和人民思想剧烈变动的时期，在传统与现代的历史交汇点上，中国面临向何处去等的抉择及一系列问题迫使中国先进的知识分子不断地思考探索。

　　在民族危亡和历史交汇之际，他们力图从西方思想宝库中为中国寻一把救亡图存之"利器"。作为西方思想学说的马克思主义在俄国十月革命示范效应下，很快成为中国社会新思潮的主流话语和先进知识分子的理性选择。五四时期先进知识分子在反思与批判中建构启蒙话语、革命话语与制度话语，它们不是割裂的个体，而是"觉悟—探索—实践"的逻辑建构，是一个循环递进的系统整体。它彰显了马克思主义话语能在中国广泛传播的魅力，被先进知识分子作为人生信仰和改造社会的锐利武器，成为激励人民奋勇前进的精神力量，成为中国走向世界无产阶级革命的思想桥梁。归根结底，这是因为中国社会的需要，马克思主义"同中国人民革命的实践发生了联系，是因为被中国人民所掌握了"，[①]被中国先进知识分子认知、选择与实践，从个人解放到阶级解放，逐渐完成"否定—替代—建构"的任务。

　　马克思主义是科学的理论体系，为中国传承了两千多年的封建文化注入新的活力。五四时期是马克思主义话语建构的源头，马克思主义话语成为当时的主流并为中华民族带来了希望。五四时期先进的知识分子构建启蒙、革命与制度话语表达马克思主义逻辑，就是马克思主义话语建构实践的过程。

　　放眼当下，当前中国的话语体系在有效地传递中国思想、展现中国文明，

---

①《毛泽东选集》第 4 卷，北京：人民出版社，1991 年版，第 1515 页。

在表达 21 世纪马克思主义发展的最新成果上还有提升空间。习近平总书记指出："要加快构建中国话语和中国叙事体系，用中国理论阐释中国实践，用中国实践升华中国理论，打造融通中外的新概念、新范畴、新表述，更加充分、更加鲜明地展现中国故事及其背后的思想力量和精神力量。"①随着全球普遍交往的深入发展，我们应该抓住机会、乘势而上、迎难而上，吸收五四时期及其之后马克思主义中国化的话语体系建设的养分，通过话语方式的创新、话语内涵的扩展和话语能力的提升逐步构建马克思主义话语体系，着力构建 21 世纪马克思主义话语体系。

---

①《习近平谈治国理政》第四卷，北京：外文出版社，2022 年版，第 317 页。

参考文献

［1］中共中央编译局.马克思恩格斯文集：第1—10卷［M］.北京：人民出版社，2009.

［2］中共中央编译局.列宁选集：第1—4卷［M］.北京：人民出版社，1995.

［3］中共中央文献编辑委员会.毛泽东选集：第1—4卷［M］.北京：人民出版社，1991.

［4］中共中央文献研究室.毛泽东文集：第1—8卷［M］.北京：人民出版社，1993—1999.

［5］中共中央文献研究室.建国以来毛泽东文稿：第1—13册［M］.北京：中央文献出版社，1987—1998.

［6］中共中央文献研究室.毛泽东早期文稿［M］.长沙：湖南出版社，1990.

［7］中共中央文献研究室.毛泽东年谱（1893—1949）：上、中、下［M］.北京：人民出版社、中央文献出版社，2013.

［8］中共中央文献研究室.毛泽东年谱（1949—1976）：第1—6卷［M］.北京：中央文献出版社，2013.

［9］中国李大钊研究会：李大钊全集：第1—5卷［M］.北京：人民出版社，2006.

［10］任建树，陈独秀著作选编：第1—4卷［M］.上海：上海人民出版社，2009.

［11］中共中央文献研究室.周恩来年谱（1898—1949）［M］.北京：中央

文献出版社，1998.

［12］杨琥.李大钊年谱（上、下）［M］.昆明：云南教育出版社，2020.

［13］中共中央文献研究室.周恩来早期文集［M］.北京：中央文献出版社、南开大学出版社，1998.

［14］杨匏安文集编辑组.杨匏安文集［M］.北京：中央文献出版社，1996.

［15］赵世炎文集编辑组.赵世炎选集［M］.成都：四川人民出版社，1984.

［16］李达文集编辑组.李达文集：1—3卷［M］.北京：人民出版社，1981.

［17］瞿秋白文集编辑组.瞿秋白文集：第1—8卷［M］.北京：人民出版社，2013.

［18］邓中夏文集编辑组.邓中夏全集（上、中、下）［M］.北京：人民出版社，2014.

［19］蔡和森文集编辑组.蔡和森文集（上、下）［M］.北京：人民出版社，2013.

［20］恽代英文集编辑组.恽代英文集［M］.北京：人民出版社，1984.

［21］李良明，钟德涛.恽代英年谱［M］.武汉：华中师范大学出版社，2008.

［22］季羡林.胡适全集［M］.合肥：安徽教育出版社，2003.9

［23］耿云志，欧阳哲生.胡适书信集（上、中、下）［M］.北京：北京大学出版社，1996.

［24］耿云志.胡适年谱（1891—1962）［M］.福州：福建教育出版社，2012.

［25］汤志钧，汤仁泽.梁启超全集［M］.北京：中国人民大学出版社，2018.

［26］陈独秀.新青年（民国期刊集成）（1—12）［M］.上海：上海书店出版社，2011.

［27］中央档案馆.中共中央文件选集:第1—18卷［M］.北京:中共中央党校出版社,1989-1992.

［28］习近平谈治国理政编辑组.习近平谈治国理政:第三卷［M］.北京:外文出版社,2020.

［29］张一兵.资本主义理解史(1—6卷)［M］.南京:江苏人民出版社,2009.

［30］郑师渠.社会的转型与文化的变动:中国近代史论［M］.北京:商务印书馆,2005.

［31］罗志田.激变时代的文化与政治［M］.北京:北京大学出版社,2006.

［32］王刚.马克思主义中国化的起源语境研究——20世纪30年代之前马克思主义在中国的传播及中国化［M］.北京:人民出版社,2011.

［33］洪俊峰.思想启蒙与文化复兴——五四思想史论［M］.北京:人民出版社,2006.

［34］陈金龙.近代中国社会思潮与马克思主义中国化［M］.北京:人民出版社,2013.

［35］邓剑秋.马克思主义中国化思想［M］.北京:人民出版社,2009.

［36］许纪霖.二十世纪中国思想史论［M］.上海:东方出版中心,2006.

［37］林聚任.西方社会建构论思潮研究［M］.北京:社会科学文献出版社,2016.

［38］施旭.文化话语研究:探索中国的理论、方法与问题［M］.北京:北京大学出版社,2010.

［39］王尔敏.中国近代思想史论［M］.北京:社会科学文献出版社,2003.

［40］金观涛,刘青峰.观念史研究:中国现代重要政治术语的形成［M］.北京:法律出版社,2009.

［41］李泽厚.中国近代思想史论［M］.北京:生活.读书.新知三联书店,2008.

［42］李泽厚.中国现代思想史论［M］.北京：生活.读书.新知三联书店，2008.

［43］金观涛.历史的巨镜［M］.北京：法律出版社，2015.

［44］金观涛，刘青峰.开放中的变迁：再论中国社会超稳定结构［M］.北京：法律出版社，2011.

［45］金观涛，刘青峰.中国现代思想的起源：超稳定结构与中国政治文化的演变［M］.北京：法律出版社，2011.

［46］［美］孙隆基.中国文化的深层结构［M］.桂林：广西师范大学出版社，2004.

［47］罗荣渠.现代化新论——世界与中国的现代化进程（增订本）［M］.北京：商务印书馆，2006.

［48］李茂民.在激进与保守之间：梁启超五四时期的新文化思想［M］.北京：社会科学文献出版社，2006.

［49］陈金龙.马克思主义中国化进程中的话语建构［M］.广州：中山大学出版社，2020.

［50］邓伯军.马克思主义中国化话语体系的方法论研究［M］.北京：人民出版社，2020.

［51］张维为，吴新文.中国话语：建构与结构［M］.上海：上海人民出版社，2021.

［52］田海龙.语篇研究：范畴、视角、方法［M］.上海：上海外语教育出版社，2009.

［53］吴福祥，王云路.汉语语义演变研究［M］.北京：商务印书馆，2015.

［54］林密.意识形态、日常生活与空间［M］.北京：中国社会科学出版社，2016.

［55］［美］本杰明·史华慈.中国的共产主义与毛泽东的崛起［M］.陈玮，译.北京：中国人民大学出版社，2006.

［56］［美］詹姆斯·保罗·吉.话语分析导论：理论与方法［M］.杨炳钧，

译.重庆:重庆大学出版社,2011.

［57］［法］米歇尔·福柯.权力的眼睛——福柯访谈录［M］.严锋,译.上海:上海人民出版社,2021.

［58］［美］托马斯·库恩.科学革命的结构［M］.金吾伦,胡新和,译.北京:北京大学出版社,2012.

［59］［法］塞尔日·莫斯科维奇.社会表征［M］.管健,高文珺,译.北京:中国人民大学出版社,2011.

［60］［美］理查德·保罗琳达·埃尔德.批判性思维工具［M］.候玉波,姜佟琳,等译.北京:机械工业出版社,2014.

［61］［美］斯坦利·巴兰丹尼斯·戴维斯.大众传播理论:基础、争鸣与未来［M］.曹书乐,译.北京:清华大学出版社,2004.

［62］［美］张灏,高力克、王跃译.危机中的知识分子:寻求秩序与意义［M］.北京:中央编译出版社,2016.

［63］［澳］迈克尔·豪格,［英］多米尼克·阿布拉姆斯.社会认同过程［M］.高明华,译.北京:中国人民大学出版社,2011.

［64］［英］乔纳森·波特,玛格丽特·韦斯雷尔.话语和社会心理学［M］.肖文明,吴新利,译.北京:中国人民大学出版社,2006.

［65］［法］古斯塔夫·勒庞.乌合之众:大众心理研究［M］.张波,杨忠谷,译.武汉:华中科技大学出版社,2015.

［66］［美］莫里斯·迈斯纳.李大钊与中国马克思主义的起源［M］.北京:中共党史资料出版社,1989.

［67］［美］肯尼·格根.语境中的社会建构［M］.郭慧玲,译.北京:中国人民大学出版社,2011.

［68］［美］伊曼纽尔·谢格罗夫.对话中的序列组织［M］.马文,等译.北京:北京大学出版社,2013.

［69］［英］伯特兰·罗素.社会改造原理［M］.张师竹,译.上海:上海人民出版社,2021.

［70］［英］维克多·特纳.仪式过程［M］.黄剑波,柳博赟,译.北京:

中国人民大学出版社，2006.

　　［71］［美］威廉·伯恩斯.知识与权力：科学的世界之旅［M］.杨志，译.北京：中国人民大学出版社，2015.

　　［72］［美］伯纳德·巴伯.科学与社会秩序［M］.顾昕，等译.北京：生活.读书.新知三联书店，1991.

后　记

在本书的撰写过程中，深深感激来自各方的支持和协助。感谢指导本次研究的所有专家和学者，他们在专业知识和实际经验上的分享，极大地丰富了研究内容和视角。感谢在写作过程中参考的相关学术研究成果的作者，他们严谨且深刻的研究，不仅为本书提供了坚实的理论基础，更为撰写激发源源不断的灵感与创作动力。感谢所有直接或间接支持本书写作的人员，没有他们的支持和帮助，本书不可能这样顺利完成。书稿的出版得到广州市青年马克思主义理论人才培养研究重点基地（广州医科大学马克思主义学院）资金的资助，在此表示衷心的感谢！

马克思主义话语建构可以从多个维度进行考察。本书的研究只是开始，对于五四时期马克思主义话语建构需要进一步从多科学、多维度、多群体展开研究。书中粗陋之处，敬请专家、同行及读者指正。

作者

于广州医科大学

2024 年 6 月 6 日